U0115972

中國文化概論
（修訂版）

上冊

張岱年、方克立　主編

目次

中編

下冊

下編

第十五章　中國文化的類型和特點 ⋯⋯⋯⋯⋯⋯⋯⋯⋯⋯ 393

第十六章　中國文化的基本精神 ⋯⋯⋯⋯⋯⋯⋯⋯⋯⋯ 423

緒論

　　本書概論中國文化，在編章展開之前，有必要就全書的核心概念、涉及範圍、基本宗旨等問題預作說明，是為緒論。

一　「文化」界說

　　「文化」，是中國語言系統中古已有之的詞彙。

　　「文」的本義，指各色交錯的紋理。《易・繫辭下》載：「物相雜，故曰文。」《禮記・樂記》稱：「五色成文而不亂。」《說文解字》稱：「文，錯畫也，象交文。」均指此義。在此基礎上，「文」又有若干層引申義。其一，為包括語言文字內的各種象徵符號，進而具體化為文物典籍、禮樂制度。《尚書・序》所載伏羲畫八卦，造書契，「由是文籍生焉」；《論語・子罕》所載孔子說「文王既沒，文不在茲乎」，是其實例。其二，由倫理之說匯出彩畫、裝飾、人為修養之義，與「質」、「實」對稱，所以《尚書・舜典》疏曰「經緯天地曰文」，《論語・雍也》稱「質勝文則野，文勝質則史，文質彬彬，然後君子」。其三，在前兩層意義之上，更匯出美、善、德行之義，這便是《禮記・樂記》所謂「禮而進，以進為文」，鄭玄注「文猶美也，善也」，《尚書・大禹謨》所謂「文命敷於四海，祗承於帝」。

　　「化」，本義為改易、生成、造化，如《莊子・逍遙遊》：「化而為鳥，其名曰鵬」；《易・繫辭下》：「男女構精，萬物化生」；《黃帝內經・素問》：「化不可代，時不可違」；《禮記・中庸》：「可以贊天地之

化育」等等。歸納以上諸說，「化」指事物形態或性質的改變，並由此引申為教行遷善之義。

「文」與「化」並聯使用，較早見之於戰國末年儒生編輯的《易‧賁卦‧彖傳》：

> （剛柔交錯），天文也。文明以止，人文也。觀乎天文，以察時變；觀乎人文，以化成天下。

這段話裏的「文」，即從紋理之義演化而來。日月往來交錯文飾於天，即「天文」，亦即天道自然規律。同樣，「人文」，指人倫社會規律，即社會生活中人與人之間縱橫交織的關係，如君臣、父子、夫婦、兄弟、朋友，構成複雜網路，具有紋理表象。這段話說，治國者須觀察天文，以明瞭時序之變化，又須觀察人文，使天下之人均能遵從文明禮儀，行為止其所當止。在這裏，「人文」與「化成天下」緊密聯繫，「以文教化」的思想已十分明確。

西漢以後，「文」與「化」方合成一詞，如「文化不改，然後加誅」（《說苑‧指武》），「設神理以景俗，敷文化以柔遠」（〈三月三日曲水詩序〉），「文化內輯，武功外悠」（《文選‧補之詩》）。這裏的「文化」，或與天造地設的「自然」對舉，或與無教化的「質樸」、「野蠻」對舉。

西方各民族語文系統中，亦多有與「文化」對應的詞彙，不過它們相互之間還有細微差別。拉丁文 Culture，原形為動詞，含有耕種、居住、練習、注意等多重意義。與拉丁語同屬印歐語系的英文、法文，也用Culture來表示栽培、種植之意，並由此引申為對人的性情的陶冶、品德的教養，這就與中國古代「文化」一詞的「文治教化」內涵比較接近。所不同的是，中國的「文化」一開始就專注於精神領

域，而 Cultura 卻是從人類的物質生產活動生發，繼而才引申到精神活動領域的。從這層意義上分析，Cultura 的內蘊比「文化」更為寬廣，而與中國語言系統中的另一詞彙「文明」更加切近。「文明」，從詞源學上追溯，正如唐人孔穎達疏解《尚書·舜典》「睿智文明」時所說：「經天緯地曰文，照臨四方曰明」，「文明」是從人類的物質創造（尤其是對火的利用）擴展到精神的光明普照大地。簡言之，「文明」相容物質創造和精神創造的雙重意義，接近於今天人們通常理解的廣義文化。中國與埃及、巴比倫、印度共稱四大「文明古國」而不稱「文化古國」，原因正在這裏。

　　文化作為人類社會的現實存在，具有與人類本身同樣古老的歷史。文化在時間上的流變和空間上的差異，引起思想家們的濃厚興趣。近世以來社會生產力突飛猛進而帶來的研究手段和條件的極大改善，尤其是社會進步大趨勢對於精神養料的迫切需求，更直接促成專業化文化研究的長足進展。在廣泛研究的基礎上，人們已基本形成如下共識：

　　人類從「茹毛飲血，茫然於人道」[1]的「直立之獸」[2]演化而來，逐漸形成與「天道」既相聯繫又相區別的「人道」，這便是文化的創造過程。在文化的創造與發展中，主體是人，客體是自然，而文化便是人與自然、主體與客體在實踐中的對立統一物。這裏的「自然」，不僅指存在於人身之外並與之對立的外在自然界，也指人類的本能、人的身體的各種自然屬性。文化是改造自然、改造社會的活動，它同時也改造「改造者」自身、即實踐著的人。人創造了文化，同樣文化也創造了人。舉例言之：一塊天然的岩石不具備文化意蘊，但經過人工打磨，便注入了人的價值觀念和勞動技能，從而進入「文化」範

1　王夫之：《讀通鑒論》卷二十。

2　王夫之：《思問錄·外篇》。

疇。人打磨石器的過程，人在這一過程中知識水準和技能的提高，在這一過程中結成的相互關係，以及最後完成的這件包含著人的價值取向的石器，都是文化現象，均屬「文化」範疇。因此，文化的實質性含義是「人化」或「人類化」，是人類主體通過社會實踐活動，適應、利用、改造自然界客體而逐步實現自身價值觀念的過程。這一過程的成果體現，既反映在自然面貌、形態、功能的不斷改觀，更反映在人類個體與群體素質（生理與心理的、工藝與道德的、自律與律人的）的不斷提高和完善。

簡言之，凡是超越本能的、人類有意識地作用於自然界和社會的一切活動及其結果，都屬於文化；或者說，「自然的人化」即是文化。

二 廣義文化與狹義文化

長期以來，人們在使用「文化」這一概念時，其內涵、外延差異甚大，故文化有廣義與狹義之分。

廣義的「文化」，著眼於人類與一般動物、人類社會與自然界的本質區別，著眼於人類卓立於自然的獨特生存方式，其涵蓋面非常廣泛，所以又被稱作「大文化」。梁啟超在〈什麼是文化〉中稱，「文化者，人類心能所開釋出來之有價值的共業也」[3]，這「共業」包括眾多領域，諸如認識的（語言、哲學、科學、教育）、規範的（道德、法律、信仰）、藝術的（文學、美術、音樂、舞蹈、戲劇）、器用的（生產工具、日用器皿以及製造它們的技術）、社會的（制度、組織、風俗習慣）等等。面對如此龐雜的認識對象，人們自然要將文化的結構解剖當做文化研究的首要程序。

---

3 《學燈》，1922年12月9日。

關於文化結構，有物質文化與精神文化兩分說，物質、制度、精神三層次說，物質、制度、風俗習慣、思想與價值四層次說，物質、社會關係、精神、藝術、語言符號、風俗習慣六大子系統說，等等。我們在這裏以四層次說展開論述。

（一）由人類加工自然創制的各種器物，即「物化的知識力量」構成的物態文化層。它是人的物質生產活動及其產品的總和，是可感知的、具有物質實體的文化事物，構成整個文化創造的基礎。物態文化以滿足人類最基本的生存需要——衣、食、住、行為目標，直接反映人與自然的關係，反映人類對自然界認識、把握、利用、改造的深入程度，反映社會生產力的發展水準。

（二）由人類在社會實踐中建立的各種社會規範、社會組織構成的制度文化層。人的物質生產活動是一種社會的活動，只有結成一定的社會關係才能進行。人類高於動物的一個根本之處，就是他們在創造物質財富的同時，又創造了一個屬於他們自己，服務於他們自己，同時又約束他們自己的社會環境，創造出一系列的處理人與人（個體與個體、個體與群體、群體與群體）相互關係的準則，並將它們規範化為社會經濟制度、婚姻制度、家族制度、政治法律制度，家族、民族、、國家，經濟、政治、宗教社團，教育、科技、藝術組織等等。這一部分文化成果雖然不直接與自然界發生關係，但它們的特質、發育水準歸根結底是由人與自然發生聯繫的一定方式所決定的。

（三）由人類在社會實踐，尤其是在人際交往中約定俗成的習慣性定勢構成的行為文化層。這是一類以民風民俗形態出現，見之於日常起居動作之中，具有鮮明的民族、地域特色的行為模式。民族的、時代的文化既有物質的標識、制度的規範，又有具體社會行為、風尚習俗的鮮活體現。《禮記・王制篇》說「五方之民皆有性也，不可推移」，《漢書・王吉傳》載「是以百里不同風，千里不同俗」，都是對

於人類行為文化的明確指認。以民風、民俗形態出現的行為文化，「首先是社會的、集體的，它不是個人有意無意的創作。即使有的原來是個人或少數人創立和發起的，但是它們也必須經過集體的同意和反覆履行，才能成為民俗。其次，跟集體性密切相關，這種現象的存在，不是個性的，而是類型的或模式的。再次，它們在時間上是傳承的，在空間上是播布的」[4]。

（四）由人類社會實踐和意識活動中長期係因蘊化育出來的價值觀念、審美情趣、思維方式等構成的心態文化層。這是文化的核心部分。具體而論，心態文化又可以再區分為社會心理和社會意識形態兩個子層次。社會心理指人們日常的精神狀態和思想面貌，是尚未經過理論加工和藝術昇華的流行的大眾心態，諸如人們的要求、願望、情緒等等。社會心理較直接地受到物質文化和制度文化的影響和制約，並與行為文化交融互攝，互為表裏。社會意識形態則指經過系統加工的社會意識，它們往往是由文化專家對社會心理進行理論歸納、邏輯整理、藝術完善，並以物化形態──通常是著作、藝術作品固定下來，播之四海，傳於後世。

依其與社會存在關係的疏密程度，我們又可將社會意識形態區別為基層意識形態（如政治理論、法權觀念）和高層意識形態（如哲學、文學、藝術、宗教）。作為基層意識形態的政治思想和法權觀念，是經濟基礎的集中表現，與社會存在保持著較密切的聯繫，但它的產生和發展仍然要經過社會心理這一中間環節起作用。作為高層意識形態的哲學、文學、藝術、宗教，其終極根源當然也要追溯到社會存在，但它們是更高的即更遠離物質經濟基礎的意識形態，具有較強的獨立性。在這裏，觀念同自己的物質存在條件的聯繫，愈來愈被一

4　鍾敬文：〈民俗學〉，《白山黑水》創刊號，東北師大中文系民俗學社編印，1984年。

些中間環節弄模糊了。但這一聯繫是存在著的。社會存在通過一系列中介方作用於這類高層意識形態，而社會心理和基層意識形態便是其間的中介。

廣義的「文化」從人之所以為人的意義上立論，認為正是文化的出現「將動物的人變為創造的人、組織的人、思想的人、說話的人以及計劃的人」[5]，因而將人類社會—歷史生活的全部內容統統攝入「文化」的定義域。一般來說，文化哲學、文化人類學等學科的研究工作者多持此類文化界說。

與廣義「文化」相對的，是狹義的「文化」。

狹義的「文化」排除人類社會—歷史生活中關於物質創造活動及其結果的部分，專注於精神創造活動及其結果，所以又被稱作「小文化」。一八七一年英國文化學家泰勒在《原始文化》一書中提出，文化「乃是包括知識、信仰、藝術、道德、法律、習俗和任何人作為一名社會成員而獲得的能力和習慣在內的複雜整體」，是狹義「文化」早期的經典界說。在漢語言系統中，「文化」的本義是「以文教化」，亦屬於「小文化」範圍。毛澤東在論及新民主主義文化時說：「一定的文化是一定社會的政治和經濟在觀念形態上的反映。」[6]這裏的「文化」，也屬狹義文化。

廣義「文化」與狹義「文化」，涉及範圍大小有別，「文化」概念廣狹的確定，應由研究者的學科、課題、內容而定。本書肯定「大文化」概念，但基本上以「小文化」為論述範圍，主要討論涉及精神創造領域的文化現象。換言之，在本節前文剖析的文化結構四層次中，我們主要圍繞第四層次即心態文化層而展開論析。

5　《多維視野中的文化理論》，頁107。

6　《毛澤東選集》，頁655。

　　需要說明的是，狹義文化在邏輯上從屬於廣義文化，與後者存在著不可分割的聯繫。我們在研究人類的精神創造時，不能忽略物質創造活動的基礎意義和決定作用；在討論關於心態文化諸問題的時候，不能忽略物態文化、制度文化、行為文化對於心態文化的影響、制約，總之，不能將「小文化」與「大文化」割裂開來。這是歷史唯物主義文化觀與方法論的一個基本要求。

三　中國文化與中國傳統文化

　　民族性、國度性是文化的重要屬性之一。在世界歷史上，各民族、各國家分別在不同的自然─社會條件提供的舞臺上，演出了情節有別、風格各異的文化正劇。本書所論的中國文化，是指由中華民族在東亞大陸這片廣袤的土地上創造的文化。

　　中國，是我們民族文化的搖籃。作為一個地理概念，其內涵經歷了一個漸次擴展的過程。

　　上古時華夏族[7]建國於黃河流域，自認為居天下之中央，故稱中國，而將周邊地區稱為四方。《詩經・大雅・生民之什》說：「民亦勞止，汔可小康。惠此中國，以綏四方」，《莊子・田子方》載：「吾聞中國之君子，明乎禮義而陋於知人心」，均為此義。秦漢以後，以漢族為主體的大一統中央政權建立，歷朝版圖時有損益，但基本趨勢是不斷拓展。清代疆域「東極三姓所屬庫頁島，西極新疆疏勒，至於秦嶺，北極外興安嶺，南極廣東瓊州之崖山」（《清史稿・地理志》），包括今蒙古人民共和國全境和俄羅斯的部分領土。中華人民共和國成立後，中國政府相繼與緬甸、尼泊爾、蒙古、巴基斯坦、阿富汗等鄰國

7　華夏族，漢族古稱。

簽訂邊界條約，至此，形狀酷似雄雞的中國疆域最終定位。本書所論中國文化，在地域範圍上，以此為界。

中華民族是中國文化的創造主體。

中華民族是現今中國境內由華夏族演衍而來的漢族及五十五個少數民族的總稱。「中華」之得名，由來已久。「中」，意謂居四方之中。「華」，本義為光輝、文采、精粹，用於族名，蘊含文化發達之意。元人王元亮說：

> 中華者，中國也。親被王教，自屬中國，衣冠威儀，習俗孝悌，居身禮儀，故謂之中華。（〈唐律疏議釋文〉）

在漫長的歷史年代裏，隨著疆域的擴大，社會的發展，中國境內各族間的聯繫紐帶愈益強化，民族共同體諸要素（共同語言、共同地域、共同經濟生活以及表現於共同文化上的共同心理素質）漸趨完備。進入近代，由於西方資本主義殖民勢力的侵入，中國境內各族更增進了政治、經濟、文化上的整體意識，進一步形成自覺的民族觀念，「中華民族」遂成為包括中國境內諸民族的共同稱謂。在全世界範圍內，「凡遇他族而立刻有『我中國人』之一觀念浮於其腦際者，此人即中華民族一員也」[8]。

中國文化是中華民族對於人類的偉大貢獻。獨具特色的語言文字，浩如煙海的文化典籍，嘉惠世界的科技工藝，精彩紛呈的文學藝術，充滿智慧的哲學宗教，完備深刻的道德倫理，共同構成了中國文化的基本內容。

文化是一個生生不息的運動過程。任何一種民族文化，都有它發

8　梁啟超：〈中國歷史上民族之研究〉，《飲冰室專集》冊11。

生、發展的歷史，都有它的昨天、今天和明天。本書所論，重點在中國文化的「昨天」，具體而言，是以一八四〇年鴉片戰爭以前的中國文化，即通常所說的中國傳統文化為主要對象。全書的上編、中編以及下編的前三章，均圍繞中國傳統文化展開討論，僅在全書結尾部分論及中國文化的近、現代發展問題。

中國傳統文化是我們的先輩傳承下來的豐厚遺產，曾長期處於世界領先的地位。傳統文化是歷史的結晶，但它並不只是博物館裏的陳列品，而是有著活的生命。「傳統並不僅僅是一個管家婆，只是把它所接受過來的忠實地保存著，然後毫不改變地保持著並傳給後代。它也不像自然的過程那樣，在它的形態和形式的無限變化與活動裏，永遠保持其原始的規律，沒有進步」[9]。傳統文化所蘊含的思維方式、價值觀念、行為準則，一方面具有強烈的歷史性、遺傳性；另一方面又具有鮮活的現實性、變異性，它無時無刻不在影響著今天的中國人，為我們開創新文化提供歷史的根據和現實的基礎。因此，傳統文化距離我們並不遙遠，在現實生活的強勁脈搏裏，時時刻刻都能夠感覺到它的存在。傳統文化在影響現實的同時，也在新的時代氛圍中發生蛻變，所以本書在審視中國傳統文化的豐富內涵之後，也以一定篇幅討論它的轉型與新生。

四　學習中國文化概論的目的、意義和方法

本書作為高等學校人文素質教育公共課教材，意在給大學生們提供一個瞭解祖國悠久、豐厚文化遺產的簡明文本，使之對於中國文化的特徵有所把握，並對中國文化的繼承和創新問題有所思考。我們不

9　黑格爾：《哲學史講演錄》卷1，頁8。

企求讀者同意本書的全部觀點，但望能啟發朝氣蓬勃的探索。

學習、研究中國文化，具有重要的現實意義：

（一）有助於更加準確而深刻地認識我們民族自身

開放世界的八面來風驅散了曾經籠罩我們民族心頭的封閉陰雲。人類各民族文化相互交流的深度和廣度都在不斷拓展，「地球村」越來越「小」。在這樣的時代大背景下，中華民族及其文化以怎樣的姿態參與「地球村」的合作與競爭，是每一個炎黃子孫都應該思考的問題。真切把握一個民族的文化特徵，較之把握諸如皮膚、頭髮、眼睛的顏色之類體質特徵要困難得多。然而，任何民族，其文化形態儘管紛繁多彩，但都可以尋覓到該民族文化的主色調、主旋律。惟其如此，才有英國人紳士風度說，德國人精確高效率說，美國人自由開放說，日本人善採異邦說，等等。我們之所以能夠從芸芸眾生中大致辨識各民族的特徵，是因為每一個民族內部，固然存在著繁複多樣的階級、階層、集團、黨派及個人教養和性格的差別，但同時也深藏著表現於共同文化上的共同心理素質，這便是所謂民族精神。學習、研究中國文化，正是我們認識自己，把握中華民族精神的可靠途徑。

（二）有助於更加準確而深刻地認識我們當前的國情

跨世紀一代中國人面臨的歷史使命是建設中國特色社會主義，完成這一千秋偉業的認識前提是切實認清中國的國情。國情不是空洞物，其實質就是文化的歷史及其現狀。中華人民共和國成立以來，我們走過了艱難曲折的道路，取得了舉世矚目的成就，但是，我們的社會發展和文明進步的程度還遠遠不能滿足人民的要求。數千年傳統文化給我們留下了豐厚的遺產，同時也帶來因襲的重負。外來資本主義文化的積極因素，我們吸取得還很不充分，但其負面影響已引起我們

的警惕和憂慮。深入剖析傳統文化與外來文化對今日中國的影響，總結五十多年來我們走過的道路，是認清國情的必要工作。

（三）有助於以理性態度和務實精神去繼承傳統，創造中華民族更加美好的未來

馬克思說過：「人們創造自己的歷史，但是他們不是隨心所欲地創造，並不是在他們自己選定的條件下創造，而是在自己直接碰到的既定的、從過去繼承下來的條件下創造。」[10]中國文化，就是我們「直接碰到的既定的、從過去繼承下來的條件」，是影響中國人過去、現在和將來的傳統。傳統是社會的一種生存機制和創造機制。借助於它，歷史才得以延續，社會的精神成就和物質成就才得以保存和發展。正因為如此，文化傳統並非僅僅滯留於博物館的陳列品和圖書館的線裝書之間，它還活躍在今人和未來人的實踐當中，並在這種實踐中不斷改變自己。每一個有志於為民族的未來貢獻心智和汗水的中國人，都應當努力熟悉傳統，分析傳統，變革傳統，而學習、研究中國文化，正是培育這種理性態度和務實精神的最好課堂。

中國文化源遠流長，博大精深。面對這樣的學習、研究對象，掌握正確的方法，十分重要。我們要注意掌握以下幾種方法：

1 歷史梳理與邏輯分析相結合

中國文化歷經數千年演化，內容異常豐富。我們既要對它的來龍去脈有一個明晰的瞭解，又要避免被無法窮盡的枝節材料所淹沒，惟有將歷史的方法與邏輯的方法有機地結合起來。正如恩格斯所說：「歷史常常是跳躍式地和曲折地前進的，如果必須處處跟隨著它，那

---

10 《馬克思恩格斯全集》卷4，頁109。

就勢必不僅會注意許多無關緊要的材料，而且也會常常打斷思想進程；……因此，邏輯的研究方式是惟一適用的方式。但是，實際上這種方式無非是歷史的研究方式，不過擺脫了歷史的形式以及起擾亂作用的偶然性而已。」[11]

2 典籍研習與社會考察相結合

　　中國文化的要義，多被記錄在汗牛充棟的古籍之中。研讀這些古籍，尤其是其中具有經典意義的文獻，如《詩經》、《周易》、《論語》、《史記》等等，對於我們把握中國文化的精髓，無疑是非常重要的。但這只是問題的一方面。另一方面，中國文化的眾多要素，是以非文本的形式，存留於社會生活之中，例如起居習俗、宗教禮儀、道德規範等等。這就要求我們將研究視野擴大到文本之外的社會生活的寬闊領域，將典籍研習與社會考察結合起來，相互比照，相互印證，相互補充，從而對於生生不息的中國文化，有一個動態的、全面的瞭解。

3 批判繼承與開拓創新相結合

　　千百年來，我們的先輩對於養育自己的中國文化，進行過詳盡的研究，取得了豐碩的成果。我們沒有理由拒絕這一份珍貴的遺產。苛求前人，否定過去，打倒一切的非歷史主義和民族虛無主義態度，是不可取的。但是，我們又不能被前輩的認識成就所束縛。一味沿襲前說，只會窒息科學的生命。新的時代，新的社會，對於中國文化的研究，提出了新的課題，新的要求。為了完成這一歷史使命，我們惟有以歷史唯物主義的科學觀點和方法，批判地繼承前賢已經取得的成就，與時俱進，不斷開拓創新，才能在中國文化研究領域有所發現，有所發明，有所創造，有所前進。

11　《馬克思恩格斯選集》卷2，頁122。

參考文獻

錢　穆　中國文化史導論·弁言　北京　商務印書館　1994年

陳登原　中國文化史·上篇·卷首敘意　遼寧　遼寧教育出版社
　　　　1998年

馮天瑜、周積明、何曉明　中華文化史·導論　上海　上海人民出版
　　　　社　1990年

〔英〕馬林諾夫斯基著，費孝通等譯　文化論　北京　中國民間文藝
　　　　出版社　1987年

莊錫昌等　多維視野中的文化理論　浙江　浙江人民出版社　1987年

思考題

1　為什麼說文化就是「自然的人化」？
2　怎樣理解廣義文化與狹義文化的聯繫和區別？
3　文化結構的四層次說包括哪些內容？
4　怎樣認識和評價中國傳統文化？

上編

第一章
中國文化的歷史地理環境

　　從世界範圍看，人類文化是千姿百態、豐富多彩的，單就作為世界文化主體的東西方文化而言，也存在著很大的不同。之所以如此，從一定意義上講，是由於不同的地理環境所決定的。因此，瞭解中國歷史地理環境的特徵，對於理解中國傳統文化是必不可少的。

　　中國文化產生和發展的歷史地理生態環境，包括兩個方面：自然地理環境和人文地理環境（又分為經濟地理環境和社會文化地理環境）。一般說來，自然地理環境，如氣候、地形、地貌、水文、植被、海陸分佈等，發展變化的速度比較緩慢，有時需要相當長的時間才能為人們所覺察。但在某些階段和某些局部地區，自然地理環境的變化也可能發生得非常迅速、非常劇烈，造成巨大的影響。人文地理環境，如疆域、政區、民族、人口、文化、城市、交通、農業、牧業等方面，發展變化的速度比自然地理因素發展變化的速度要快得多。當然，這兩方面也是相互作用、不能截然分開的。關於這一點，在第二節中還要專門討論。但無論如何，地理環境是在發展變化的，歷史上的地理環境不同於現在的地理環境，因此我們在考察中國的傳統文化時，必須將它們放在當時的地理環境條件下，注意研究地理環境對文化發展的影響，才能瞭解中國文化為什麼會是這樣的。

第一節　中國歷史地理環境的基本特徵

　　本節所要講的是中國的歷史地理環境，所以許多與今天基本相同的地理要素一般從略。

一　疆域政區

　　夏朝（約公元前21世紀至前16世紀）的歷史儘管還沒有完全得到考古發現的證實，但可以肯定它已經統治了範圍不小的地區。經過商、周二代約十三個世紀的發展，到公元前二二一年，秦始皇終於建立起中國歷史上第一個統一的國家。公元前二一〇年，秦的疆域北起河套、陰山山脈和遼河下游流域，南至今越南東北和廣東大陸，西起隴山、川西高原和雲貴高原，東至於海。此後的歷代中原王朝疆域雖然時有盈縮，但基本的趨勢是逐漸擴大，逐漸鞏固，不少王朝都擁有過今天中國領土以外的疆域。如從西漢中期至西晉末年的四百多年間，朝鮮半島的東北部曾經是中原王朝的正式政區。自西漢中期至明末年的千餘年間，今越南北部都是中原王朝的一部分。唐朝和元朝的北界都遠達今俄羅斯的西伯利亞，唐朝的西界一度直抵中亞的鹹海。

　　乾隆二十四年（公元1759年），清朝最終奠定了今天中國疆域的基礎，形成了一個北起薩彥嶺、額爾古納河、外興安嶺，南至南海諸島，西起巴爾喀什湖、帕米爾高原，東至庫頁島，擁有一千多萬平方公里的統一國家。

　　一八四〇年鴉片戰爭以後，帝國主義侵入中國，用武力迫使清朝政府簽訂了一系列不平等條約，攫取了中國的大片領土；甚至連條約都不簽訂，憑藉實力造成侵佔的既成事實。但中國人民進行了不屈不撓的鬥爭，使國土免遭更大的損失。

　　今天，中國國土面積為九六〇萬平方公里，次於俄羅斯、加拿大而居世界第三位。

　　政區（行政區域）是國家為進行分級管理而劃分的地方，它的出現是以國家的建立為前提的。但並不是說國家建立以後就必定要劃分行政區域，如商和西周時期實行分封制，從上到下「分土而治」，天

子和各級諸侯的直接統治區都很有限，自然不需要什麼分級管理。到
了春秋戰國時代，經過一系列兼併，剩下的諸侯國範圍越來越大。同
時，各諸侯國一般都將被滅國置於國君的直接統治之下，不再分封新
國，國君的直接統治區也迅速擴大。因此，直接向國君負責的行政單
位──縣、郡應運而生。一開始，縣與郡並沒有上下之分，也沒有主
從關係。但發展到戰國後期，隨著縣的普遍設置，郡成了縣的上一級
政區。到公元前二二一年秦始皇滅六國，郡縣制基本上推行到了全國。

　　秦漢都實行郡縣制，即由數十個至百餘個郡管轄數百個到一千多
個縣或縣級單位。到了二世紀末的東漢末期，原來只起監察作用的州
才成為最高一級政區，形成州─郡─縣三級制。開始全國只設十幾個
州，但漢以後州的數量不斷增加，到南北朝後期已達到數百個，一個
州所管的郡縣越來越少，三級制已變得毫無意義。

　　隋大業三年（公元607年）合併、撤銷了一些州縣，又將州改為
郡，重新實行郡、縣二級制。儘管唐朝將郡改稱州，並有十六年時間
又改州為郡，但基本上都是二級制。但由於中央政府直接管理眾多的
州（郡）級單位總有點鞭長莫及，為了對地方實施監察，開元年間
（公元713-741年）在全國設置了十五個道。安史之亂爆發後，朝廷
為了加強地方的抵抗實力，不得不普遍設置方鎮，以節度使掌握方鎮
的軍政大權。方鎮（又稱道）成了州以上的一級政區，形成方鎮
（道）─州─縣三級制。

　　九七七年，宋太宗廢止了方鎮轄州的制度。但全國有三百多個州
（府、州、軍、監）級單位，朝廷難以直接管轄，因而不久就由原來
專管督徵運送財賦的各路轉運使兼管軍民事務，形成路─州（府、
軍、監）─縣三級制，全國先後設過十五路至二十四路。但為了防止
地方權力過於集中會造成割據，一個路的不同事務往往由不同的「監
司」所管轄，不同監司的轄區又不盡相同，州一級還有不少事務直轄

於朝廷，所以是一種不完整的三級制。金滅北宋後，實行的政區制度
基本與北宋相同。宋朝還將一些比較重要的州改稱為府，以後府越來
越普遍。

元朝的中央政府稱為中書省，在進入中原的初期將它的派出機
構——行中書省進駐各地，統管軍民事務，以後成為最高一級行政區
劃。元朝中期，除了行中書省的直轄區（又稱腹裏）外，全國設十一
行中書省（簡稱行省、省）。省以下一般有路（或府）、州（或縣）二
級，少數也有路、府、州、縣四級。明初洪武九年（公元1376年）廢
除行省制，原來的省改稱布政使司，分別任命三位官員負責民政、司
法監察和軍務。一四二七年後，全國劃分為兩京（南、北直隸）和十
三布政使司，俗稱兩京十三省或十五省。省以下廢除了路，但設有若
干分守道、分巡道作為省的派出機構。以後，朝廷為了地方治安或邊
防，陸續向各地派駐總督或巡撫，成為最高的地方行政官。到明朝後
期，全國有總督、巡撫轄區約三十個。清初設十八省，以總督或巡撫
為長官，以下只有府（或直隸州、直隸所）、縣（散州、散所）二
級。每省還分為若干道，作為省的派出機構。

中華民國廢除了府一級政區，州、所都改為縣，又重劃了道區，
所以成了省－道－縣三級制。國民黨政府廢除了道，企圖實行省、縣
二級制，但到二十世紀三〇年代「剿共」時又在江西首先分區設行政
督察專員，不久推行到全國。中華人民共和國成立後繼承了這一制
度，稱為專區，以後改稱地區，作為省的派出機構，基本的政區依然
是省（直轄市、自治區）－縣二級制。改革開放以來，原來的地區陸
續改設為市，成為介於省與縣之間的行政區劃，出現了省－市－縣三
級制與省——縣二級制並存的局面。

在少數民族或邊疆地區，歷代還設置過各種特殊的政區或機構，
如漢、唐的都護府，元朝的宣政院轄地，清朝的將軍、大臣轄區等。

少數民族政權或邊疆政權有的模仿中原王朝的政區制度，有的建立自己的行政區劃。但游牧民族的政權一般僅以部族、軍事編制或游牧區作為劃分的單位。

二　民族人口

　　歷史上曾經在中國範圍內居住和活動的民族數以十計，除月氏（zhi，一作支）族的主體在公元前二世紀遷到中亞以外，其它各民族幾乎都沒有完全離開過中國。在今天中國的五十六個民族中，除朝鮮族、俄羅斯族、塔塔爾族等幾個是在以往一二世紀中從境外遷入的以外，絕大多數都是在中國形成的，或者已在中國生活了很長的時間。除漢族以外，匈奴、鮮卑、羯、氐、羌、沙陀（突厥的一支）、契丹、女真、蒙古、滿族都曾建立過統治中原地區的政權，其中蒙古和滿族還統治過整個中國。但無論是漢族還是非漢族建立的政權，都包容其它民族，都是多民族的國家。

　　早在春秋時代，漢族的前身華夏諸族就已經成為黃河流域的主體民族。以後隨著自身的擴張、遷移和其它民族的遷入，漢族融合了大量其它民族，不僅在數量上高居首位，而且在經濟文化上保持著總體上的優勢，成為中華民族的主體和核心。上面提到的這些曾經統治過中原的非漢族以及其它很多民族，有的作為一個民族早已不再存在，有的只剩下很少的人口。但這些民族並沒有從肉體上被消滅，而是被融合在漢族之中了。例如從東漢至南北朝活躍在中原的非漢族，到唐朝已都被當做漢族的一員，白居易、元稹、元結等詩人和唐朝的許多文武大臣都是非漢族的後裔。同樣，漢族人口也曾經大量遷入非漢族聚居的地區，或者被遷入的非漢族所融合。

　　中國的歷史是由各民族共同締造的，中國的領土也是各民族共同

開拓和鞏固的。在開發和鞏固邊疆方面，少數民族作出了特別重要的
貢獻，如藏族及其前身吐蕃在青藏高原，古代的西域諸族和維吾爾族
在新疆，蒙古族在內蒙古，契丹、女真和滿族在東北，高山族在臺
灣。儘管由於真正的民族平等關係不可能在封建制度和不發達的生產
力條件下建立起來，因而民族歧視、民族壓迫、民族衝突以至戰爭長
期存在，但各民族間的交流、合作和融合畢竟是主流。特別是在中國
面臨著帝國主義侵略的緊急關頭，各民族在愛國主義的旗幟下團結起
來，形成中華民族共同的意識和信念。

　　據《漢書‧地理志》記載，公元二年在漢朝設置政區的範圍內有
近六千萬人口。未列入統計的少數民族和此範圍之外的中國人，估計
還有數百萬。合計超過當時世界人口約一點七億的三分之一。十二世
紀初的北宋末年，其境內的人口已經超過一億，加上遼、西夏境內和
其它少數民族地區就更多，而當時世界人口約有三點二億，也占三分
之一以上。一八五○年，世界人口達到約十二億，而中國人口已突破
四點三億，所佔比例並沒有減少。

　　當然，在以往二三千年間，中國的人口並不是直線上陞的，而是
經歷過無數次起落。在大規模的天災人禍持續發生時，人口損失的幅
度達百分之二十以上的情況並不少見，有時甚至超過百分之五十。但
即使是中國人口的低谷，在世界人口中的比例一般也在五分之一以
上。在主要依靠人力和簡單工具的條件下，中國無疑擁有世界上最強
大的生產力。

　　這樣龐大的人口分佈很不均衡。公元初，百分之六十的人口分佈
在太行山、中條山以東，豫西山地、淮河以北，燕山山脈以南的地域
內，這一範圍內的平均密度約每平方公里七十七人。而長江以南大多
數地區人口稀少，尤其是今浙江南部、福建、兩廣、貴州等地，還有
大片無人區。當時人口最稠密的地區，一是首都長安及其近郊，每平

方公里超過一千人；一是今山東菏澤、定陶、東明一帶，每平方公里二百六十三人。以後隨著經濟的發展，政治中心的轉移，人口的遷移和自然條件的變遷，人口的分佈發生了很大的變化。如果以淮河、秦嶺、白龍江作為劃分北、南方的界線，北方和南方所佔人口的比例從公元初的七比三演變為公元十世紀末的四比六。十四世紀前期竟達到二比八。明清以來，人口的北南差有所縮小，大致穩定在四比六。十世紀以後，主要的人口稠密區已經轉到南方，其中長江中下游、成都平原、福建人口尤其稠密。十九世紀前期，蘇州府（大致相當於今蘇州市）的人口密度超過每平方公里千人，為全國之冠。但隨著人口的增加和開發地區的擴大，地區間人口密度的差距有所縮小。到二十世紀初，以雲南騰沖—黑龍江璦琿（今黑河）一線為界，中國形成了東南人口稠密區和西北人口稀疏區，這一格局至今仍無明顯改變。

　　歷史上的人口遷移相當頻繁，規模也很大。十四世紀中葉以前，移民的主流是由北向南，即從黃河流域遷至長江流域及更南地區，其中以西晉末年永嘉之亂後、唐朝安史之亂後、北宋末年靖康之亂後的三次南遷影響最大、移民人數最多。在明朝初年，數百萬人口被從長江以南遷至江淮之間、淮河流域，從長江中游遷至四川盆地，從山西遷至華北平原。此後直到二十世紀前期，移民的主流是從平原進入山區，從內地遷往邊疆。隨著沿海城市和工礦城市的興起，又有大量人口從農村和小城鎮遷入這些城市。此外，歷代統治者以行政或軍事手段將人口集中在首都附近，邊疆或其它地區的強制性移民，敵對政權間的掠奪性移民，北方游牧民族、邊疆少數民族的內遷，也曾多次發生，並具有相當大的規模。來自中亞、阿拉伯甚至歐洲的移民在中國定居，融合於中華民族。如今天的回族就是以十三世紀自中亞、阿拉伯和波斯遷入的移民為主，吸收其它民族而逐漸形成的。中國人也不斷移居海外，尤其是東南沿海地區的人民，從十五世紀以來就以東南

亞為主要移植區。十九世紀中葉以後，向海外移民的規模日益擴大，移民及其後裔的數量已達數千萬。中國移民對所在國和中國本身在經濟、文化、社會和政治諸方面都產生了巨大影響，作出了傑出的貢獻。

三 地形、地貌

中國是一個多山的國家，山地、高原和丘陵約占全國土地總面積的百分之六十五。海拔五百米以下的僅占全國土地面積的二十五點二，而三百米以上的卻占二十五點九。全球超過八千米的十二座山峰，中國即有七座。

中國的地勢西高東低，高差懸殊。高山、高原以及大型內陸盆地主要分佈在西部，丘陵、平原以及較低的山地多見於東部，寬闊緩斜的大陸架則在我國大陸東南側延伸於海下。地勢自西而東層層下降，形成地形上的三級臺階，習慣上稱為「三大階梯」。青藏高原是最高的第三級的地形階梯，被稱為「世界屋脊」，海拔在四千至五千米，許多山峰超過七千米。在高原的東側是舉世聞名的橫斷山高山峽谷地帶，高原內部的巨大山脈間地勢寬緩，湖盆星布，長江、黃河、瀾滄江等亞洲大河都發源於此。青藏高原以東、以北，至大興安嶺、太行山、伏牛山、雪峰山一線為第二階梯，其內部地形相當複雜。由此往東是最低的第一階梯。

與漫長的地質年代相比，數千年的歷史只是極短的瞬間。但在局部地區，由於自然和人類活動的相互作用，地形、地貌已經發生了不小的變化，甚至出現了「滄海桑田」的巨變。這些變化，主要發生在第一、第二階梯內，比較明顯的有：一、湖泊的發育和消亡。一些著名的湖泊改變了形狀和面積，或者完全消失了；一些新的湖泊產生並繼續演變。二、水道和水系的變遷，流經東部平原地區的江河下游一

般都發生過變化，其中黃河和海河水系的變遷尤其劇烈，決溢改道極其頻繁。三、海陸變遷：從遼東灣到杭州灣之間不少沿岸地區都是最近二三千年間陸續成陸的，但也有一些陸地重新淪入大海。四、黃土高原的變遷。水土流失造成溝壑發育，使原來的「原」（或作塬）日益分割縮小，地形破碎，生態條件越來越差。五、沙漠的變遷。沙漠面積擴大，吞沒了一些綠洲和城市。也有一些沙漠後退了，重新得到開發。這些變化對中國的歷史和文化往往產生重大的影響。

四　氣候

中國的大部分領土處於北溫帶，正是黑格爾所說的「歷史的真正的舞臺」[1]。中國氣候有三個特點：一是季風氣候明顯，主要表現為冬夏盛行風向有顯著的變化，隨季風的進退，降水量有明顯的季節性變化。二是大陸性氣候強，表現為冬、夏兩季平均溫度與同緯度其它地區或國家有較大的差異。冬季低於同緯度地區，夏季高於同緯度地區，年溫差較大。三是氣候類型多種多樣。這些特點，有史以來並沒有太大的變化。但是受全球性氣候變化以及人類活動對自然環境的影響，氣候還是有一定的波動和差異。這裏舉與人類活動關係密切的溫度和濕潤度兩方面為例。

一、溫度的變化。五六千年來，中國氣候的總趨勢是由溫暖轉向涼爽，但不同時期不同地區的幅度不同，而且有過多次反覆。在新石器時代，正月的平均溫度比現在高三至五度，年平均溫度大概要高二度。公元前十世紀時氣溫變得寒冷，但只持續了一二個世紀，到春秋時期又趨於暖和。公元前一世紀氣候已經轉冷，到公元四世紀前半葉

1　黑格爾：《歷史哲學》（北京市：三聯書店，1956年），頁124。

達到頂點，渤海灣的年平均溫度估計比現在低二度左右。六世紀時黃河流域的物候普遍比現代遲十天到二周。八至九世紀時氣候稍趨溫和，但十世紀下半葉氣候又轉寒。十三世紀初開始回暖，從南到北的氣候與今天大致相同。但十四世紀又轉為嚴寒，十七世紀的氣溫達到最低點，以後逐漸轉暖。

二、濕潤狀況的變遷。中國處於東亞季風區域內，雨量的變動常趨於極端，非澇即旱，而且在相鄰地區也會有很大的差別，但總的說來濕潤狀況還是有變化的。五六千年前的溫暖期也是一個氣候濕潤期，隨後氣候逐漸變得乾燥，這一過程持續了很長時期。到二千五百年以前氣候稍稍濕潤，然後就再次變乾。近五百年來旱災多於水災，其中公元十五世紀後半葉至十六世紀前半葉、十七世紀和十八世紀前半葉至十九世紀前半葉是三個旱災持續出現的時期。

這兩方面的變化所產生的複雜後果，對經濟的開發、民族的遷移、人口的增長、文化的傳播，以至社會的治亂和王朝的興衰都起著或大或小的作用。

第二節 地理環境對中國文化的作用與影響

一 地理環境對人類和人類社會的影響

地理環境對人類和人類社會的影響不能簡單地歸結為決定或不決定，而應該作全面的認識。

我們所說的地理環境，是指「生物特別是人類賴以生存和發展的地球表層」，「地理環境可分為自然環境（或自然地理環境）、經濟環境（或經濟地理環境）和社會文化環境。……上述三種環境各以某種特定的實體為中心，由具有一定地域關係的各種事物的條件和狀態所

構成。這三種地理環境之間在地域上和結構上又是互相重疊、相互聯繫的，從而構成統一的整體地理環境。」[2]在人類產生之前，地理環境就已經存在，不過那時只有自然環境。在人類產生之後，完全單純的自然環境就不再存在，因為人類的活動總會或多或少地改變自然環境。但在人類漫長的早期，人們對自然的影響畢竟是極其有限的，所以我們還是可以把地理環境主要當作自然環境。隨著人類生產的發展，經濟環境和社會文化環境逐漸形成，並且越來越起作用。到了近代，就更難以將這三者嚴格區分開來了。

地理環境是人類賴以生存和發展的物質基礎，當然也是人類意識或精神的基礎。因此，地理環境對人類和人類社會所起的作用是具有一定的決定意義的。但是在具體的時間和空間範圍內，地理環境在起決定作用的同時，也給人類的發展保留著相對廣泛的自由，因為：第一，它並沒有規定人類從產生到消亡的具體過程、方式和時間；第二，它並沒有確定物質和能量的轉化和傳遞的具體過程、方式和時間；第三，人類只要不違背它的內在規律，完全可以根據自己的需要利用這一環境，實現對自身有利的物質轉化和能量傳遞。

人類對地理環境的利用從來沒有達到極限，今天離極限也還相當遙遠。而且，不同地區、不同時間的人們對地理環境的利用程度存在著相當懸殊的差異，利用的方式也迥然不同。這就是為什麼人類的歷史和文化在發展過程中千差萬別的原因，也是為什麼在大致相同的地理環境中，在不同地區和不同時期，人類的活動會出現如此不同結果的緣由所在。

同樣的地理環境，在不同的生產方式或生產力條件下，所起的作用是不相同的。所以在人類的早期，即人類基本上還只能被動地適應

2　「地理環境」（陳傳康撰），《中國大百科全書·地理學卷》（北京市：中國大百科全書出版社，1990年），頁64。

現成的環境時，地理環境對人類各方面的活動幾乎都起著決定性的作用。但隨著生產力的提高和生產方式的多樣化，人們開始能動地利用地理環境，地理環境對人類具體活動的決定作用就逐漸減弱。生產力越發達，人類對地理環境的利用能力和程度就越大。但這一切都是以地理環境所提供的條件為前提的，是以不違背它的內在規律為限度的。

二　地理環境對中國文化形成和延續的影響

　　中國不但疆域遼闊，而且地理位置比較優越。中國的大部分處於中緯度，氣候溫和，又位於全球最大的陸地——歐亞大陸的東部和全球最大的海洋——太平洋的西岸，西南距印度洋也不遠，季風氣候發達。大部分地區雨熱同季，溫度和水分條件配合良好，為發展農業提供了適宜的條件。

　　在新石器時代，黃河中下游地區氣候溫和，雨量充沛，適宜作物的生長和人類的生活。黃土高原和由黃土沖積的平原土壤疏鬆，在生產工具簡單、鐵器還未運用的情況下，易於清除天然植被和開墾耕種。黃土沖積平原的肥力雖不如其它沖積平原，但在黃土高原的原始植被保存較好的條件下，沖積土中的養分比水土流失嚴重時的含量要高得多。黃河中游和黃土高原雖然不像南方那樣有大片的原始森林，但小片森林還不在少數，基本為草原等植被所覆蓋，水土流失相對並不嚴重。而黃河下游平原由於黃河及其它河流還沒有人工堤防的約束，免不了常常氾濫改道。當時華北平原北部還有眾多單獨入海的河流，所以有不少地方會受到這種氾濫改道的影響。近海地帶由於地下水位高，海水倒灌和宣洩不暢等原因，土地鹽鹼化程度嚴重。因此，黃河中下游一帶便成為先民生存和繁衍的最適宜的地區。根據文獻記載和考古發掘的結果，夏、商、周的中心地區是今天河南省的中部和

北部、山西省南部、陝西省的關中盆地、河北省的西南部和山東省的西部，正是當時自然環境條件最優越的地區。

　　農業在中國的發展有極其悠久的歷史和相當遼闊的地域，但主要由於地理環境的原因，黃河中下游最早形成了大片的農業區。春秋戰國時當地還有不少殘餘的牧業民族或半農半牧民族，但到秦漢以後，除了少數民族大規模內遷或戰爭動亂時期之外，牧業在中原王朝的經濟中已毫無地位。從秦朝開始直到清朝初年，歷代最穩定的、設置行政區域的疆域範圍，基本都是陰山山脈和遼河中游以南，青藏高原、橫斷山脈以東的中國內地。這一範圍四周並不都有什麼難以逾越的地理障礙，儘管王朝的軍隊一次次外出遠征並獲得勝利，但卻很少將自己的正式政區擴展出去，根本的原因就是要考慮這些地區是否適宜農業生產，能不能養活當地的居民。

　　在中國占主導地位的傳統文化，無論是物質的，還是精神的，都是建立在農業產生的基礎上的。它們形成於農業區，也隨著農業區的擴大而傳播。大量漢族（華夏）人口不斷從黃河流域遷往南方、西北、東北各地，文化上的優勢和數量上的多數使這些移民最終成為遷入地區的主體人口，他們所傳帶的文化自然也成為遷入地的主體文化。在這一過程中，儘管傳統文化也吸取了牧業民族和其它民族文化的精華，但由於農業生產的基礎始終沒有改變，這種吸收便都以能否適應農業文明的需要為前提。前面已經提到，儘管中國的自然條件在以往數千年間有一定的變化，但總的說來幅度有限。由於中國疆域遼闊、跨緯度大，所以氣候的波動一般隻影響農業區的南北界、而不會減少它的面積，這就為中國文化的延續提供了穩定的物質基礎。

　　從中國在亞洲和世界的地位看，有利於中國文化延續的地理因素就更明顯了。

　　中國內地的這片農業區的面積和產量在東亞大陸一直遙遙領先，

供養著數量最多的人口，因而很自然成為東亞地區的中心所在，也是
文明程度最高，文化最發達的地區。在西方文明傳入之前，周圍的朝
鮮半島、日本列島、印度支那半島和東南亞各地的農業文明在總體上
落後於中國，當然不可能對它形成衝擊和挑戰。北方的游牧民族雖然
具有相當大的軍事實力，並多次以武力入主中原，但在文化上卻是弱
者，最根本的原因是其文化不適應於農業地區，因此軍事上的征服者
毫無例外地成為文化上的被征服者，他們最終自覺或不自覺地接受了
華夏文化。

中國和西方文明的中心不僅距離遙遠，而且隔著高山、沙漠、草
原、海洋等一系列地理障礙。在生產力不發達的情況下，要越過這些
地理障礙即使不是不可能，也是要付出巨大的代價的，因此除了負有
政治、軍事使命或有高額利潤的吸引，一般性的人員來往和交流很難
進行。至遲從西漢開始，來自中亞、阿拉伯、波斯、歐洲的使臣、商
人、僧人、教士、學者、軍人、避難者、降人、俘虜等源源不斷地來
到中原地區，有時達到很大的數量，有時還具有統治民族的地位（如
元朝的色目人即是這類外來移民，享有僅次於蒙古人而高於漢人、南
人的地位）。但他們在漢人的汪洋大海中既無數量上的優勢，在地理
環境改變的條件下也無品質上的優勢可言。所以儘管在某些方面他們
也影響了中國文化，在一些局部地區還形成過與中國文化有本質區別
的亞文化，但在總體上卻無法動搖中國文化的統治地位。在西方殖民
者進入亞洲以前，西方沒有一次軍事行動能夠到達中國。公元七一五
年的怛羅斯之戰是唐朝與阿拉伯的惟一直接衝突，但不久崛起的吐蕃
王朝隔絕了唐朝與阿拉伯帝國的疆域，實際上起了抵擋阿拉伯兵鋒的
作用。

三　地理環境對中國文化多樣性的影響

在生產力很低的情況下，地理障礙對人類活動，特別是交通運輸的影響要比現在大得多，有時往往起了完全隔絕的作用，例如海洋、大江、高山、沙漠、沼澤、叢林都曾是先民難以逾越的地理障礙。

中國領土遼闊，從最東的黑龍江與烏蘇里江匯合處到最西的帕米爾高原約有五千二百公里，從最北的漠河以北的黑龍江江心到南海諸島南端約有五千五百公里，而歷史上的疆域範圍更大。所以，在中國內部形成了各種不同的自然地理區域，表現出不同的地理特徵，蘊藏的自然資源也豐富多彩，各不相同。境內的一些主要山脈，如東西向的天山、陰山、燕山、崑崙山、秦嶺、大別山、南嶺，南北向的賀蘭山、六盤山、橫斷山，北東向的太行山、大興安嶺、北西向的阿爾泰山、祁連山以及弧形的喜馬拉雅山等，主要的河流如長江、黃河、淮河、漢江、遼河等，往往成為地理區域的分界線。各區域間的差異不僅表現在主要農業區與周圍地區之間，也出現在主要農業區內部。

馬克思指出：「資本的祖國不是草木繁茂的熱帶，而是溫帶。不是土壤的絕對肥力，而是它的差異性和它的自然產品的多樣化，形成社會分工的自然基礎，並且通過人所處的自然環境的變化，促使他們自己的需要、能力、勞動資料和勞動方式趨於多樣性。」[3]這對於我們認識中國地理環境的多樣性對中國文化多樣性的作用是非常有益的。

在人類社會的早期，利用和改造自然條件的能力非常有限，一般只能被動地適應自然環境，所以歷史上最早出現的是狩獵、養殖、捕撈、採集等謀生活動，以後隨著人類自身的發展，又產生了農業、手工業、冶礦、林業、牧業等多種行業，才形成各地不同的物質基礎。

3　《資本論》（北京市：人民出版社，1975年），卷1，頁561。

與不同的生產方式相適應，各地的社會、政治、行政制度也不相同。中原地區較早從奴隸制過渡到封建制，建立了中央集權政權，實行統一的行政區劃，而在游牧民族地區長期盛行軍事奴隸制或部落聯盟，人民隨季節遷移。山區人民居住極其分散，長期游離於王朝的統治之外，有些地方很晚才脫離原始社會。西北沙漠中的綠洲範圍有限，相互間以及與外界的聯繫困難，所以形成數十個「國」林立的局面。邊遠地區環境的閉塞，不僅生產技術落後，社會進步也相當緩慢，有些地方直到公元二十世紀前半期還保留著奴隸社會的殘餘。

不同的地理環境與物質條件，使人們形成了不同的生活方式與思想觀念。在衣食住行方面，中國各地歷來就存在很大的差別，久而久之就形成不同的風俗習慣。農業民族對農業的重視和對土地的依賴，發展成重農和安土重遷的觀念。但生活在海濱的人民卻把海洋視為生活的必須和財富的來源，不但把漁業、鹽業作為主要產業，還致力於海上交通和與海外的聯繫。西域（今新疆和中亞地區）綠洲小國本身土地有限，又沒有開發的餘地，但卻位於東西交通的必經之地，所以在絲綢之路開通之後，就以商業發達著稱於世。北方游牧民族的生存條件比農業民族更為嚴酷，只能以遷徙和戰鬥來對付自然環境和異族的壓力。儘管他們早就接觸到漢族文化，但在物質文明方面也沒有全盤接受。正因為如此，即使是在儒家思想占統治地位以後，不同的漢族地區在接受程度和表現形式方面也是有很大差異的，非漢族地區就更無一致可言。總之，強烈的地域特點使中國文化的多樣性非常明顯。

地理障礙對文化的傳播有很大影響，也使中國的不同地區所受到的外來文化影響的程度各不相同。如在穿越秦嶺的道路沒有開闢之前，四川盆地、雲貴高原與中原地區的聯繫非常困難，卻很早開通了與西南境外的聯繫。近年在四川廣漢三星堆出土的精美文物，就具有與中原同時期的器物不同的特點，很可能受到外來文化的影響。東南

沿海地區由於與中原之間隔著崇山峻嶺，早期或者根本沒有陸路聯
繫，或者交通極其艱險，所以海上交通發達，很早就開闢了通向沿海
其它地區、近海島嶼及東南亞的航線。直到東漢初，嶺南與中原的交
通主要還是依靠繞道福建、浙江的海路，所以中原文化的傳播相當困
難，越族文化依然占主要地位。

四　地理環境對開放與封閉的影響

　　中國的地理環境究竟是有利於開放，還是有利於封閉？對這個問
題要具體分析，不能簡單地作肯定或否定。

　　首先，地理環境的開放與封閉是相對的，不存在絕對的開放或封
閉，中國的西北、西南固然是高原、高山、戈壁、荒漠，但東南卻有
一萬多公里的海岸線，可以通向世界各地，就是在西北和西南，也存
在著多處通道，在公元前就已開闢了著名的絲綢之路，就是有力的
證明。

　　其次，在不同的生產力條件下，地理障礙的影響也是不同的。人
類早期所無法逾越的障礙，以後大多成了坦途。但即使生產力提高
了，地理障礙的影響依然存在，就是在今天，青藏高原和雲貴原高的
交通畢竟要比華北平原和長江下游困難得多。

　　再次，自然地理環境並不是決定開放與否的惟一條件，海洋也不
是開放的惟一途徑。濱海或環海的地理環境不一定等於優越的條件，
更不會自然地產生先進的文明。海上航行只是一種交通聯繫和傳播文
明的手段。如在中國歷史上的大多數時期內，世界其它文明中心大多
在西方，而在唐朝以前中國與西方的聯繫主要依靠陸路，所以地處內
陸的長安和洛陽反而比大多數沿海地區更加開放。

　　中國歷史上確實長期缺乏開放的動力，但從某種意義上說，根本

的原因並不是地理障礙的阻隔，而是中國的地理條件過於優越。為什麼中亞、阿拉伯的商人可以不畏艱險，不遠萬里來到中國，而來往於絲綢之路的中原人卻少得可憐呢？為什麼當西方人千方百計在尋找通往中國的航路時，中國的統治者卻要禁止海上交通，連早已開闢的航路也不加利用呢？這些固然有儒家思想的消極影響，但根本的原因還是中國所處的地位優越。因為在西方近代文明興起之前，中國的確是東亞乃至當時全世界最強大、最富足的國家，完全可以做到自給自足，無求於人。儘管當時中國人的優越感和自我陶醉也是一種保守的表現，但與近代中國已經處於落後地位時一些人的夜郎自大還是有本質區別的。所以我們應當看到，與地中海文明相比較，中國歷史地理環境給文化交流帶來的障礙也是不容忽視的。

參考文獻

譚其驤主編　簡明中國歷史地圖集　北京市　中國地圖出版社　1992年

鄒逸麟編著　中國歷史地理概述　福建　福建人民出版社　1993年

思考題

1 歷史上哪些地理因素對中國文化的形成和發展產生過較大的影響？舉例說明。

2 為什麼同樣的地理因素在不同的歷史時期會起到不同的作用？

第二章
中國文化植根的經濟基礎

第一節　農耕自然經濟是中國古代社會經濟的主體

一　農耕文明的發祥地及其重心南移

東亞大陸得天獨厚的自然條件和地理生態環境，孕育了華夏民族以農耕經濟為主體的經濟生產形態。

早在四五千年前，興起於黃河中游地域的新石器文化——仰韶文化和龍山文化，已經展現了華夏民族的祖先從漁獵向農耕生產過渡的歷史風貌，中華農耕文明在這氣候適宜、土壤肥沃的黃河中游流域開始形成。與此同時，長江中下游的屈家嶺文化及錢塘江流域的河姆渡文化，也都顯示了祖先們在這裏辛勤耕耘、繁衍生息的時代痕跡。中國古代歷史典籍追述先古「有道帝君」的作風，便是孜孜以農業為懷的君子，《論語・憲問》稱「禹、稷躬稼而有天下」，《史記・周本紀》稱讚周人的先祖公劉「務耕種，行地宜……民賴其慶，百姓懷之，多徙而保歸焉。周道之肖，自此始」。農耕與部族的興衰緊密相連。

三代時期，農耕業已經成為中原華夏民族社會生活資料的主要來源，古代詩歌的記載，反映了這一時期先民從事農業生產的繁忙景象，所謂「同我婦子，饁彼南畝，田　至喜」（《詩・豳風》）；「日出而作，日入而息，鑿井而飲，耕田而食」（《帝王世紀・擊壤之歌》），即是其生動寫照。

春秋戰國時期，諸侯紛爭，列國競雄，政治家們為了在激烈的對

抗中取得生存，進行了一系列的政治經濟制度改革，而這些改革，幾乎無不與促進農耕經濟聯繫在一起。管仲的「相地而衰徵」，為齊國的強盛奠定了雄厚的基礎；魏國李悝的「盡地力之教」，競為列國所仿傚；著名的商鞅改革，其「耕戰」政策使秦國的大軍在關東所向披靡。秦漢以後，大一統的中華帝國更把「重農固本」秦為治國的不易之道。

中國的農耕文明雖然同時發祥於黃河、長江流域，但由於黃河流域細膩而疏鬆的黃土層較適宜於遠古木石銅器農具的運用和粟、稷等旱作物的生產，所以農業生產首先在黃河中下游達到較高水準，黃河中下游地區自然也成了中國上古時代的政治、經濟和人文中心。隨著農業生產力的發展，特別是鐵製農具和牛耕的普及，中國的農耕區域，逐漸向土沃水美的長江流域擴展，而秦漢大一統局面的形成，更為中國農耕區域的向南擴展，創造了有利的社會條件。漢晉以降的數百年間，北方的邊患日趨嚴重，戰火的蹂躪，使黃河流域的農業生態環境迅速惡化，在戰亂的壓迫下，中原優秀的農耕男女大批向南遷徙，足跡遍佈長江中下游區域及東南沿海各地。於是，中國農耕區的中心，逐漸從黃河流域向長江中下游和江南地區轉移，而中國南方優良的自然氣候條件和生態環境，很快就顯示出發展農耕經濟的巨大潛力。隋唐以後，長江中下游區域迅速成為京都及邊防糧食、布帛的主要供應地，「蘇杭熟、天下足」和「湖廣熟、天下足」的諺語即反映了唐宋以來經濟重心南移的歷史事實，「東南財稅」與「西北甲兵」共同構成了唐以後歷代社會政治穩定的基本格局。

二　農耕民族與游牧民族的長期對壘與融合

當黃河流域以南農耕文明日益發展的時候，中國的西北部地區，

正繁衍生存著剽悍善戰的游牧民族，他們世代「逐水草遷徙，毋城郭常處耕田之業」（《史記・匈奴列傳》），依靠畜牧、狩獵為生。流徙不定的游牧生活，促使他們經常南下劫掠，「利則進，不利則退」（《史記・匈奴列傳》），給中原的農耕民族造成很大的威脅。而當某一游牧部落出現了具有政治遠見和號召力的領袖，游牧人短暫的經濟劫掠便可能發展成為大規模的征戰，甚至入主中原，建立起混一游牧區和農耕區的王朝。

中原農耕民族的生活方式是建立在土地這個固定的基礎上，穩定安居是農耕社會經濟發展的前提。面對秦漢以來北方游牧民族的不斷侵擾，中原歷代王朝無不竭盡全力加以抵禦。然而安居樂業的農耕民族終究無法與「往來轉徙，時至時去」（《漢書・晁錯傳》）的游牧人在軍事上作長期的追逐爭鋒，雖然在歷史上也曾出現漢武帝、唐太宗、明成祖等遠征漠北的短暫行為，但農耕與游牧這兩種經濟類型和生產方式，決定了古代中國的軍事格局是經濟文化先進的中原農耕人處在被動防禦狀態，而經濟文化落後的游牧人常取攻勢。

處於守勢的中原農耕人，他們世代相沿用以抵禦游牧人的最基本策略是「修障塞，飭烽燧，屯戍以備之」（桓寬：《鹽鐵論・本議》）。歷盡艱辛前赴後繼而修築起來的萬里長城，正體現了中原華夏民族試圖把農耕區圍護起來的防禦心態。

農耕民族與游牧民族的長期對壘只是中華文明發展史的一個側面，而更重要的一個方面，是這兩者通過遷徙、聚合、戰爭、和親、互市等形式為中介，實行經濟文化的互補和民族的融合。北方的游牧民族雖然在整個社會發展水準上處於較低層次，但他們勇猛善戰、粗獷強勁，富於流動性，善於吸取從遠方帶來的異域文化，成為中原穩健儒雅的農耕文化的補強劑。戰國時期趙武靈王的「胡服騎射」和漢唐時期開闢通西域的絲綢之路，是中原農耕文明博取游牧文明的精妙

結晶。游牧民族不斷侵擾中原農耕區，固然給農耕區人們帶來許多痛苦，但因而也促進了中華民族血統的合流。漢族的「百家姓」，有相當一部分是由羌、胡等游牧民族姓氏直接轉化而來的，即使是趙、錢、孫、李、陳等較為古老的漢族姓氏，也都在不同程度上融合了少數民族的血統，「四夷如同一家」，是中華農耕民族與游牧民族血統融合史的整體趨勢。

另一方面，社會經濟發展水準較為落後的游牧人，從農耕人那裏學習先進的生產方式、政治制度和文化技術，促進其自身社會形態的變化。特別是當以征服者身份進入農耕區的游牧人，在先進優裕的農耕文化氛圍中，往往「他們為被征服者所同化」[1]，而出現農耕化的趨向。這一趨向的結果，不但進一步充實了農耕文明的內在涵量，同時也促進了中原華夏農耕經濟的周邊擴展和多元交匯。農耕與游牧作為東亞大陸兩種基本的經濟類型，是中華文明的兩個彼此不斷交流的源泉，他們歷經數千年的相互融合、互為補充，匯成氣象恢弘的中華文化。

三　農耕自然經濟體制下的多元化經濟成分

以農耕文明為主導的中華文明，有著不可割斷的歷史延續性，這與古印度、古埃及以及古歐洲文明史截然不同。中國農耕文明的源遠流長，一方面造成中華文化的博大精深，另一方面也影響著社會形態的變化藕斷絲連，含混不清。因此，從縱的方面講，中國農耕經濟的發展，始終保留著各個歷史發展階段的經濟成分。遠古時代的村社經濟殘餘，到宋元明清時期演變為鄉族經濟，由此而產生的鄉族組織和

1　《馬克思恩格斯全集》卷20，頁199。

宗法觀念，對中國封建社會的政治、經濟、文化各個方面都產生了重大的影響。再如三代以來的奴隸制經濟殘餘，亦長期並存於農耕經濟之中，直至明代，江南「富家大族役使小民，動至千百，至今佃戶蒼頭有至千百者」[2]。貴族分封制度，雖然從秦漢以後在形式上有所變化，但歷代不絕，如明代的藩王勳戚經濟就成為明代社會經濟的一個重要組成部分。

　　從橫的方面來考察，華夏民族「早出暮入、耕稼樹藝」的農耕經濟，是與自給自足的自然經濟聯繫在一起的。然而，我們現在常說的中國農耕經濟是自然經濟體系，這是借用了西歐中世紀莊園制自然經濟體系的用語，實際上，中國的農耕經濟與西歐中世紀的莊園制自然經濟差異甚多，二者不可畫等號。西歐中世紀自然經濟的一些主要特徵如封閉式的自給自足、依附農奴等，在中國的農耕經濟中並不很突出。中國的農耕經濟並不僅僅是以農業生產為界限，而是包含著手工業、商業等多方面的經濟成分。士、農、工、商的社會分工由來已久，並且不時相互變換。中國的個體家庭經濟，很早就與市場有著一定的聯繫，早在戰國時，孟子就指出農家「以粟易械器……紛紛然與百工交易……百工之事固不可耕且為也」是「天下之通義」（《孟子・滕文公上》）。司馬遷在《史記・貨殖列傳》中的下述描寫，真實地反映了中國古代農耕經濟的多元化結構：

　　　　待農而食之，虞而出之，工而成之，商而通之，此寧有政教發徵期會哉！人各任其能，竭其力，以得所欲。……農不出則乏其食，工不出則乏其事，商不出則三寶絕，虞不出則財匱少，財匱少而山澤不闢矣。此四者，民所衣食之源也。

2　于慎行：《穀山筆塵》卷4。

到了封建社會晚期，商品性農業和為市場而生產的手工產品更在農家經濟中佔據重要地位。明清之際的長江下游三角洲地區，社會經濟比較發達，棉花、桑蠶的生產，是農家經濟收入的重要組成部分，所謂「地產木棉，衣被天下，而民間賦稅，公私之費，亦賴並濟」（顧炎武：《肇域志‧江南九》）。以食租為特徵的中國地主，在廣置田產的同時，也對工商業生產有濃厚的興趣，「鄉落大姓，居貨而賈者，數不可紀」（《嘉靖江陰縣志‧市集》）。中國農耕經濟就是這樣包容著工商業等多種經濟成分，擴充了內部的活動空間，使自己始終保持著一定的簡單再生能力，適應時代的變化，從而維繫著中華農耕文明的長流不息。

四　內斂型的海洋貿易

在中國內地廣闊農耕區的東南面，有浩瀚的大海。海洋事業的開拓，是促進歐洲文明特別是近代文明高度發展的有力槓杆。然而，以農耕經濟為主體的中華文明是一種主張和平自守的內向型文化，缺乏開拓海洋事業的進取精神，因此，雖然中華民族早就有了出色的航海能力，但由此而產生的海洋貿易，不是向外擴展的外向型經濟，而是一種內斂型的經濟，它是作為農耕經濟的一種補充形式而存在。

穩定的農業社會和較少變化的經濟結構，使中國古代的帝王們陶醉於萬物皆備，「惠此中國，以綏四方」（《詩‧大雅‧民勞》）的理念之中，他們把「皇天眷命，奄有四海」，「無怠無荒，四夷來王」（《尚書‧大禹謨》）作為治道的高妙境界。因此，在他們看來，中國與海外的經濟交往，應當建立在「賓服貢獻」的基礎上。唐宋時期，中國與海外的經濟聯繫漸次加強，東南沿海開闢了「海上絲綢之路」，「外國之貨日至，珠香象犀玳瑁奇物溢於中國，不可勝用」（韓愈：《昌黎

先生全集‧送鄭尚書序》)。廣州、泉州等沿海城市成了聞名世界的貿易港口,出現了「市井十洲人」(《詔詩別裁‧送泉州李使君之任》)的繁榮景象。但這時的海外貿易,一方面是服從於政治的需要,誇示海外,「遠撫蕃夷」,而且在不少場合是「賜品」多於「貢品」,不計經濟得失。另一方面是為了滿足上層統治者對於海外奇珍異寶的需求,與廣大民眾的生活需求較少發生聯繫。這種朝貢式的貿易直至明代前期猶然。明成祖以「振綱常以布中外,敷文德以及四方」為己任,當有人主張對入貢互市的外商徵稅時,明成祖的答覆是「今夷人慕義遠來,乃侵其利,所得幾何?而虧辱大體多矣」(《明史‧食貨志》)。互市在政治上的意義仍然超過經濟的意義。

明代中葉以後,隨著社會經濟的發展,東南沿海私人對外貿易有長足的進步,海洋商業收入已在福州、廣東等沿海地區的經濟結構中佔有相當的比重,白銀貨幣的輸入對中國經濟的發展產生了重大影響。特別是明末福建鄭成功家族的海上勢力,操中國、日本、東南亞之間海洋貿易的牛耳,收復臺灣,頂住荷蘭等西方殖民者的東進,中國的海洋事業一度出現勃勃生機。但是,政府對於私人海商集團的扼殺以及對海外貿易的嚴格控制,限制了清代海洋商業的順利發展,而明清以來移居海外的商民,也被政府視為「自棄王化」的刁民,備受歧視。在這種情況下,當西方殖民者以咄咄逼人之勢梯航東來之際,內斂型的中國海洋事業,不能不大大落伍於世界前進的步伐。

第二節　中國傳統自然經濟的發展階段和形態

一　殷商西周:土地國有的自然經濟階段

隨著文明的不斷進步和農耕經濟體制的不斷自我調節,中國數千年傳統的自然經濟呈現出幾個不同的發展階段和形態。

　　土地是農耕社會最基本和最重要的生產資料，土地所有制是農耕社會經濟發展階段的最顯著標誌。遠古時代，土地屬氏族村社共有，勞動者在家長的率領下，在共有土地上共同耕耘收穫。夏、商、西周時期，這種原始的土地共有意識演變成「溥天之下，莫非王土；率土之濱，莫非王臣」（《詩‧小雅‧北山》）的觀念，土地屬於國家所有。廣大庶眾「上無通名，下無田宅」（《商君書‧徠民篇》），耕種國家的土地。國家為實施對土地的分配管理和貢賦的收取，在地官司徒之下設有載師、閭師、縣師、遺人、均人等職官，形成國家干預農耕生產的政治雛形。

　　這種國有土地不得自由買賣和私相接受，即所謂「田裏不鬻」（《禮記‧王制》）。西周時期，土地經常由天子分封給各級諸侯、貴族，但從原則上講，諸侯貴族只有土地的使用權，而無所有權。周天子可隨時把土地收回，或轉賜別人，擁有土地的最終所有權。「三代以上，雖至貴巨富，求數百畝之田貽子及孫，不可得也」（張英：《恆產瑣言》）。

　　在土地國有制下，農業生產以集體勞動為主，殷墟甲骨文有「王大令眾人曰協田」的卜辭，「協」字在甲骨文中像三耒共耕，「眾人」、「協田」是殷商時期盛行集體耕作制的反映。《詩經》中的一些篇章，有西周前期集體勞動場面的生動描寫，所謂「載芟載柞，其耕澤澤，千耦其耘」（《詩‧周頌‧載芟》）、「率時農夫，播厥百穀……亦服爾耕，十千維耦」（《詩‧周頌‧噫嘻》）。到西周後期，集體耕作的土地有了公田、私田之分，《詩‧小雅‧大田》云「雨我公田，遂及我私」，勞動者要先耕種公田，然後耕作私田。孟子曾把這種集體耕作的田制稱為「井田制」，並加以理想化的追述：「方里而井，井九百畝，其中為公田，八家皆私百畝，同養公田。公事畢，然後敢治私事」（《孟子‧滕文公上》）。農夫們終年忙碌，結果還是「無衣無褐，

何以卒歲」、「採荼薪樗，食我農夫」（《詩・豳風・七月》），處境十分悲慘。

殷周時期土地國有和集體耕作制，是與那一時代生產工具銅石並用的社會生產力水準低下相適應的，也是在氏族公社解體，進入初期階級社會，血緣貴族保留土地公有制外殼，並繼續實行集體生產的一種經濟制度。到了西周後期，土地國有制出現某些瓦解的跡象，諸侯貴族從周天子那裏取得土地，他們也逐漸和周天子一樣，可以隨意處理自己的封地，或用戰爭的手段，掠奪別人的封地。「公田」和「私田」分野之後，不可否認那些耕作私田的勞動者，也逐漸擁有對私田的部分所有權。奴隸制度逐漸出現了瓦解的徵兆。

二　東周以降土地私有化和個體生產形態的演進

東周以後，隨著牛耕和鐵製農具的使用，農業生產力進一步提高，土地國有形態走向瓦解，井田制破壞，變「公田」為「私田」的現象普遍出現。諸侯貴族為爭奪土地農人的戰爭日益頻繁，「爭地以戰，殺人盈野；爭城以戰，殺人盈城」（《孟子・離婁上》）。善戰的士人、農夫可以依靠軍功而取得土地。春秋末年，晉國趙簡子伐，在誓師時說：「克敵者，上大夫受縣，下大夫受郡，士田十萬。」（《左傳・哀公二年》）戰國時商鞅變法規定：「有軍功者，各以率受上爵……各以差次名田宅。」（《史記・商君列傳》）

尤其是土地買賣的出現，打破了世襲貴族土地所有制時期「田裏不鬻」的老例。春秋時晉國已有「爰田」即易田換田的現象，是土地買賣的先聲。商鞅在秦國推行「壞井田，開阡陌，民得買賣」的土地政策，土地自由買賣日益合法化、普遍化。

東周以後的土地私有化進程，也打破了以往那種集體生產的農耕

傳統，而向以家庭為單位的個體生產形態過渡。一個家庭內，「男子力耕」，「女子紡織」，「一夫不耕，或受之饑；一女不織，或受之寒」（《漢書‧食貨志上》）。這種男耕女織、以織助耕，或以工助耕、以商助耕的自給自足型的家庭小農業，逐漸在中國的農耕經濟中占主導地位。與此相適應的政治體制，則是國家直接向個體生產者徵收賦稅徭役。春秋戰國時出現的「相地而衰徵」和「初稅畝」，就是政府對個體土地所有者建立統制經濟關係的開始。而這千千萬萬個向國家政府承擔賦役義務的個體生產家庭，成為秦漢以後中國大一統國家政體的堅實基礎。

隨著土地的日益私有化和個體家庭經濟的成長，土地成了社會各階層爭相獲取的目標，而擁有政治地位、金錢財富的人，在獵取土地上佔有明顯的優勢，於是自秦漢以來，「富者田連阡陌，貧者無立錐之地」（《漢書‧食貨志上》）的現象屢屢出現，個體家庭經濟分化為地主和農民兩個不同的形態，形成了對立的兩個階級。在大一統中央集權體制下地主經濟與農民經濟的互為盈縮，構成農耕私有經濟運作的基本特色。

當然，東周以降土地私有化經歷著一個循次演進的過程。春秋戰國之後，舊的貴族分封制破壞，私人地主增長。但至唐代，國有土地仍佔有相當比重，專制國家對土地私有權仍保留種種干預。唐代中葉均田制破壞之後，土地私有進一步深入，專制國家對土地私有權的干預有逐漸減弱的趨勢。契約制的租佃關係在唐宋以後普遍出現，農民對於土地的依附關係有所鬆弛，社會生產日益多樣化，個體生產者亦從封建社會前期以糧食為主的經營方式逐漸向多種經營的方向艱難邁進。這種漸次加強的多元經濟結構，為中國封建經濟的延續注入了活力，從而創造出唐、宋、明、清不同時期各具特色的繁榮盛世。特別是到了封建社會後期，傳統的自給性農業和商品性手工業的結合尤為

普遍，個體生產者具有較高的獨立性。多種經營的加強，使農家取得較大收益，增強了對封建剝削的負荷力和對人口增長的適應力，從而促進了社會經濟的繼續發展，並在原有的生產結構裏，有所更新。

三　商品經濟的波浪式前進

東周以后土地日益私有化和家庭個體生產經營，並不意味著中國的農耕經濟進入了純粹的「自給自足」狀態，恰恰相反，當古代中國土地私有化剛剛起步的時候，與自然經濟相對立的商品交換也悄然出現。雖然這種商品交換是作為農耕經濟的一種補充形式而存在的，但是與西歐封建社會相比，中國古代的商品經濟具有發達較早的特點。

西方封建社會最具代表性的自然經濟單位是領主莊園，領主莊園內不僅擁有從事農業生產的農奴，而且擁有從事各種手工業生產的農奴手工業者，因此「每一座封建莊園都自給自足……沒有商業來往和交換，用不著貨幣」[3]。而在中國則不同，地主佔有的剩餘勞動主要是穀物地租，手工業品和農產品的加工製品極其有限，這樣就使地主經濟不可避免地要與市場發生較多的聯繫，以解決消費品的不足。廣大的個體農民局限在小塊的土地上，生產手段更為有限，他們只能通過出賣剩餘農產品以換取其它生產生活必需品。孟子所謂的「農有餘粟，女有餘布」，須要進行「通功易事」（《孟子·滕文公下》），就是這種情況的真實寫照。再者，中國從秦漢以來就是一個大一統的中央集權國家，政府對於土地所有者的賦役經濟關係以及對於城市經濟活動的統治政策，也都在客觀上打破了區域間貨物流通的障礙，促進了商品貨幣關係的較早發展。

3　《馬克思恩格斯全集》卷21，頁448。

　　正因為如此，我們在先秦的典籍中，就可以看到許多關於商品交換與市場流通的記載。《尚書‧酒誥》鼓勵民眾「純其藝黍稷，奔走事厥考厥長，肇牽車牛，遠服賈，用孝養厥父母」。《詩經》中也屢有關於商品交換的記載，如「氓之蚩蚩，抱布貿絲」（《詩‧衛風》）；「如賈三倍，君子是識」（《詩‧大雅》）。秦漢時期，史載「自京師東西南北，歷山川，經郡國，諸殷富大都，無非街衢五通，商賈之所臻，萬物之所殖者也」（《鹽鐵論‧力耕篇》）。這種商業交換活動以及由此而出現的商品生產、商人資本、城市貨幣經濟等，伴隨著中國的農耕經濟而貫穿於整個封建社會。

　　中國古代商品經濟是為了補充農耕經濟的不足和滿足大一統中央集權國家的需要而產生和發展的，因此，這種商品經濟缺乏獨立發展的性格；特別是中國歷朝奉行不渝的「重農抑商」政策，更加強了商品經濟的依附性，從而使它的發展隨著封建社會的變遷而呈現出波浪式前進的姿態。當農耕經濟較為繁榮，政治較為清平之世，商品經濟也隨之繁榮；而當農耕經濟走入低谷，政治腐敗混亂之際，商品經濟的發展也受到嚴重的破壞。商品經濟對於農耕經濟的依附性格，又促使工商業者的普遍歸宿，是最終回到經營土地的老路上去，促使地主、商人和官僚三位一體的結合。這種性格，大大削弱了商品經濟對於農耕自然經濟的腐蝕瓦解作用。但就總的趨勢而言，隨著社會生產力的發展和土地私有化的深入，中國古代商品經濟呈現出整體上陞的趨向。而這種不斷進步的商品經濟，推動了多元化封建經濟的繁榮和更新，對舊的生產體制也產生了一定的衝擊力量。正因為如此，到了明清兩代，中國傳統自然經濟進入了一個承前啟後的變動時期。

四　中國傳統社會所達到的經濟發展水準

中華大地哺育著一代又一代勤勞勇敢的勞動人民，祖先們世代不息的頑強拼搏，辛苦耕耘，推動著中國的農耕經濟克服種種艱難險阻，不斷進步。至公元十六世紀前後，中國傳統的社會經濟得到了充分的發育，繁榮富庶；中國的農耕文化，仍然居於世界領先地位，值得自豪。

中國的農業，經歷了五千多年的風風雨雨，聰明務實的勞動人民，在長期的生產過程中積纍了極為豐富的農業生產技術，形成了富有東方特色的農業科學，其中尤以精巧農具、培育良種、多種經營、集約耕作和充分利用自然力而著稱於世。鐵犁的使用，輪作復種技術的推廣，遠遠早於歐洲各國。蠶桑和茶葉的發展，曾令世界傾羨不已。中國人民為世界農業的發展作出了積極的貢獻。

中國的手工業生產，也曾長期居於世界領先地位。靈巧的工藝品，精美的紡織品，長期風靡於世界市場。造船業的發達，使中國人最早開闢了亞非兩大洲之間的海上交通。冶煉業的久盛不衰，為中國農具的改進與貨幣的流通創立了堅實的基礎。煉丹術等化學知識的積纍和不斷豐富，使古代中國在瓷器、漆器、釀酒、染色、兵刃、食品等方面的製造技術也相應取得突出成就。而指南針、造紙術、火藥和活字印刷，被稱為是對人類歷史進程發生革命性作用的「四大發明」，是中華民族奉獻給世界文明的偉大科技成果。

商品貨幣經濟的繁榮也是西歐中世紀所無法望其項背的。戰國時的城市，就已有「車轂擊，人肩摩，連衽成帷，舉袂成幕，揮汗成雨」（《戰國策‧齊策一》）的盛況；唐宋時期的長安、開封、杭州、泉州、廣州等城市，都是聞名世界的大城市；而明清兩代的城鄉工商業集鎮，更是遍佈全國，「百貨畢集」（《吳江縣志‧市鎮》）。長距離

的商品販運，很早就打破地域性的限制，各地商品貨物，可謂「無遠
不屆」，形成了全國性的商業聯繫。貨幣的大量使用，與西歐中世紀
貨幣「幾乎沒有地位」的局面形成了鮮明的對比，而紙鈔的使用，更
是中國對於世界貨幣發展史的一大貢獻。

第三節　中國資本主義生產方式難以產生的原因

一　社會經濟既早熟而又不成熟

　　十六七世紀以來，西方文明以突飛猛進之勢，跨入了近代社會，
而中國建立在農耕經濟之上的資本主義生產方式的萌芽卻備受挫折，
步履蹣跚，出現了遲滯狀態。

　　從根本上講，中國農耕社會的多元化結構造成了中國社會經濟的
既早熟又不成熟的特徵，制約了資本主義生產方式的順利產生。與西
歐社會相比，許多到西歐中世紀末期才出現的社會經濟現象，在中國
卻早就出現了。且不說中國的商品貨幣經濟繁榮於漢唐宋元明清的各
個時期，其它如土地買賣出現在戰國秦漢之際，促使中國的土地財產
權很不穩定，有所謂「千年田，八百主」（《天下郡國利病書‧江
南》）。迄於宋元明清，土地買賣更加頻繁，出現了「一田二主」、「一
田三主」的現象，有的連佃農也分享有部分的土地所有權，並在法律
條文上有所規定。再如中國的農民較早就有相對的離土自由，中國歷
史上多次的流民之波，從北到南的大遷徙，促進了南方和周邊地區的
迅速開發。即使是缺乏生產資料的佃農階層，也並非完全被地主束縛
在土地上，他們有退佃、遷移的自由。作為經濟剝削的地租形態，也
是勞役、實物與貨幣地租長期並存。凡此種種現象，在西歐國家都是
發生在封建社會開始崩潰之時，但在中國卻「古已有之」。

　　但是，中國歷史的早熟卻未能促成它的成熟發展，相反地卻凝重了傳統農耕經濟的保守性和堅固性。從西歐歷史的發展來看，商品生產、城市經濟、土地買賣、農民的離土自由、貨幣地租的出現以及大一統中央集權國家的形成，不僅要等到封建社會後期才出現，更重要的是這些現象本身就是與封建莊園制度格格不入的，它們的出現，形成巨大的衝擊力量，迅速地瓦解著西歐中世紀封閉式的莊園封建社會。反觀中國的情況，這些早熟的因素，不是作為封建社會的對立面而是作為它的補充形態而出現的，這就使中國的農耕經濟大大擴展了它的內涵結構，可以比較靈活從容地改變自己的表層結構以適應社會經濟的各種變化。當然，在中國農耕經濟內部滋長的商品經濟，同樣具有較活躍的「革命」性質，對自然經濟有著潛在的腐蝕瓦解作用，但是這種腐蝕瓦解作用成長到一定程度，往往因農耕經濟的多元化結構而被化解或吸收，中國封建社會裏官僚、地主與富商大賈的相互轉化，就是一個明顯的例子。這就使中國社會經濟的早熟現象，始終未能走上成熟的階段。再加上中國早熟的經濟因素往往與社會、政治諸條件不相配合，造成經濟發展的失調。早熟的發展又使人們迷戀於現有的成就，夜郎自大，我朝天下第一，拒絕新的思想和社會變革。這沉重的歷史包袱，也帶來了落後的停滯因素。在這種內部機制的自我制約下，中國的資本主義生產方式萌芽，不能不長期處於緩慢發展的狀態。

二　穩定與戰亂、人口增長與生產發展的周期性失調

　　建立在個體家庭經濟上的中國大一統中央集權體制，是一種沒有民主而缺乏自我更新能力的政體。每當一個新的王朝建立之後，其繼任者的整體趨向是一代不如一代，行政效率衰退和政治腐敗隨著時間

的推移而日益嚴重。政治的腐敗最終導致游牧民族的入侵或民眾的大暴動，於是，中國王朝的盛衰交替、穩定與戰亂互易成了周而復始的規律。

這種王朝更替的變化周期又是與同時期的社會經濟興衰周期大體同步的。一個新的王朝建立之初，政治大都比較清明，安定的社會環境促進了農耕經濟的恢復和發展，人口的繁殖和生活資料的生產都有較顯著的增長。但是這種美景缺乏後勁，昇平社會帶來的是政治腐敗；隨著政治腐敗的加深，社會矛盾日益激化，終於又爆發了新的動亂，社會經濟再次受到嚴重的破壞。

從整體上講，中國的農耕經濟經過五千餘年的磨煉，得到了充分的發育，農業生產技術足以誇示世界。但是從生產力縱向的發展來考察，中國農業的黃金時代是戰國至漢唐之間，鐵器農具和牛耕的普遍使用，精耕細作的田間管理，奠定了中國農耕技術的基本格局。唐末宋代以後，中國的農耕技術並無明顯的突破，明清時期的農業勞動生產率較之宋代，大體處於同一水平線上。農業生產總產量的增長，不是通過科學技術的提高，而主要依靠擴大山區及周邊地區的耕地面積和粗糧品種如玉米、番薯的引進推廣，以及擴大勞動量的投入來維持。在這種情況下，勞動力的增殖顯得至關重要。而新王朝初前期清平穩定的社會環境，有利於人口的增長，每當承平數十年、百餘年之時，人口以數倍甚至十餘倍的速度增長，人口增長率逐漸高於物質資料的增長率，造成了人口增長與生產增長的比例失調。隨著政治腐敗的加劇，生產日益受到破壞。人口增長與生產增長的比例失調更加嚴重，一系列的社會矛盾如土地、賦役、流民、邊防等更加尖銳，終於使社會再次進入長達十餘年、數十年的戰亂時期，造成人口銳減，土地荒蕪，從而自發地調節了人口與物質生產的比例。然而這種以戰亂、災荒等為手段的自發調節的社會迴圈，使中國的社會經濟文化受

到一次又一次的慘重損失，周期性的破壞成為中國文化健康發展的嚴重障礙。

　　穩定與戰亂、人口增長與生產發展的雙重失調，對於明清時代社會經濟發展的阻礙尤為明顯，明代中後期中國社會經濟的發展水準，與西方社會相比，尚無太明顯的差距，但是明末清初長達半個世紀的戰亂，使明代後期繁榮的社會經濟大幅度衰退，明中葉以後開始出現的資本主義生產方式萌芽也受到了嚴重的挫折。而隨著清王朝統治的鞏固，小農經濟得以恢復，社會經濟漸次繁榮，但人口的增長卻以空前的速度前進，至乾隆嘉慶間，中國人口已逾四億。當時人已稱土地的增長「不過一倍而止矣，或增三倍、五倍而止矣，而戶口則增至十倍、二十倍，是田與屋之數常處不足，而戶口之數常處其有餘也」（洪亮吉：《卷施閣文甲集》卷一）。這種惡性的周期性破壞，不能不嚴重地扼制社會經濟的順利發展，使中國封建社會晚期的資本主義生產方式處於難產的狀態中。

三　上層建築對社會經濟發展的箝制和束縛

　　中國古代社會的上層建築是建立在農耕經濟特別是小農經濟的基礎上的，這種上層建築對於促進農耕經濟的發展，保障農耕經濟的長期持續性，起到了重要的積極作用。然而中國早熟的中央集權制，形成了龐大的官僚體系。官僚體系既是中央集權政體的運轉工具，同時由於官僚體系是由千千萬萬個擁有某種特權的個體私有者（官或吏）組成的，出於自身經濟利益的考慮，他們又具有剝削下層民眾和腐蝕國家政治的雙重性格。這種自我矛盾的政治結構，對於中國社會經濟的發展起了嚴重的阻礙作用，特別是在封建社會晚期商品經濟日益進步的情況下，這種阻礙作用就更為明顯。

　　經濟剝削是上層建築阻礙社會經濟發展的一個重要方面。中央集權政體需要豢養大量的專職官吏和軍隊，政治特權階層需要奢華的消費，這就必然加重勞動人民的賦稅、徭役和兵役的負擔，而依附於國家政權的成千上萬個官吏，利用權力以謀私，法外苛徵，更使下層民眾不堪負擔。在重農抑商觀念的指導下，工商業經濟所受到的剝削尤為嚴重。明代時，「百里之內，轄者三官，一貨之來，榷者數稅」（《西園聞見錄・關銳》）；清代更有「處處皆關，則關關有稅」（《皇清奏議》卷二十一）的剝削。經濟上的沉重剝削，使社會經濟特別是工商業經濟的進步十分艱難。

　　自秦漢以來，中國的意識形態是圍繞著農耕經濟這一核心的，它帶有明顯的保守、懷古特徵，言必三代周孔，成了大部分知識分子的思維模式。特別是當社會進步、經濟變遷加劇之時，守舊派人士總是懷念三代的井田制度和力耕自足的生活境界，所謂「匹夫之力，盡於南畝，匹婦之力，盡於麻。田野關，麻治，則上下俱衍，何因乏之有矣」（《鹽鐵論・園池》）這種保守的意識形態，導致社會普遍安於現狀，缺乏遠見和開拓精神。因此，中國古代雖然有過光輝燦爛的科技文化，但科技的運用卻不受重視，四大發明深刻影響了世界文明的進程，但卻未能在中國本土得以發揚光大，不能不與這種意識形態的保守性密切相關。

　　再者，中國古代社會的政治佈局也十分不利於商品經濟及新因素的成長。西歐中世紀末期的城市經濟，是摧毀莊園封建制的有力武器，而中國城市的形成和發展，大多是為了政治的需要，城市既是政治中心，往往也是軍事中心和消費中心。國家政治出於財政的需求，對鹽、鐵、軍需等商品，採取專賣的政策，致使許多商業成為國家財政的附庸。例如明清兩代最負盛名的徽州商人，是以經營官鹽著稱的，而山陝商人則以九邊軍需為主要經營項目。商業對政府的依賴性導致了商人性格的封建依附性。

中國是一個地區廣大的封建大帝國，各地的社會經濟發展水準很不平衡，城鄉關係很不協調。但作為大一統的政治體制，其治理天下的原則是一視同仁，「恩澤咸被」，因此在政策的實施上帶有明顯的「哀富益貧」的性質。明清兩代最富庶的長江三角洲地區，自然成了政府經濟剝削的重心，賦役負擔十分沉重。這種地區發展的不平衡與國家政策上的平均主義，使落後地區拖住了先進地區的後腿，箝制了先進地區商品經濟及新因素的發展。在以上種種因素的制約下，中國的資本主義萌芽只能在原有的格局內打圈子，不可能出現飛躍的前進。於是，自十七世紀以後，中國社會與西方社會拉開了差距，逐步陷入落後挨打的困難境地。

第四節　中國傳統自然經濟的基本特點及其對文化發展的影響

一　農耕經濟的持續性與中國文化的延續力

中國是一個有數千年歷史的文明古國，農耕經濟的持續性是中國傳統自然經濟的顯著特點之一。自三代以來，中國的農耕社會，經歷了無數次大大小小的天災人禍的考驗，始終未曾走入難以克服的困境，而迴圈式的復蘇和進步則周而復始，使農業自然經濟得以長期延續。

農耕經濟的持續性造就了中國文化的持續性。傳統農業的持續發展保證了中華文明的綿延不斷，使其具有極大的承受力、癒合力和凝聚力。

三代以來，中國歷史經歷了戰亂與穩定的周期性運動，王朝的興衰更替不可避免，短期的國家分裂時有發生，特別是游牧民族的侵擾與入主中原，都曾在中國歷史的不同時期掀起悲慘壯烈的一幕。然

而，中國的農耕經濟依然向前發展，而建立在這一基礎上的中華文明亦未曾中斷。相反地，短期的戰亂與分裂，更增進了中國文化的堅韌性和向心力。魏晉南北朝是「五胡亂華」的動盪時代，恰恰也是中國農耕文化得到進一步擴展傳播的重要時期。鮮卑族在中原建立北魏王朝，推行漢化政策，所謂「今方釐革時弊，稽古復禮，庶令樂正雅頌，各得其宜」（《魏書・樂志》），體現了中華民族無法抗拒的認同感和文化的向心化合力。遼夏金元是中國歷史上又一個較為動盪的時期，但文化的傳承一如既往，雄才大略的忽必烈曾深切地意識到「國家當行漢法無疑也」（《元文類・魯齋遺書》卷七），為游牧民族的「漢化」以及與漢族的文化融合，做出了積極的貢獻。清朝也是如此，滿洲貴族入主中原不久，便已「習漢書入漢俗，漸忘我滿洲舊制」（《清世祖實錄》卷八四）。在各民族的共同努力下，中國文化得到了進一步的繼承和發展。

中國文化正是這樣伴隨著農耕經濟的長期延續而源遠流長，並且歷經動亂與分裂的洗禮而不斷得到充實昇華，這種文化傳統是任何外來勢力所無法割斷的。然而，中國文化的早期定型，也往往使人們產生一種「瞻後」式的思維方式，所謂「聖人設教，為萬世不易之法」，盡善盡美的制度和禮教存在於遠古的三皇五帝之中，後世的治平之道便是「克繩其法」，偶有一些枝節的改革，也大多是「託古更化」。這種文化思維模式，一方面為中國文化的長期延續和增進向心力起到了積極的作用；另一方面也在不知不覺中積累著文化的守舊性格。這樣，到了封建社會後期，中國傳統文化便顯得暮氣沉沉，缺乏積極進取的衝動。

二　農耕經濟的多元結構與中國文化的包容性

　　與西歐封建社會相比較，中國封建社會自然經濟的另一個顯著特點，是農耕經濟的多元成分結構，這一特點造就了中國文化兼收並蓄的包容性格。

　　春秋戰國是中國農耕經濟的重要轉型時期，也是中國思想文化界諸子競秀、百家爭鳴的興盛時期，儒家的仁義醇厚，道家的清靜超逸，墨家的謹嚴兼愛，法家的因勢嚴峻，各家儘管主張不一，相互辯難，但是思想文化通過社會變革的洗禮，諸子百家在爭鳴中取長補短，鍛鍊了自己的學說。到了秦漢時期，儒道融合，綜匯百家，促進了中國文化走向新的高潮。「天下同歸而殊途，一致而百慮」（《易傳・繫辭下》），正反映了先秦百家學說精華相互包容薈萃的歷史事實。

　　中國是個幅員遼闊的國家，各地的自然條件千差萬別，社會政治文化諸方面的發展水準也多有差異，因此，古代中國又形成了不同區域文化的格局，如齊魯文化、楚文化、吳越文化、三晉文化、秦文化等。這種不同區域文化的格局也導致了中國文化的多元結構。然而隨著中國農耕經濟的周邊擴展，中國文化的包容性格，又促使這些區域文化相輔相成，漸趨合一。

　　中國文化不僅善於包容百家學說和不同地區的文化精華而日臻博大，而且還長期吸取周邊少數民族的優秀文明，使之交相輝映，增添異彩。漢代北方民族的器用雜物、樂器歌舞，「京都貴戚皆競為之」（司馬彪：《續漢書・五行志》）。魏晉南北朝是中華各民族大融合時期，充滿生機的北方民族精神，為中原農耕文化注入了新鮮空氣，「漠北淳樸之人，南入中地，變風易俗，化洽四海」（《魏書・崔浩》）。盛唐是中國最為開放的時代，中國文化的包容性格發揮得尤為淋漓盡致，「胡音胡騎與胡妝，五十年來競紛泊」（元稹：《法曲》）。

首都長安更是「胡化極盛一時」，胡漢文化相互融合，促進中國文化更加豐富多彩，生機勃勃。

即使是對外域的文化，中華民族最終亦能敞開其博大的胸懷，揚棄吸收。佛教自漢代傳進中國以來，至魏晉南北朝隋唐時期形成一個高潮，中國固有的儒、道、玄等文化，通過與外來佛教文化的會通交融，獲得新的營養而走上了一個更高的層次。明末清初時期，西方的耶穌會士東來，帶來了西方的文明。雖然這時的中國已漸趨保守，文化的包容性格有所減弱，但許多有識之士，仍提出了「遐方文獻，何嫌並蓄兼收」（李之藻：〈刻同文算指序〉）的主張。尤其是耶穌會士們傳進的科學技術，曾對當時社會生產力的發展起了一定的積極作用。近代以來，面對西方列強的欺凌壓迫，大批熱血的知識分子，仍然不忘吸取西方文化，「師夷長技以制夷」。這種文化開放心態，正是中國文化有容乃大的包容性格的表現。

三　農耕經濟的早熟與中國文化的凝重性

農耕經濟的多元成分結構，促進中國封建社會經濟得到充分的發育，造就了燦爛輝煌的中國古代文化。但是，中國農耕經濟的既早熟而又不成熟，又造成了中國文化的早熟性和凝重性格。

早在先秦，我國已有敬德保民、民為邦本的思想。以孔孟為代表的儒家學說，以「仁」為核心，強調人與人在道德上的平等，所謂「人皆可以為堯舜」，「民為貴，社稷次之，君為輕，是故得乎丘民而為天子」（《孟子‧盡心下》）。這種民本意識，曾受到西歐啟蒙思想家的高度讚賞，但是在中國卻得不到正常的發展。由此而派生的平均主義思想，一方面固然成為農民反抗壓迫的思想武器，另一方面又加劇了中國歷史穩定與動亂的惡性循環。

　　中國的科學技術也是如此。秦漢以後，知識分子大多陷入經解的泥潭和科舉的漩渦，對於科學技術的發明創造缺乏應有的重視。因此，儘管中國有四大發明以及一系列的科技貢獻，但這些創造貢獻始終未能成為社會前進的主流。許多科技發明無法得到社會的推廣應用，往往出現中斷、失傳的現象。祖沖之的數學著作，在唐宋時就已失傳。明代宋應星的《天工開物》，清康熙以後已無人過問，直到近代才從日本翻印回來。

　　中國農耕經濟和中國文化的早熟性，與中國社會的多元結構相互配合，加強了傳統社會的堅韌性。隨著中國封建社會從前期過渡到後期，中國文化日益顯露出凝重的保守性格。宋元以後，中國文化的開放性和包容性格，較之漢唐已有明顯有衰退。明清之際，固然有一大批士大夫知識分子關注西方耶穌會士帶來的科技文化，但同時亦不乏嚴拒者。拒絕者的理由，就是認為儒家文化已盡善盡美，「惟開天闢地以來，而中國之教，自伏羲以迄周孔，傳心有要，闡道有宗，天人之理，發洩盡矣，無容以異說參之」（《聖朝破邪集》卷一）。清代乾隆皇帝面對著西方的通商使者，論說「天朝物產豐盈，無所不有，原不藉外夷貨物以通有無」（《粵海關志》卷二十三）。這些言論，是何等地自負與盲目！近現代以來，中國人前赴後繼，臥薪嚐膽，開放改革，煥發自強自新之道，才使中國文化重新獲得了生命活力。

參考文獻

林甘泉、寧可等主編　中國經濟通史　北京市　經濟日報出版社
　　　1999年

吳承明　中國資本主義與國內市場　北京市　中國社會科學出版社
　　　1985年

傅衣淩　明清社會經濟變遷論　北京市　人民出版社　1985年

思考題

1 中國傳統社會的農耕經濟有哪些特點？

2 宋明以來中國社會經濟為何長期遲滯不前？

第三章
中國文化依賴的社會政治結構

　　一個民族文化的發展史，除受特定的地理環境、經濟狀況和外來因素的制約外，社會政治結構對其影響也是至關重要的。

　　就世界幾個主要文明古國發展史比較來看，中國古代的社會政治結構至少有以下特點：第一，以血緣關係為紐帶的宗法制度完備而系統。包括嫡子之制、廟數之制、分封制度等，從理論到實際，其完善程度都是世界各國所無法比擬的。第二，專制主義嚴密。中國自國家產生之日起，儘管先後出現過奴隸主階級、地主階級等不同的統治，但其專制卻是一脈相承的。尤其是地主階級的專制，不但延續時間長，而且存在著日益強化的趨勢。在漫漫歷史長河中，中國一脈相承的專制制度和帶有某種血緣溫情的宗法制度相結合，形成一種「家國同構」的社會政治結構，這種社會政治結構深刻地影響著中國文化，包括占主導地位的意識形態，史學、文學、藝術，民風民俗，甚至科學技術等等。因此，瞭解中國傳統社會政治結構，就成為理解中國文化特點的一個重要方面。

第一節　宗法制度的產生與確立

一　宗法制度的產生

　　階級產生以前，人類走著大體相同的道路，先是原始群居，以後是氏族，繼而發展為部落。這些組織都是以血緣關係為紐帶聯繫起來

的。但在階級和國家產生後，由於自然環境和各地居民生活方式的不同，血緣關係在居民社會生活中的地位和表現形態出現重大差異。地中海沿岸國家，特別是古希臘，人們生活在多島的海洋型地理環境中，很早就從事海上的工商業貿易活動。這種流動性很強的生活方式，強有力地衝破了蒙昧時代的血緣紐帶，形成了以地域和財產關係為基礎的城邦社會。與地中海沿岸國家不同，中華民族是在一塊廣袤的大陸上獨立發展起來的，其自然環境、生產方式有別於古希臘。中華民族棲息的這塊東亞大陸，有無數河流、湖泊，有高山峻嶺，有一望無際的平原，面積之大，在先民的眼裏，中國就是天下。但是他們的活動範圍卻相當狹小，很早就過著「日出而作，日落而息」的定居農業生活。與世隔絕、聚族而居的生活方式，即使從野蠻轉換到文明階段以後，亦無法衝破人類原有的血緣關係，血緣家族的社會組織形式被長期保留下來。

宗法制度是氏族社會的血緣關係在新的歷史條件下演化而成的。當然，氏族社會的血緣關係與文明時代的血緣關係有著本質的區別，前者是原始民主制的基礎，而後者則是階級專制的基礎。從現存文獻和地下發掘材料看，中國古代的宗法制度產生於商代後期。根據《左傳・定公四年》記載，周武王克商後，周王室分魯公「以殷民六族：條氏、徐氏、蕭氏、索氏、長勺氏、尾勺氏，使帥其宗氏，輯其分族，將其類醜，以法則周公」。分康叔以「殷民七族：陶氏、施氏、繁氏、錡氏、樊氏、飢氏、終葵氏」；分唐叔以「懷姓九宗」。這裏所說的氏、族、宗就是宗族存在的證明。西周建立以後，統治者在商代宗族制度的基礎上，建立了一套體系完整、等級嚴格的宗法制度。

二　宗法制度的確立

周人最早生活在渭水以北的黃土高原，有著悠久的農業生活傳

統，宗族關係在社會生活中占突出地位，這一點恰恰成為周代確立宗法制度的基礎。西周宗法制度的創立者是周公。《尚書大傳》說：「周公攝政，一年救亂，兩年克殷，三年踐奄，四年建侯衛，五年營成周，六年制禮作樂，七年致政成王。」周公制禮作樂一項最重要的內容就是確立宗法制度，包括嫡長子繼承制、封邦建國制和宗廟祭祀制度等等。

（一）嫡長子繼承制

夏朝的王位繼承方式，由於文獻的缺乏，無法做出令人滿意的說明。商朝主要實行兄終弟及制，反映了母系氏族社會影響的存在。到商代康丁以後的五個王，才穩定下來父子相繼的傳遞方式。周王室從成王之後推行固定的嫡長子繼承制。嫡長子繼承制較之兄弟殘殺爭位，其優點在於定分，即權力早已有所歸屬。古代統治者實行一夫多妻制，多妻中有一個正妻，即「嫡」，其子為嫡子；其它妻子為「庶」，其子為庶子。按照周制，最高統治者稱天子，統治天下的土地和臣民，繼承王位的，必須是嫡妻長子。至於這位嫡長子賢與不肖，不在考慮之內。如果嫡妻無子，就只能立庶妻中級別最高的貴妾之子，至於被立者是否為庶子最年長者，也不在考慮之內。此即《春秋公羊傳》隱公元年所說：「立嫡以長不以賢，立子以貴不以長」。古人把商代的兄終弟及和周代的父子相繼稱作「殷道親親，周道尊尊」。親親即立弟，尊尊即立嫡。顯而易見，嫡長子只有一個，只有他來佔據最高王位，這就杜絕了兄弟之間為爭王位而造成的禍亂，使西周出現一段政治上比較平靜的時期。這種制度是從父權制社會演化而來的，是用父子血緣親情來維繫王權的威嚴和穩定。周天子及其繼承者，從君統看，他是天下的共主，是政治上的最高統治者；從宗統看，他又是天下的大宗。西周統治者劃分為四個等級：天子、諸侯、

卿大夫、士。天子的嫡長子繼承天子之位為大宗，其餘庶子被分封為諸侯，為小宗；諸侯的嫡長子繼承諸侯之位，為大宗，其餘庶子被封為大夫，為小宗；卿大夫之嫡長子繼承卿大夫之位，為大宗，其餘庶子成為士，為小宗。由此可見，嫡長子繼承制與宗法關係是密不可分的。

（二）封邦建國制

簡稱封建，即今人所說的分封制。分封制是由宗法制度直接衍發出來的一種鞏固政權的制度，是由周人創立的。因為分封制的出發點和目的是「封建親戚，以藩屏周」（《左傳》僖公二十四年）。就是說，周王室分封的主要旨意是將同姓子弟親屬封為地方邦國，以血緣紐帶聯繫起來，作為保護周王室的屏障。

分封制度的具體內容，古代文獻稱之為「天子建國，諸侯立家，卿置側室，大夫有二宗」（《左傳》桓公二年）。《禮記‧禮運篇》把這種逐級層層分封稱為「天子有田以處其子孫，諸侯有國以處其子孫，大夫有採以處其子孫」。諸侯受封要舉行一定的儀式，由司空授土，司徒授民，即〈大盂鼎〉所說「授民授疆土」。諸侯受封後就成一個地方邦國，但並非是完全獨立的，周天子與他有一系列的權力與義務的對應關係。天子對諸侯有巡狩權、命官權、遷爵權等，諸侯對周天子則有必盡的義務，如朝聘、進貢、出兵役勞役等。諸侯依照天子的辦法分封卿大夫，卿大夫的領地稱為「採」或「邑」，史家一般稱為采邑制。不過采邑與封國的性質有諸多不同，其主要差異是采邑沒有封國所有的許多獨立自主的權力。卿大夫也依此例分封士。士是西周統治階級中最低的一個階層，一般要靠自己的技藝和本領為卿大夫服務。

（三）宗廟祭祀制度

　　宗法制度既然是以血緣親疏來辨別同宗子孫的尊卑等級關係，以維護宗族的團結，所以十分強調尊祖敬宗。宗廟祭祀制度就是為達到維護宗族團結而發展起來的一種重要手段。據《禮記・王制》記載，周天子為七廟，諸侯為五廟，大夫為三廟，士為一廟。宗廟祭祀制度的發展，形成了中國傳統的禮樂文化，這種文化不僅塑造了世世代代的中國人，而且也影響到中國周圍的國家。

　　周代嚴格的宗廟祭祀制度，對於維護以家族為核心的宗法制度和鞏固政權，發揮過重要的作用。進入封建社會之後，這一傳統被歷代統治者所繼承，並有發展之勢。皇宮之前，左宗右社的制度一直延續到明清。今北京故宮前左側的勞動人民文化宮便是明清的太廟，右側的中山公園是明清的社稷壇，也就是「左宗右社」的格局。「左宗」是宗法的標誌，「右社」是國土的象徵，共同表示著這個王朝的天下和對全部土地臣民的佔有。

第二節　宗法制度影響下中國傳統社會結構的特徵

　　春秋以後，隨著姬姓血緣關係的鬆弛，具有完整意義的西周宗法制度開始瓦解，作為天下大宗的周天子式微，以下淩上、僭越禮制的現象普遍發生，天子不復巡狩，諸侯不朝覲納貢。禮崩樂壞，說明了一箇舊時代的結束和預示著一個新時代的到來。到戰國時期，一些不同於西周禮制的新制度不但產生，而且已經相當成熟。如郡縣制、官僚制、俸祿制、符璽制、上計制等等，均以新的姿態出現於歷史舞臺上。選拔官吏的辦法亦與前不同，當官要靠舉薦、軍功、直接上書遊說等手段。秦始皇統一中國後，建立了統一的封建中央集權的多民族

國家，廢分封行郡縣，實行編戶齊民，「車同軌、書同文」，統一文字，統一貨幣，統一度量衡，以吏為師，形成了空前的大一統社會政治結構。這種社會政治結構，對血緣宗法制度和觀念曾產生過比較大的衝擊。但秦朝二世而亡，只存在十多年時間，秦始皇的一些反對血緣關係的做法被漢初的統治者所否定，其影響力就大大被限制了。縱觀整個中國歷史，宗法制度一直深深地影響著中華民族的生活。這種現象存在的主要原因是小農自然經濟生活方式一直延續下來，雖有所變異，但其模式基本上循而未改。

一　家天下的延續

宗法制度的本質就是家族制度的政治化。西周時代統治天下的主角是姬姓家族。周之後，姬姓家族的統治滅亡，但其它家族的統治相繼而起。秦始皇統一中國，廢分封，行郡縣，建立公卿之制，但權力的核心仍牢牢掌握在自己手中。他自稱始皇帝，以後二世、三世、四世……要千萬世地傳下去。這遠比「封建親戚，以藩屏周」的宗旨要貪婪得多。劉邦本為編戶齊民，但當了皇帝後，權力就成了劉氏的權力。他與大臣們約定：「非劉氏而王，天下共擊之。」也是想把權力牢牢地掌握在劉氏家族的手中。這種家天下思想不只統治者有，還深深地影響到廣大的民眾。西漢末年農民起義時為反對王莽的新朝，都去找西漢皇室的後裔作為自己的旗幟：綠林找來劉玄，赤眉找來劉盆子。以後有司馬氏的晉朝，楊氏的隋朝，李氏的唐朝，趙氏的宋朝，朱氏的明朝，愛新覺羅氏的清朝等等，一部中國史，就是一部家族統治史。家天下的主要特點就是一姓家族統治一個朝代，只要這個朝代不滅亡，這個家族就一直統治下去，這之間，糊塗甚至白癡皇帝也大有人在。嫡長子繼承制這一西周宗法制的主要內容，歷代皆沿襲下

來。但是，除了皇位繼承仍採取嫡長子繼承的原則外，民間家庭財產的繼承關係，一般已改為諸子均分，而對家族的重視則是一貫的。

二　封國制度不斷

分封制曾是西周宗法制度的主要內容之一。秦漢以後，儘管郡縣製成為國家的一項基本行政區劃制度，但封郡縣制度一直不同程度地或以不同方式被歷朝歷代所保留。秦始皇統一全國後，曾廢分封，立郡縣，子弟為匹夫。但秦朝二世而亡，漢朝的政治家在總結秦朝速亡的經驗教訓時，其中重要一條就歸咎於秦始皇廢分封。所以西漢初年劉邦就大封同姓王，就連在封侄子劉濞時看出他面帶反相，也只說了一句「天下同姓為一家也，慎無反」（《史記・吳王劉濞傳》），而依然封為吳王。漢景帝時劉濞果然聯合其它諸侯王發動旨在奪取中央權力的七國之亂，使西漢朝野大為震驚。平定叛亂後，朝廷生出了一系列對付封國的辦法，如削藩、推恩令、左官律、附益法等等，但誰也沒有把封國乾脆去掉，包括漢武帝那樣雄才大略的皇帝。原因就在於封國之王與皇帝為同姓，是一個血緣家族。劉秀建立東漢後，鑒於西漢封國反叛的教訓，封皇子的事儘管大臣多次提議，他始終猶豫未決，但最終還是沒有擺脫宗法關係的束縛，於建武十五年三月份封諸子。以後歷朝歷代，一般都沒有跳出分封皇子的窠臼，只是在管理方式和封王所得利益多寡上有所不同罷了。應當指出的是，中國歷史上不少皇帝為封國問題大傷腦筋，也還發生過比七國之亂更為嚴重的封王反叛，如西晉的八王之亂、明朝的靖難之役等等，但歷代皇帝照封不誤，究其原因，仍然是宗法關係嚴重存在造成的。

三　家族制度長盛不衰

　　動盪不安常常困擾著中國歷史，但構成中國傳統社會基石的以血緣紐帶聯繫起來的家族始終非常穩固。如果說有變化，也僅僅是一箇舊家族的滅亡和隨之而來的一個新家庭的誕生，就像萬物有生有死一樣。

　　戰國時期，由於戰爭頻繁，家族的動盪變化是比較大的，但超姓氏的家族本身卻依然在發展。到漢代，由於較長時間的安定環境，一些強宗豪右迅速發展起來。劉秀登基後，察覺到自漢武帝以來逐漸形成的官僚地主、商人地主、豪強地主對土地的大量兼併和勞動人民紛紛淪為奴婢，出現社會動盪不安的現實，他七次下令釋放奴婢，多次下詔檢核土地，甚至處死一些不負責的地方長官，但最終都因為這些豪強地主勢力太大而宣告失敗。這更助長了這些大家族的發展，使他們不但在政治上擁有巨大權力，而且廣占良田，形成一個個宗族色彩十分濃烈、封建白然經濟經營方式的地方莊園。漢末政論家仲長統曾描述過這些大家族的氣派：富豪人家，房子數百棟連在一起，肥沃的土地布滿四方，奴婢千群，徒附萬計；奇物珍寶，巨室容不下；馬牛羊豬，山谷放不開。豪華的居室，有妖豔美麗的童妾；廣深的廳堂，有能歌善舞的歌妓舞女。肉多得臭而不能食，酒多得腐而不能飲。莊園中等級森嚴，最高的是莊園主，其次是宗族成員，往下依次有賓客、徒附、部曲、奴婢，各有各的義務，各盡各的職責，如同西周時的一個個宗法關係連結的封國。

　　魏晉南北朝時期，儘管戰亂不斷，但家族制度卻有進一步的發展，江北有大姓，江南也有大姓，而且也出現了豪門與寒門的區分。豪門大族為了防止寒門的混入，十分重視家譜和族譜的編寫，以致編寫家譜成了一門學問。東晉的賈弼之撰寫十八州族譜，南朝的劉湛、

王儉、王僧儒都編撰了百家譜，為家族的發展盡了心力。家族制度延續到清代，甚至民國時期，也沒有衰亡的跡象。

中國封建時代，統治和束縛人民的有四權：政權、神權、族權和夫權。族權是從父系氏族社會家長制演化而來的，它既是政權的補充，又能起到政權所無法起到的特殊社會作用，所以族權為歷代統治者所重視，為理學家所垂青。宋朝的張載主張「立宗子法」，「以管攝天下人心，收宗族，厚風俗」[1]。程頤進一步指出：「若宗子法立，則人知尊祖重本；既重本，則朝廷之勢首尊。」[2]大理學家朱熹還設計了更為具體的宗子法方案。顯而易見，宋代以後族權的膨脹，與宋明理學家的推波助瀾是分不開的。

四　家國同構

家國同構是指家庭、家族和國家在組織結構方面的共同性。由於古代中國的經濟基礎一直處於商品經濟不發達的小農經濟占主導地位的狀況，所以與這種生產方式相聯繫的家族制度也深深地根植於數千年中國社會結構之中，使國家結構也打上了家族結構的印記，家與國的組織系統與權力配置都是嚴格的父家長制。在中國，儘管奴隸制國家和封建制國家是按地緣原則建立起來的，不同於原始的氏族部落，但卻始終未能擺脫氏族血親宗法關係的糾纏。在一定意義上說，中國的奴隸社會是宗法奴隸制，是家族的政治化。這是中國與印度、歐洲的重大區別，這種區別大大影響了文化形態。

印度雖然是在氏族社會解體很不充分的情況下進入階級社會的，但由於有比較成熟的宗教和商業貿易發達，形成了獨特的種姓制度。

1　《張子全書》卷4〈宗法〉。

2　《朱子家禮》卷1《通禮雜錄‧祠堂》。

四個種姓有嚴格的區別，之間不得通婚。每個種姓內部有長老會議，負責裁斷本種姓成員。血親關係存在於家庭甚至種姓內部，但在整個社會結構方面卻基本上不起作用，因而也就不存在「家國同構」的現象。古代歐洲貴族、貧民、奴隸之間，等級差異十分鮮明，中世紀的僧侶、貴族、平民的層次更為分明，血緣政治基本上被等級政治、地緣政治衝垮了，所以更談不上「家國同構」。

　　宗教和宗法關係在中國長期存在，導致了「家國同構」的格局，所謂「忠孝相通」，「求忠臣於孝子之門」。「家國同構」，「忠孝同義」，都是宗法制度長期遺存的結果，故梁啟超說：「吾中國社會之組織，以家族為單位，不以個人為單位，所謂家齊而後國治是也。周代宗法之制，在今日其形式雖廢，其精神猶存也。」[3]這一論說是符合實際的。

第三節　專制制度與中國社會政治結構

一　中國與歐洲政體的差異

　　歐洲的政治與文化，源於地中海沿岸國家，主要有古代埃及、兩河流域和古希臘。其具體演化過程是：產生於尼羅河流域的古代埃及文明和產生於兩河流域的蘇美爾人和古巴比倫王國的文明。彙集到古希臘，由希臘傳至羅馬帝國，羅馬帝國滅亡後再由日爾曼人傳播到整個歐洲。

　　古代埃及也是一個信仰多神的國家，但最重要的是太陽神。有趣的是，法老和祭司奉祀不同的太陽神，兩種勢力鬥爭非常激烈。第二

3　《新大陸遊記》節錄，《飲冰室合集‧專集》，冊5。

十五王朝時，祭司的權力曾一度超過法老的權力。所以，一開始埃及國王的權力就存在一種強大的抗衡力量，即宗教勢力。另外，早在新王國時期（約與中國的商朝同時）的埃及，工商業就比較發達，與地中海沿岸國家有著頻繁的貿易往來，這無疑對王權專制又是一個有力的衝擊。這就是說，古代埃及的法老在集中自己的權力時，受到了外界勢力的嚴重挑戰。在兩河流域和印度，情況也大體如此。

中國則不然，統治者憑藉武力，比較順利地奪取並強化自己的專制權力，神職人員成了他們順從的奴僕。文明到來之前，中國與其它歷史悠久的國家是一樣的，但當邁向文明的第一步，中國就走了一條與眾不同的道路，政治權力很快被集中到一個人的手中，很早就形成一個權力核心；宗教曾經也是很發達的，但被武力所嚇倒，神職人員拜倒在世俗統治者的足下。由於中國的政治權力一開始就不存在一種與之抗衡的勢力，所以以後的專制就越來越嚴重，越來越完備。

馬克思曾把君主專制大致區分為兩種類型，即以英、法、德等為代表的歐洲型和以中國、土耳其為代表的東方或亞洲型。由於兩者產生的社會歷史條件不同，所以其社會政治結構也就迥然有異。例如英國的君主專制政體形成在封建社會的晚期，這時封建貴族勢力已經由強變弱，新興資產階級勢力勃然興起，鬥爭的任何一方均尚未壓倒另一方，「以致國家權力作為表面上的調停人而暫時得到了對於兩個階級的某種獨立性。十七世紀和十八世紀的專制君主制度就是這樣，它使貴族和市民等級彼此保持平衡。」[4]「在那裏，君主專制是一個洪爐，在這個洪爐裏各種社會成分被攙合在一起，受到開導，這就使得城市認為資產階級的普遍統治和市民社會的公共政權比自己的中世紀地方自治更好。」[5]英國君主專制制度的階級基礎有僧侶、地主和新

4　《馬克思恩格斯選集》（1995年6月第2版），卷4，頁172。

5　《馬克思恩格斯全集》（1995年6月第2版），卷10，頁462。

興資產階級，所以專制君主在維護舊的封建貴族利益的同時，也拉攏資產階級，鼓勵工商業的發展和海外貿易活動。這在客觀上保護和推動了資本主義生產方式的成長。

與歐洲的情況不同，中國的君主專制應當說從中國歷史踏入文明門檻的那一刻起就已形成，所以專制的傳統十分悠久。這種專制的階級基礎是奴隸主和地主所依賴的經濟基礎是小農業和手工業相結合的自然經濟，統治者普遍採取對工商業和貿易壓制的態度，「重農抑商」成為歷代統治者的基本國策。

二　中國君主專制制度的特點

（一）以武力為先導，控制宗教勢力，專制時間漫長

司馬遷說：「軒轅之時，神農氏世衰，諸侯相侵伐，暴虐百姓，而神農氏弗能征。於是軒轅氏乃慣用干戈，以徵不享，諸侯咸來賓從。」（《史記‧五帝本紀》）黃帝與炎帝戰於阪泉之野，三戰然後得其志；與蚩尤戰於涿鹿之野，遂擒殺蚩尤。從此，「諸侯咸尊軒轅為天子，代神農氏，是為黃帝。天下有不順者，黃帝從而徵之，平者去之，披山通道，未嘗寧居」（同上）。這說明，我們的祖先黃帝的權力，是用武力取得並用武力加以擴大的。「未嘗寧居」是說黃帝為權力而整日操勞，但就從對權力佔有的方式來看，要比埃及的法老幸運得多，因為沒有其它外來勢力與黃帝分享這個權力。所以中華民族剛剛進步到文明的邊沿，就形成了一個祖先，一個權力，一個核心，這無論與古代埃及，抑或兩河流域、印度、古希臘，都是不同的。

從黃帝傳至禹，禹鞏固自己的政權多用武力，對此史書多有記載。禹死後傳至啟，啟同樣用武力來鞏固自己的統治地位。先是「益

干啟位，啟殺之」（《竹書紀年》），繼而「有扈氏不服，啟代之，大戰於甘」，「遂滅有扈氏，天下咸朝」（《史記・夏本紀》）。

商朝的建立同樣處處以武力為先。孟子說：「湯始處，自葛載，十一征而無敵於天下。」（《孟子・滕文公下》）商朝建立後，商王率兵四處征伐的記載非常多。殷墟出土的成千上萬的甲骨文片清楚地說明，商時的統治者崇尚祭祀，凡事要通過貞人來請示上帝。儘管這些貞人也像古代埃及的祭司一樣，擔負著傳達上帝意志的神聖職責，但他們沒有獨立的人格，他們對卜兆的解釋往往要服從統治者的意志。貞人這種僕從式的處境，自然難以成為商王的抗衡勢力，當然也就更不必說由他們去直接參與權力之爭了。

周武王以武力推翻商紂王的統治後，雖然分封了許多姬姓諸侯國，但天子與諸侯之間的關係既是宗法血緣關係，也是君臣關係，這種體制也是一種專制。例如，西周時規定諸侯要定期朝聘周天子，如果違反了這個規定，諸侯就要受到嚴厲懲罰。「一不朝，則貶其爵；再不朝，則削其地；三不朝，則六師移之」《孟子・告子下》。

周天子的這種專制，持續到公元前八世紀初。公元前七七〇年周平王東遷後，周王室式微，諸侯坐大，卿大夫崛起，家臣活躍，社會開始發生激烈動盪。這種社會動盪的本質，是一種新的專制制度取代舊的專制制度。這種新制度就是以郡縣制為其外在形式的君主官僚政體。就其本質特徵說，這種君主官僚政治體制從春秋時代產生起，一直延續到辛亥革命推翻清朝皇帝止，前後達兩千五百多年，基本上沒有什麼質的變化。戰國時期，經過長期的兼併戰爭，形成區域性的君主專制體制。秦始皇統一中國後，中央集權達到了一個新的高度。最高是皇帝，由三公九卿組成統治集團，皇帝通過公卿統治全國，形成中央集權的君主專制制度。魏晉南北朝時期，專制主義中央集權有所發展，三公九卿制度轉變為三省六部制。宋遼金元時期，專制主義中

央集權又有進一步發展，嚴厲限制和防範地方割據，軍權、政權、財權、司法權都歸朝廷。明清時期，專制主義中央集權發展到頂峰，其主要標誌是皇帝個人專權，相權被廢止。明代成立內閣，清朝設軍機處，都是皇帝自己的辦事機構。

（二）經濟基礎穩固

君主專制制度的經濟基礎是土地的國有和自給自足的小農經濟。商周時期，君主把全國看成是他的私有財產，所謂「溥天之下，莫非王土；率土之濱，莫非王臣」（《詩經‧小雅‧北山》），就證明了這一點。春秋以後，出現了土地多級所有的局面，即土地所有權分屬於各個等級，並出現了多種形式的土地佔有，以后土地私有逐漸成為主要的土地佔有形式。但在整個封建時代，國家對土地的佔有量是很大的，而且官僚、地主對農民土地的剝奪非常嚴重。人們不難發現，歷代農民起義多起因於統治階級對土地的大量兼併和殘酷壓迫剝削。所以即便土地私有，廣大的白耕農和佃農抵禦天災人禍的能力都是極為有限的。這正如馬克思所說：「他們不能代表自己，一定要別人來代表他們。他們的代表一定要同時是他們的主宰，是高高站在他們上面的權威，是不限制的政府權力，這種權力保護他們不受其它階級侵犯，並從上面賜給他們雨水和陽光。所以，歸根到底，小農的政治影響表現為行政權力支配社會。」[6] 封建統治者和廣大農民處在對立統一之中，沒有廣大農民的存在也就沒有封建地主的統治，所以當農民失去土地，淪為奴隸或流民之時，政治家就會發出警告，朝廷也會採取一些措施，來維護統治者和被統治者這對矛盾的平衡。如歷史上出現過的釋放奴婢為庶民，限制對土地的佔有，抑制兼併，進行土地制

6　《馬克思恩格斯選集》（1995年6月第2版），卷1，頁678。

度和賦稅制度的改革，如占田制、均田制、兩稅法、一條鞭法，甚至嚴厲打擊不法豪強等等，都是為了維護君主專制制度賴以存在的經濟基礎。

與專制統治者為維護地主和小農經濟所構成的經濟基礎相一致，歷代統治者無不採取打擊工商業的政策。工商業的出現不但是社會經濟進步的標誌，而且它的發展又能衝破小農經濟單一的簡單再生產模式。毫無疑問，它是歷史前進的一股強勁的驅動力，打擊工商業就是打擊這股歷史發展的推動力。由於封建小農的自然經濟被人為地保護起來，把能夠瓦解自然經濟基礎的工商業視如洪水猛獸，因而這個基礎就變得異常穩固，使資本主義生產方式始終未能在中國大地上形成一股強大勢力。

（三）君主專制中央集權走向極端

中國封建社會君主專制的集權程度，從總的趨勢來看是日益強化。秦始皇當皇帝後，「天下之事無大小皆決於上」（《史記‧秦始皇本紀》）。這種大權獨攬的傳統直到封建社會末期清朝也未斷絕。康熙帝就說：「今大小事務，皆朕一人親理，無可旁貸。若將要物分任於人，則斷不可行。所以無論鉅細，朕心躬自斷制。」（《康熙朝東華錄》卷九十一）康熙的表白和秦始皇如出一轍。

皇帝實行專制統治，需要百官來輔佐。秦始皇設丞相、太尉、御史大夫和九卿，丞相為百官之首，輔丞天子，助理萬機；太尉負責全國的軍事，御史大夫負責監察，九卿分掌各方面的事務。漢承秦制，丞相的職權範圍仍然比較廣泛，但皇帝和丞相的矛盾是顯而易見的。秦始皇時的丞相李斯，漢高祖時的丞相蕭何，都受到過無端的猜忌。漢武帝遊宴後庭，設內朝，與宮內官吏決策國家大事，以丞相為首的外朝受到真正的挑戰。西漢末年，本為少府屬吏的尚書，因貼近皇

帝，地位日隆，開始分曹辦事，外朝的權力進一步下降。劉秀建立東漢之後，鑒於王莽的教訓，把大權完全集中到宮廷，「選舉誅賞，一由尚書，尚書見任，重於三公」（《後漢書‧陳忠傳》）。尚書臺正式成為總理國家政務的中樞，成為事實上的國家最高權力機構。

魏晉時期，尚書臺從少府中獨立出來，並總攬了秦漢九卿的幾乎全部職權。三國曹魏有八座尚書，其首領為尚書令，是中央最高政務官。下為左右僕射，又置吏部、左民、客曹、五兵、度支等五曹尚書。八座尚書之外還有尚書郎。尚書、尚書郎分曹的情況多有變化，比較繁雜。到唐代定型為六部二十四司，這六部為吏部、戶部、禮部、兵部、刑部、工部，各部皆由尚書統領。至此，原本地位低下的尚書終於因鞏固皇權的需要而逐漸上陞為掌握全國政務的最高官職，實際上從東漢中期以後尚書已取代丞相執掌朝政。

歷史在大體相似的情況下發展著。中書省的出現就頗耐人尋味。中書官名，起於西漢，曹丕稱帝時置中書府，魏晉之際改為中書省。中書本是宦者為之，漢成帝時改為士人擔任。魏晉時期，中書省的權力急劇膨脹，其首領中書監、令，「掌機衡之任」（《通典》卷22《職官典四‧尚書省》），取代尚書令和尚書僕射而成為真宰相。這就是說，當尚書省成為像三公九卿那樣的外朝官僚機構時，皇帝又從身邊提拔親信，並委以重任，把原來由皇帝親手製造的那部分官吏頂替下去。

門下省的出現也是皇權強化的例證。東漢時，少府下屬有侍中寺，至晉，置門下省，首領仍為侍中。侍中秩比兩千石，為三品，四員，入侍帷幄，出擁華蓋，與皇帝非常親近。給事黃門侍郎亦四員，與侍中同掌奏文案，贊相威儀。俗稱侍中為「門下」，給事黃門為「小門下」。南北朝時期都置門下省。東晉以後，皇帝以侍中常侍左右，經常與他們「切問近對，拾遺補闕」（《晉書‧職官志》），也成了真正的宰相。到南朝的梁、陳時期，「舉國機要」（《通典》卷二二

《職官典・尚書省》）都在中書；而「獻納之任」（《通典》卷二二《職官典・尚書省》）又歸門下，這樣，尚書省就成了單純的行政執行機構。

從尚書、中書、門下三省出現的歷史，我們可看出，原來由皇帝和以丞相為首的百官決策的格局，由於皇帝專制的本性決定，不斷發生變化，這個變化的軌跡是：皇帝總是把大權交給身邊的親信侍從，以取代皇室以外龐大的官僚機構。當這些親信侍從又發展成像丞相那樣的官僚機構後，皇帝又從身邊找另外一些親信侍從，委以重任，來取代原來的那些不再是親信的官僚。皇帝相信的是身邊的僕從，而不是正常的決策行政系統。明代內閣、清代軍機處的出現，其意義也在於此。正因為如此，秦漢盛行的宰相制度，以後處在風雨飄搖之中，到明清終於消亡。

當然，中國的君主專制制度也存在著若干制約的因素，如朝議制度、諫議制度等，但這些制度沒有對皇帝的否決權，因而也就在很大程度上成為君主專制制度的一種補充。

中國君主專制制度也作出過世界性的貢獻，其嚴密性曾令世人讚歎、模仿，迴避制度也曾為外人所學習，特別是隋唐時期開始確立的科舉制度，後來成為西方文官制度的先導，這些都是應該加以總結和充分認識的。

（四）對人身控制嚴密

對中國政治史陌生的人，特別是與中國傳統迥異的西方人，往往對中國皇帝在皇宮裏就能有效地控制每一個平民家庭，感到迷惑不解，因為他們不知道中國自古以來就存在著控制平民的嚴密網路。中國是一個實行人口統計和戶籍管理最早的國家。《周禮・地官司徒》有屬吏曰大司徒，其任務是：「掌建邦之土地之圖，與其人民之數」。

湖北雲夢出土的秦簡中有「傅律」，即男子成年後必須登記的法律，以便官府安排徭役。如果隱匿不報，或申報廢疾不確實，百姓不應免老或已應免老而不加申報、敢於弄虛作假的，不但里典、伍老要被處罰，而且同伍的人也都要受處罰，統統予以流放。中國很早就有一種什伍組織，把老百姓編入什伍之中。《管子‧立政》說，管仲在齊國組織民眾，以十家為一什，五家為一伍；什有什長，伍有伍長。要修築圍牆，堵塞缺口，只定一條進出的道路，只設一個進出的門戶。要細心看管門戶，注意關鎖，鑰匙由里尉掌管。任命閭有司，按時開閉里門。閭有司要負責觀察出入的人們，向里尉報告情況。凡是進出不遵守時間，穿戴不合時宜，家眷及其它人中有行跡異常者，閭有司發現，要隨時上報，使「奔亡者無所匿，遷徙者無所容」（《管子‧禁藏》）。

商鞅變法與此一脈相承，他制定連坐法，把百姓按五家一伍，十家一什的戶籍辦法編制起來，要相互告發和同罪連坐。告發「奸人」的可以得到如同斬得敵人首級一樣的獎賞。不告發的則要腰斬。如果一家藏「奸」，與投敵者受同樣處罰，其餘九家若不檢舉告發，要一起辦罪。旅客住宿要有官府憑證，旅舍的主人如果收留了無證之人，與「奸人」同罪。

這些制度和法令，使居民失去了流動的可能，國家便可輕易地按郡縣、鄉里、什伍系統徵收賦稅、徭役和兵役，帝王的詔令也就很容易達到每一個家庭了。

中國專制統治者還十分重視用控制生計的辦法，把農民牢牢固著在土地上。歷代統治者都非常注意對土地的管理，管好了土地，也就管住了人民，因為民以食為天。「理民之道，地著為本。故必建步立畝，正其經界」（《漢書‧食貨志》）。從商周的井田制到秦始皇「令黔首自實田」，還有以後的占田制度、均田制度、兩稅法、一條鞭法、

攤丁入畝等等，無不包含著固著農民在土地上的目的。如此時間既久，中華民族安土重遷的風俗也就形成了。

三　傳統社會政治結構對中國文化的影響

以宗法色彩濃厚和君主專制制度高度發達為主要特徵的中國傳統社會政治結構，對中國文化的影響是巨大的。社會結構的宗法型特徵，導致中國文化形成倫理型範式。這種範式所帶來的正價值是使中華民族凝聚力強勁，注重道德修養，比較重視人際之間的溫情，成為舉世聞名的禮儀之邦；它的負價值是使三綱五常的倫理說教，「存理滅欲」的修身養性，「非我族類，其心必異」的盲目排外心理等等，成為中國文化健康發展的障礙。

中國社會結構的專制性特徵，導致中國文化形成政治型範式。這種範式帶來的正價值是，中華民族的整體觀念，國家利益至上的觀念，造就了民族心理上的文化認同，文人學士的經世致用思想等等；它的負價值是使國人存有嚴重的服從心態，對權威和權力的迷信，個人自信心的缺乏，文人的影射傳統等等。這種負面影響還表現在對中國傳統文化精華的抑制和摧殘方面。例如，早在戰國時代的孟子就講過類似民權高於主權的觀點，他說：「民為貴，社稷次之，君為輕」（《孟子·盡心下》）。但在爾後的社會生活中並未得到統治者的提倡，自然也就得不到貫徹實施。

宗法與專制的結合，在政治上表現為儒法合流，在文化上的反映則是倫理政治化和政治倫理化，用政治倫理秩序代替了法律秩序，政治大於法律，倫理也大於法律，因而法律意識、法律觀念在中國古代很難找到立足之地。這種價值取向突出地表現為「內聖外王」的心態，即修身、齊家、治國、平天下的人生理想和追求。這一特點，在

先秦時期已經形成，以後經過漢代經學、魏晉玄學、隋唐佛學、宋明
理學，形式上雖多有變化，但這一傳統一直被延續下來。中國文化倫
理政治化和政治倫理化的範式，從「內聖外王」的矛盾統一體中獲得
了堅韌的理論架構，並以小農自然經濟和宗法專制社會政治結構作為
堅實基礎，組合成一個嚴密的體系。這個嚴密體系，只有在近代大工
業興起之後，才逐漸瓦解，新時代的新文化才有可能形成。

參考文獻

馮天瑜、周積明、何曉明　中華文化史　上海市　上海人民出版社
　　　　1990年

白鋼主編　中國政治制度史　天津市　天津人民出版社　1991年

趙光賢　周代社會辨析　北京市　人民出版社　1980年

思考題

1 在宗法制度影響下中國傳統社會結構的特徵是什麼？
2 中國君主專制制度有些什麼特點？
3 中國傳統社會政治結構對中國文化有何影響？

第四章
中國傳統文化的發展歷程

　　悠遠浩博的中國文化，從孕育發生到恢宏壯大，有一個漫長而曲折的發展歷程。這一歷程是物質文化、精神文化日臻豐富的歷程，也是「人不斷解放自身」，走向文明演進高峰的歷程。

第一節　上古：中國文化的發生

　　中國先哲與當代學者往往以「上古」來概括發明並使用文字以前的歷史階段，而這一遙遠的文化期正是中國文化發端的初始階段。

一　中國人起源

　　文化的實質性含義是「人化」或「人類化」。有了人，就開始有了歷史，也開始有了文化。因此，中國文化起源與中國人起源實質上是聯繫在一起的。

　　一九六五年五月，考古學者從雲南元謀上那蚌村發現了距今約一百七十萬年的猿人化石，定名為元謀猿人，這是中國境內最早的人類活動的歷史確證。七〇年代以來，人類的直系遠祖臘瑪古猿的許多材料，以及人類從直立人（猿人）、早期智人（古人）到晚期智人（新人）各個發展階段的豐富材料相繼發現，使得世界上迄今只有中華大地在人類起源的各個環節中沒有缺環。

　　根據人種學分類，中國人屬蒙古人種。從元謀人、藍田人到馬壩

人、大荔人，再到山頂洞人，顴骨高突、鏟形門齒、印加骨、額中縫等一系列現代蒙古人種所具有的典型體徵在明顯的進化趨勢中一脈相承。

從古猿轉變到人類，這是兩大物質形態之間的轉變，是生命物質所實現的質的飛躍，而文化就產生於從猿到人的轉變中。

二　原始物質文化

在文化產生的過程中，最早出現的是工具。猿人最初使用的工具是天然和簡單加工的石塊，考古學上將這一時期稱為舊石器時代。從元謀人直到距今約七千年前的四川資陽人均處於這一時代。

火的使用是舊石器時代先民的一項具有劃時代意義的文化創造。在中國神話傳說中，取火技術的發明權有時記在「燧人氏」名下，有時記在「伏羲」名下，有時又歸功於「黃帝」。這種歧說並陳的現象，正反映了原始初民經過廣泛的、多管道的實踐才發明取火技術的文化史的本來面目。揆諸考古學實證，元謀人是否已學會用火，學術界尚有爭議，而北京猿人文化遺址內已發現灰燼，出土了大量因燒灼而變色破裂的石塊、骨骼，甚至還有木炭。這一切確鑿證明，距今約五十萬年前的北京猿人，已能熟練地使用火，並能有效地保存從自然界取來的火。關於火在人類歷史中的作用和地位，恩格斯有精闢論述。他說：「就世界性的解放作用而言，摩擦生火還是超過了蒸汽機，因為摩擦生火第一次使人支配了一種自然力，從而最終把人同動物界分開。」[1]他又肯定地指出：「甚至可以把這種發現看做人類歷史

1　《馬克思恩格斯選集》（北京市：人民出版社，1972年），卷3，頁154。

的開端。」[2]如果說製造石器使人與動物開始分手，那麼，火的使用標誌著人與動物的最後訣別。

火儘管不同於一般的工具，如石器、木器、骨器等，是一種化學反應現象，但是，作為猿人進行物質生活的重要手段，火的使用從本質上講也屬於工具的範圍。就性質而言，工具無疑是一種物質產品，然而，製造工具的活動中已包含有意識性內容，因此，在從猿到人的轉化過程中產生出來的工具，不僅是人類物質文化的開端，而且直接標誌著文化的起源。

從距今七千年開始，中華先民進入了新石器時代，磨製的較為精緻的石器取代了打製的粗糙的石器。農業、畜牧業取代採集狩獵，成為首要的生產部門。以「泥條盤築」為主要製作方法的陶器也廣泛出現。迄今為止，已發現新石器時代的文化遺址達七八千處。其中最著名的類型，有仰韶文化（公元前5000年至前3000年，1921年發現於河南）、大汶口文化（公元前4500年至前2500年，1959年發現於山東）、紅山文化（大致與仰韶文化同期；1935年發現於遼寧）、良渚文化（公元前3300年至前2250年，1936年發現於浙江）、馬家窯文化（公元前3000年至前2600年，1923年發現於甘肅）、龍山文化（公元前2800年至前2300年，1928年發現於山東）、屈家嶺文化（公元前2750年至前2650年，發現於湖北）。

三　原始觀念文化

與物質文化長足進展的同時，中國先民的觀念文化亦日益豐富、深化。原始宗教與原始藝術便是其主要存在形態。

2　恩格斯：《自然辯證法》（北京市：人民出版社，1984年），頁91。

　　中華先民原始宗教崇拜的對象非常廣泛，大致可分為自然崇拜、生殖－祖先崇拜和圖騰崇拜三大類。

　　對大自然的崇拜（太陽、大地）是先民最原始的崇拜形式之一，在仰韶、屈家嶺、馬廠等文化遺址出土的陶器上，人們往往發現表現太陽圖形的紋飾。江蘇連雲港將軍崖、四川珙縣、雲南滄源、廣西寧明的新石器時代岩畫上，也清晰無誤地出現了太陽神的形象。民間長久流傳的「地母」之說以及古文獻中「郊祀社稷，由來久矣」（《漢書‧郊祀志》）的記載，則透露了先民土地崇拜的蹤跡。此外，太陽、土地以外的自然物，也為中華先民所崇信：「山林川谷丘陵，能出雲，為風雨，見怪物，皆曰神。」（《禮記‧祭法》）

　　中華先民對於自身的繁衍非常關注，由此產生熾熱的生殖崇拜。從遼寧牛河梁和東山咀紅山文化遺址發掘出來的高腹豐臀、乳房碩大的陶塑女神像，在相當廣闊的新石器文化遺址中發現的男性生殖崇拜物──石祖、陶祖，發現於新疆呼圖壁縣境內的大型生殖崇拜岩畫，都展示了人們的生命崇祀的莊嚴情感。

　　原始人一方面重視子孫的繁衍；另一方面也崇敬創造生命的祖先。在母系氏族社會，主要是供奉女性祖先，隨著父系社會的到來，男性祖先日漸成為供奉對象。祖先崇拜往往有嚴格的儀式，在這些儀式中，中華先民虔誠地寄託對祖先創造生命的崇拜。

　　與自然崇拜和生殖－祖先崇拜相比，圖騰崇拜是較為高級的宗教形式。「圖騰」是美洲印第安人奧基華斯部落的語言。由於在原始思維中，類比和聯想是主要方法，原始人一般都相信自己的氏族與某種動物、植物或無生物之間有一種特殊的親密聯繫，並以之作為氏族崇拜的對象，這就是「圖騰」。考古發掘和神話傳說中，有豐富的圖騰崇拜資料。相傳黃帝率熊、羆、貔、貅、豹、虎六獸同炎帝殊死搏鬥，這六獸其實是指以其為各自圖騰的六個氏族。魚、鳥、蛙、龜、

蛇、豬、馬等實有自然物以及人們運用抽象的、概括的思維能力創造出來的對象，如龍、鳳等，都曾是中華先民崇拜並奉為本族徽幟的圖騰物。

對於後世文明意識來說，原始宗教無疑充滿了種種神秘色彩，然而，在物質力量與精神力量處於低下水準的原始時代，它具有在人與自然之間起協調作用、在本能與文化之間起制約作用、在物質文化與精神文化之間起補充作用、在人的精神需要中起主觀自足作用等文化功能上的必要性和必然性，正因為如此，原始宗教才能成為原始時代觀念文化的主流。

在原始觀念文化中，原始藝術亦有生動發展。在距今四千年的河南密縣池北崗、新鄭裴李崗新石器時代文化遺址中，發現了陶塑豬頭，這是最早的陶塑藝術品。半坡出土的陶塑人頭像，隆鼻、凹眼、大耳，耳垂部位有穿孔，可見當時人們已有在耳朵上懸垂飾物的習俗。陶繪是原始藝術的又一樣式，考古發掘表明，那一時期的陶繪圖樣千姿百態，幾何紋樣，動、植物圖形都是先民創製陶繪藝術的基本素材。原始雕刻藝術亦有眾多發現，河姆渡遺址出土的雙鳥紋骨，刻有勾嘴、修尾的水禽，線條流暢，姿態生動。大汶口墓地出土的象牙筒花瓣交錯，結構別致。江蘇連雲港錦屏山的將軍崖岩畫與新疆呼圖壁縣內的生殖崇拜岩畫皆氣魄宏大，畫面生動，展現了先民粗獷的情感以及一派活潑天真、生機盎然的人類童年氣息。

四　原始社會組織

人在世界中所處的關係有兩種，一是人與自然的關係，二是社會內人與人的關係。

人與人之間的相互關係，在上古時代主要有男女通婚關係，以及

由此關係制約的氏族關係。其組織形式則包括原始群、家族、氏族、部落、部落聯盟等等。

和世界其它民族一樣，與猿類分途後的中華先民在婚姻關係上經過血親雜交、血緣群婚、族外婚等階段，在社會組織形式上經過母系氏族、父系氏族階段。大致說來，母系氏族社會從舊石器時代晚期開始形成，貫穿整個新石器時代，中國上古神話傳說中的女媧氏、庖犧氏、神農氏、有巢氏、燧人氏，是這一時期中華先民創造的神。

父系氏族社會則已進入銅石並用時代，社會生產力進一步發展，私有制開始萌生。傳說中的五帝，便生活在這一時期。五帝的組成，有多種說法。比較通行的說法是指黃帝、顓頊、帝嚳、唐堯、虞舜這五位上古帝王。

氏族制後期，部落聯盟產生，其首領推舉方式即著名的禪讓。傳說，堯在位七十餘載，衰老之際，知子丹朱不肖，看中了賢孝而有才的舜，經過多方考驗，「令舜攝行天子之政」。舜到暮年，亦仿當年故事，禪讓給治水有功的禹。上古社會關於權力嬗遞的傳說，並非虛幻的美妙編造，而確實是當時制度文化的折光。

禹的時代開始了今天已初顯輪廓但尚有爭議的「夏文化」的進程。依據考古發掘和零碎的文獻資料，夏文化大致具有如下特徵：工具形態由石器、陶器過渡到青銅器；農業生產已有相當發展；私有制確立；中華文化史上的第一個國家政權建立起來。階級社會—文明社會的曙光在中國大地上初現熹微。

五　上古文化分佈

中華文化在中國大地上的發生，一開始即呈多元狀態。不但黃河流域，而且長江流域、珠江流域，甚至東北和北方地區，都有舊石器及新石器時代文化遺址的廣泛發現。基於考古實跡，學者們提出了中

國文化多元發生的新解釋。一九七七年，夏鼐發表〈碳十四測定年代和中國考古學〉，劃分中國古代文明為七大區域[3]。蘇秉琦則劃分起源期的中國文化為六大區系（陝、豫、晉鄰境地區；山東及鄰省一部分地區；湖北和鄰省地區；長江下游地區；以鄱陽湖─珠江三角洲為中軸的南方地區；以長江地帶為重心的北方地區）。

　　中國文化的多元發生，不僅有考古學方面的充足證據。神話傳說及民族學、民俗學研究表明，中華民族的遠祖可分為華夏、東夷、苗蠻三大文化集團。

　　中華先民的一部分，很早就自稱「諸夏」或「華夏」，或單稱「華」、「夏」。華夏集團發祥於黃土高原，後沿黃河東進，散佈於中國的中部及北部的部分地區，即仰韶文化、龍山文化分佈區。華夏集團內又分兩支，一支稱黃帝，一支稱炎帝。神話傳說中那位桀驁不馴的共工氏，也屬於這個集團。

　　東夷集團的活動區域，大致在今山東、河南東南和安徽中部一帶，即大汶口文化、龍山文化及青蓮崗文化江北類型分佈區。與黃帝惡戰的蚩尤、射日的后羿，都屬於這個集團。

　　苗蠻集團主要活動於湖北、湖南、江西一帶，即大溪文化、屈家嶺文化分佈區。如若向東延伸，河姆渡文化、良渚文化等也可歸於此集團。大名鼎鼎的伏羲、女媧都屬於這個集團。

　　在中國跨入文明時代門檻的前夕，黃河流域出現了一系列部落聯盟之間的兼併戰爭。首先是炎帝、黃帝諸部聯軍在涿鹿大敗蚩尤，從而完成了炎黃諸部與蚩尤部落的融合。繼之而來，炎黃二帝發生衝突，阪泉一戰，黃帝打敗了炎帝，炎帝潰敗，向東南方轉移，黃帝因此成為華夏集團的代表。

3　參見《考古》，1977年第4期。

　　經過對東夷集團以及稍後對苗蠻集團的征戰，華夏集團取得連續勝利，從而確立了在中華民族及其文化多元發生中的主流地位，對後世文化發展的格局產生了深遠影響。

第二節　殷商西周：從神本走向人本

　　從人猿叩別、文化開始發端，到傳說中的禹「即天子位，南面朝天下」（《史記‧夏本紀》），中國文化在自身的生命運動中，邁出了巨大的一步。然而，其社會組織結構方式，婚姻演進方式，經濟生活方式，以及包括圖騰崇拜、靈魂崇拜、生殖崇拜、祖先崇拜以及巫術在內的精神生活，和其它民族的原始文化大體一致。這是因為，「這個時代的人們，不管在我們看來多麼值得讚歎，他們彼此並沒有什麼差別。用馬克思的話來說，他們還沒有脫掉自然發生的共同體臍帶」[4]。至殷商西周，中國文化的特殊面貌才開始形成。

一　殷商神本文化

　　商人發祥於山東半島渤海灣。在初始階段，商人主要從事游耕農業。與此相適應，商人的都城一再遷徙，史稱「不常厥邑」。

　　大約在公元前十四世紀，長期流動不定的商族在第十代君王盤庚率領下，從奄（今山東曲阜）遷徙並定都於殷（今河南安陽小屯村），在此傳位八代十二王，歷時二百七十三年。

　　在長期定都的條件下，商人的文明水準有了顯著提高。兼具「象

4　〈家庭、私有制和國家的起源〉，《馬克思恩格斯選集》（北京市：人民出版社，1972年），卷4，頁94。

形」、「會意」、「形聲」等制字規則的甲骨文的出現，標誌著中國文字進入了成熟階段。文字的發明和使用，使遷殷以後的商人率先「有冊有典」。這些由掌理卜筮和記事的「貞人」書寫與保管的典冊，便是中國最早的一批文獻。這些文獻雖然「詰屈聱牙」，散漫無序，但其間已包含有豐富的文化思想。文字、典籍、青銅器，以及「殷」這座目前所確認的中國最早的古都，標誌著古代中國已跨入文明社會的門檻。

以殷為中心展開活動的商人，脫離原始社會未久，在以神秘性與籠統性為特徵的原始思維的支配下，商人尊神重巫，體現出強烈的神本文化的特色。

關於殷商時期的神本文化，古代典籍屢有記述。《禮記・表記》便稱：「殷人尊神，率民以事神。」

殷人觀念中的神，地位最高的是「帝」或「上帝」。它統率各種自然力，也主宰人間事務。為了聽命於上帝，按鬼神意旨辦事，殷人以卜筮來決定自己的行止。商王既是政治上的最高統治者，又是最高祭司：「我其祀賓，作帝降若。我勿祀賓，作帝降不若。」(《殷墟書契前編》) 故殷商甲骨文中，「占曰」之上大都冠以「王」字。商人還頻頻舉行規模盛大的祭祀活動以表示對上帝或鬼神的敬意，祭祀用牲畜有達四五百頭者。殷商人也有祖先崇拜，但祖宗神的地位居於第二位，而其之所以被祭祀，也在於他們生前擔任最高祭司的職務，死後「賓於帝所」，侍於帝左右，成為上帝與人世的交通橋樑。

以尊神重鬼為特色的殷商文化，是人類思維水準尚處於蒙昧階段的產物。隨著人們實踐經驗日益豐富，智力、體力水準不斷增進，對神的力量的崇拜漸次淡薄，對於自身能力的信心與日俱增，於是，以神為本的文化逐漸開始向以人為本的文化過渡，其契機便是商周之際的社會大變動。

二　周人的文化維新

對於中國文化的發展來說，周人入主中原，具有決定文化模式轉換的重要意義。

「周」是一個歷史幾乎與「商」同樣悠久的部族，作為偏處西方的「小邦」，它曾長期附屬於商。經過數百年的慘澹經營，周族逐漸強大，並利用商紂的腐敗和商人主力部隊轉戰東南淮夷之機，起兵伐紂。公元前十一世紀，「小邦周」終於戰勝並取代「大邑商」，建立起周朝。

周朝建立後，一方面因襲商代的種族血緣統治辦法，一方面實行文化主旨上的轉換，正如《詩經》所云：「周雖舊邦，其命維新。」

周人的「維新」，首先表現在宗法制度的建立。有關內容第三章已詳述，這裏不再重複。

周人確立的兼備政治權力統治和血親道德制約雙重功能的宗法制，其影響深入中國社會機體。雖然漢以後的宗法制度不再直接表現為國家政治制度，但其強調倫常秩序、注重血緣身份的基本原則與基本精神卻依然維繫下來，並深切滲透於民族意識、民族性格、民族習慣之中。如果說中國傳統文化具有宗法文化特徵的話，那麼，這種文化特徵正是肇始於西周。

除了建立完備的宗法制和分封制，將上層建築諸領域制度化外，周人的另一文化創新，乃是確立把上下尊卑等級關係固定下來的禮制和與之相配合的情感藝術系統（樂），這便是所謂「制禮作樂」。

周代的禮制是周代制度文化、行為文化和觀念文化的集中體現，它既是典章制度的總匯，又是政治生活、經濟生活、社會生活、家庭生活各種行為規範的準則，「道德仁義，非禮不成；教訓正俗，非禮不備；分爭辯訟，非禮不決；君臣上下，父子兄弟，非禮威嚴不行；

禱祠祭禮，供給鬼神，非禮不誠不莊」（《禮記‧曲禮》）。周人之「禮」，包括形式和內容兩個側面。其形式為「儀」，即各種禮節和儀式。周制規定，各級貴族祭祀、用兵、朝聘、婚喪，都要遵循嚴格的合乎其等級身份的禮節儀式，以體現君臣、父子、兄弟、夫妻的上下尊卑之別。戰國時人編纂的《儀禮》（又稱《禮經》）一書，便是對西周儀禮的追記和理想化描述。禮的內容，一是「親親」，貫徹血緣宗族原則；二是「尊尊」，執行政治關係的等級原則。周代禮制的內容與形式統一在其主旨上，就是「別貴賤，序尊卑」，以保證「天無二日，士無二主，國無二君，家無二尊，以一治也」（《禮記‧喪服四制》）。范文瀾曾指出：周文化是一種「尊禮文化」[5]。王國維也說，禮是「周人為政之精髓」，是「文武周公所以治天下之精義大法」[6]。這些論斷深刻地指明了禮在周代社會政治生活中的重要地位。

　　周人所確立的「禮」，為後世儒家所繼承、發展，以強勁的力量規範著中國人的生活行為、心理情操與是非善惡觀念。中國傳統的「禮文化」或「禮制文化」，即創制於西周。

　　周人推行的種種制度典禮，如分封制、宗法制、禮制，實質上無不滲透著一種強烈的倫理道德精神，其要旨在於「納上下於道德，而後天子、諸侯、卿大夫、士、庶民以成一道德之團體」[7]。周初統治者在總結夏亡殷滅的歷史教訓的基礎上，提出了「天命靡常，惟德是輔」、「以德配天」、「敬德保民」等重要思想。中國傳統文化中的德治主義、民本主義、憂患意識乃至「天人合一」的致思趨向，皆肇始於此。

5　范文瀾：《中國通史》（北京市：人民出版社，1987年），冊1，頁143。

6　王國維：〈殷周制度論〉，《觀堂集林》（北京市：中華書局，1959年），卷10，頁475、477。

7　王國維：〈殷周制度論〉，《觀堂集林》（北京市：中華書局，1959年），卷10，頁454。

第三節　春秋戰國：中國文化的「軸心時代」

　　公元前七二二年，在犬戎咄咄逼人的攻勢下，周平王從關中盆地豐鎬東遷到伊洛盆地的洛邑，從而揭開了春秋戰國的帷幕。

　　春秋戰國是一個「禮崩樂壞」的時代，周天子權威失墜，諸侯們雲合霧集，競相爭霸。據文獻記載，春秋三百年間，「弒君三十六，亡國五十二，諸侯奔走不得保其社稷者不可勝數」（《史記・太史公自序》）。戰國二百五十餘年間，發生大小戰爭二百二十餘次，「爭地以戰，殺人盈野；爭城以戰，殺人盈城」（《孟子・離婁上》）。然而，在這充滿血污與戰亂的動盪時代，中國文化卻奏起了輝煌的樂章。

一　春秋戰國的文化背景

　　春秋戰國時期的文化輝煌，最根本的是由於社會大變革時代為各個階級、集團的思想家們發表自己的主張，進行「百家爭鳴」提供了歷史舞臺，同時，它也有賴於多種因素的契合。

　　禮崩樂壞的社會大裂變，將原本屬於貴族最底層的士階層從沉重的宗法制羈絆中解放出來，在社會身份上取得了獨立的地位，而汲汲於爭霸事業的諸侯對人才的渴求，更大為助長了士階層的聲勢。士的崛起，意味著一個以「勞心」為務，從事精神性創造的專業文化階層形成，中華民族的物質生活與精神生活注定要受到他們的深刻影響。

　　激烈的兼併戰爭打破了孤立、靜態的生活格局，文化傳播的規模日盛，多因素的衝突、交織與滲透，提供了文化重組的機會。

　　競相爭霸的諸侯列國，尚未建立一統的觀念形態。學術環境寬鬆活潑，使文化人有可能進行獨立的、富於創造性的精神勞動，從而為道術「天下裂」提供了前提條件。

　　隨著周天子「共主」地位的喪失，世守專職的宮廷文化官員紛紛走向下層或轉移到列國，直接推動私家學者集團興起。

　　正是如上種種條件的聚合，為中華民族的精神發展創造了一種千載難逢的契機。氣象恢宏盛大的諸子「百家爭鳴」，正是在這樣的文化背景下應運而生的。

二　百家興起及其學派特徵

　　所謂「百家」，當然只是諸子蜂起、學派林立的文化現象的一種概說。對於其間主要流派，古代史家屢有論述。

　　西漢司馬談將諸子概括為陰陽、儒、墨、名、法、道德六家，並區別「所從言之異路」，予以評論。西漢劉歆又將諸子歸為儒、墨、道、名、法、陰陽、農、縱橫、雜、小說十家，從學術源流、基本思想等方面詳為論述。由於諸子百家多肇衍於戰國間，故又有「戰國諸子」之稱。

　　諸子的興起，具有鮮明的文化目的性，這就是「救時之弊」。梁啟超在談到《淮南子》「尚論諸家學說發生之所由來」時說：「自莊、荀以下評騭諸子，皆比較其同異得失，獨淮南則尚論諸家學說發生之所由來，大指謂皆起於時勢之需求而救其偏敝，其言蓋含有相當之真理。」[8]胡適在分析戰國諸子成因時，也發表意見說：「吾意以為諸子自老聃、孔丘並於韓非，皆憂世之亂而思有以拯救之，故其學皆應時而生。」[9]這些說法都甚有見地。

8　梁啟超：〈中國古代學術流變研究〉，《飲冰室全集・專集》（北京市：中華書局，1989年）。

9　姜義華主編：《胡適文存》（北京市：中華書局，1991年），卷2，頁596。

　　由於社會地位、思考方式和學統承繼上的差異，先秦諸子在學派風格上各具有鮮明的個性特徵。

　　由孔子開創的儒家學派，以「仁」為學說核心，以中庸辯證為思想方法，重血親人倫，重現世事功，重實踐理性，重道德修養。具體說來，在天道觀上，儒家承繼西周史官文化以「天命」與「人德」相配合的思路，宣揚「畏天命，畏聖人之言」，同時又對神靈崇拜作淡化處理，甚至聲明「未能事人，焉能事鬼」、「未知生，焉知死」，實際上是把超自然的信仰放到了現實人事的從屬地位。在歷史觀方面，它標榜「信而好古」，每每試圖恢復「周公之禮」，將捍衛三代典章文物當做自己的神聖使命，同時亦不排斥對不符合時代潮流的禮俗政令加以適當的變通修改。在社會倫理觀方面，它以「仁」釋禮，把社會外在規範化為內在道德倫理意識的自覺要求。在修身治國方面，它設計出一整套由小及大、由近及遠的發展人格和安定邦家的方案，為鞏固政教體制提供了切實可循的途徑。守舊而又維新，復古而又開明，這樣一種二重性的立場，使得儒家學說能夠在維護禮教倫常的前提下，一手伸向過去，一手指向未來，在正在消逝的貴族分封制宗法社會和方興的封建大一統宗法社會之間架起了橋樑。這就是為什麼儒學在當時能成為「顯學」，以及雖然於變革動盪的形勢下顯得迂闊難行，而到新社會秩序鞏固後又被捧上獨尊地位的原因。漢代以後，儒學幾經變化，禮教德治的精神始終一貫，從而成為中國傳統文化的正宗。

　　以老、莊為代表的道家，是先秦諸子中與儒學並駕齊驅的一大流派。道家「歷記成敗存亡、禍福古今之道，然後知秉要執本，清虛自守，卑弱自持」[10]。因而，道家在許多方面都是儒家的對立面：儒家

10　王蘧常：《諸子學派要詮・漢書藝文志諸子略序》。

注重人事，道家尊崇「天道」；儒家講求文飾，道家嚮往「自然」；儒家主張「有為」，道家宣導「無為」；儒家強調個人對家族、國家的責任，道家醉心於個人對社會的超脫。當然，道家和儒家在精神上也不是全然對立，而是存在著相互接近、相互溝通的質素。例如，在天人關係上，儒家雖然有「天人合一」之說，但其主調仍然是宗法倫理，所以天人諧調還是要歸結為人際諧調。道家則有所不同，它既以超脫社會倫常為目的，於是把復歸「自然」當做寄託身心的不二法門，這就使天人諧調從人際諧調的從屬地位獨立出來而成為「第一義」。而且，道家所謂的「自然」，決不等同於儒家的「天命」或「天理」，它是一種超功利的境界，帶有玄思的品格和自適的情趣。從這個角度上來把握與發揮天人關係的作用，恰好可以補救儒家在這方面的缺略，給拘限於人倫日用世界的儒家學說打開新的天地。人性是複雜的，人生是多變的，「窮則獨善其身，達則兼濟天下」。後世不少士大夫文人正是從儒家指示的這條「獨善」之路找到了通往道家思想之門。儒和道，就這樣由對立走向了互補，相反而又相成。

　　法家的先驅人物是齊國的管仲與鄭國的子產，他們力主強化法令刑律，使民「畏威如疾」，以達到富國理亂的效果。他們的理論是：火烈，民望而畏之，故死於火的人少；水弱，民狎而玩之，故死於水的人多。因此法令刑律宜嚴不宜寬。嗣後，李悝著《法經》，商鞅實行「法治」，申不害、慎到相繼提出重「術」、重「勢」的思想，至韓非集法（政令）、術（策略）、勢（權勢）之大成，建構成完備的法家理論。法家學說的思想方法是一種「矛盾不可和而解」的專講對立的極端辯證法，故在治國方略上主張嚴刑峻罰，在文化政策上主張「以法為教」，「以吏為師」，實行文化專制主義。法家是戰國時的「顯學」，後來成為秦王朝統治天下的政治理論。漢以後，儒學獨尊，但法家學說仍然或隱或彰地發揮效應，歷代統治者多採取「霸王道雜

之」即儒法並用的統治方術，有的則是「陽儒陰法」。

墨家的創立者是魯國人墨翟，其信徒多係直接從事勞作的下層群眾，尤以手工業者為多。故墨家學說強調物質生產勞動在社會生活中的地位（「尚力」），反對生存基本需要外的消費（「節用」），企圖以「普遍的愛停止戰亂取得太平」（「兼愛」），同時又尊崇天神（「天志」），鼓吹專制統治（「尚同」），從而典型地映現出小生產者、小私有者的性格。墨家在戰國時亦屬顯學之一，「從屬彌眾，弟子彌豐，充滿天下」（《呂氏春秋‧當染》）。但在秦漢以後，墨家喪失學派生長的適宜氛圍，逐漸消失無聞。只是在歷代農民暴動時有關公平、互愛及至鬼神、符命的宣傳中，或可聽到它的嗣音，直到近代方出現復蘇之勢。

以鄒衍為最重要代表人物的陰陽家，其特長是「深觀陰陽消息」。所謂「陰陽消息」，即陰盛則陽衰，陽盛則陰衰，矛盾雙方互為消長，一生一滅，構成自然社會萬事萬物運動發展的終極原因和基本方式。運用陰陽消長模式來論證社會人事是陰陽家的一大創造，而從時間、空間的流轉變化中去把握世界則是陰陽家獨具特色的思維方式。

創立諸子學派的孔墨老莊，都是中國文化史上的第一批百科全書式的淵博學者，他們以巨大的熱情、雄偉的氣魄和無畏的勇氣，開創學派，編纂、修訂《易》、《書》、三《禮》、《春秋》等中國文化的「元典性」著作，並對宇宙、社會、人生等無比廣闊的領域發表縱橫八極的議論。正是經由各具特色的諸子百家的追索和創造，中國文化精神的各個側面得到充分的展開和昇華，中華民族的文化走向大致確定。有鑑於此，文化史家借用德國學者雅斯貝爾斯的概念，將春秋戰國稱為中國文化的「軸心時代」。

三　華夏族的最終形成

春秋戰國的特殊文化環境，不僅為「文化軸心時代」的確立提供了契機，而且有力地推動了華夏族的最終形成。正是在這一時期，中原地區各古老部族，在諸侯國攻伐不已的兼併戰爭中統一到少數幾個大國的版圖之中，其中北方的狄族多為晉所兼併，西方戎族多為秦兼併，東方的夷族多入齊、魯，南方的苗蠻及華夏小國，則為楚所統一。過去華夏各國視為蠻夷的秦、楚二國，經過春秋三百年的變遷，已實現華夏化，在語言文字、生活方式、政治制度、禮儀文化等方面與華夏趨於一致。自此，中國燕山以南、長江以北的黃河中下游及淮、漢流域廣大地區的居民，已基本上融合成為一個統一的民族，而不再有華夏與蠻、夷、戎狄的區別。

第四節　秦漢：一統帝國與文化一統

公元前二二一年，經過多年兼併戰爭，秦王嬴政終於完成「吞二周而亡諸侯，履至尊而制六合」的統一大業，中國歷史上第一個專制主義君主集權的一統帝國──秦王朝建立。秦王朝統治未久，便因統治政策的失誤而被農民起義推翻，起而代之的是劉邦建立的漢朝。

一　宏闊的文化精神

秦皇漢高建立的秦漢王朝具有宏大的規模和氣象；秦帝國是與東地中海的羅馬、南亞次大陸的孔雀王朝並立而三的世界性大國；漢帝國的版圖與事功更在秦之上，與其同時並立的世界性大國惟有羅馬。

秦漢帝國的盛大根植於新興地主階級的生氣勃勃、雄姿英發。由

統治階級精神狀況所決定的社會文化基調也處於一種不可抑制的開拓、創新的亢奮之中。宏闊的追求成為秦漢文化精神的主旋律。萬里綿延、千秋巍然的秦長城，「覆壓三百餘里，隔離天日」的阿房宮，氣勢磅礡、規模浩大的秦始皇陵兵馬俑，水域總面積超過北京頤和園五倍的長安昆明池，「包括宇宙，總覽人物」的漢賦，以百科全書式的恢宏眼光觀照歷史的《史記》，無不是在秦漢宏闊文化精神的統攝下產生出來的輝煌製作物。

開拓進取、宏闊包容的時代精神作用於中華文化共同體內部，激發了工藝、學術的創作高潮；作用於共同體外部的廣闊世界，則大大促進了中外文化的相互交融。秦漢時代，中國文化從東、南、西三個方向與外部世界展開了多方面、多層次的廣泛交流，其中最著名的文化活動是漢武帝時期導致絲綢之路開闢的張騫通西域。通過絲綢之路，中國產品遠抵西亞和歐洲，西域乃至印度的文明成果，也源源不斷地湧進中國，中國文化因此增添了燦爛的色調和光彩。

二　文化統一與思想統一

秦漢統治者在建立一統帝國的同時，還致力於思想文化的統一。

戰國時代，諸侯割據，「田疇異畝，車塗異軌，律令異法，衣冠異制，言語異聲，文字異形」（許慎《說文解字‧敘》）。秦始皇統一天下，雷厲風行地掃蕩這種種之「異」，建立統一文化，其重要措施有如下幾個方面：

第一，下令李斯等人進行文字的整理與統一工作。李斯以周朝大篆為基礎，汲取齊魯等地通行的蝌蚪文筆劃簡省的優點，創制出一種人稱「秦篆」的形體勻圓齊整、筆劃簡略的新文字，作為官方文字，頒行全國，是為「書同文」。

　　第二，定車寬以六尺為制，統一車輛形制，一車可通行全國，是為「車同軌」。與此同時，秦始皇調派民夫，以首都咸陽為中心，修築馳道，東抵燕齊，南達吳楚，兩年以後，又修築咸陽通九原（今包頭西北）的「直道」，劈山填谷，長達一千八百餘里。這些措施大大加強了中央與各地的聯繫，暢通了商業貿易和文化交流。

　　第三，頒佈統一度量衡的詔書，結束戰國時各國貨幣、度量衡標準制度混亂的局面，是為「度同制」。

　　第四，「以法為教」，並在各地設置專掌教化的鄉官，名曰「三老」，統一人們的文化心理，是為「行同倫」。

　　第五，廢除周代以來的封土建國制度，粉碎地區壁壘，將東至大海，西達隴右，北抵陰山，南越五嶺的遼闊版圖統一於中央朝政的政令、軍令之下，又通過大規模的移民，開發邊境地區，傳播中原文化，是為「地同域」。

　　秦始皇統一文化的措施固然以強化專制君主集權政治為目的，同時也有力地增進了秦帝國版圖內各區域人們在經濟生活、文化生活乃至文化心理上的共同性，從而為中華文化共同體的最終形成奠定了堅實的基礎。

　　秦漢時期的文化一統，還包括思想學術上的統一，而這種統一，對中國文化其後的歷程影響至深至巨。

　　戰國後期，諸子已開始嘗試以自己的學說統一思想。《荀子·非十二子》、《韓非子·顯學》、《莊子·天下》都是這種嘗試性的作品。成書於秦王政八年（前239年）的《呂氏春秋》更系統地展示了這種努力。《呂氏春秋·不二》篇宣稱：「聽眾人議以治國，國危無日矣。」「故一則治，異則亂。一則安，異則危。」思想大一統被提到了十分醒目的位置。

　　秦統一天下後，更執著於「別黑白而定一尊」。秦始皇三十四年

（公元前213年），李斯上奏，建議始皇採取強硬措施，「非秦紀皆燒之；非博士官所職，天下敢有藏《詩》、《書》、百家語者，悉詣守尉雜燒之；有敢偶語詩書者棄市；以古非今者族；吏見知不舉者與同罪；令下三十日不燒，黥為城旦。所不去者，醫樂卜筮種樹之書。若欲有學法令，以吏為師」（《史記‧秦始皇本紀》）。秦始皇採納了李斯的建議，「下焚書之命，行偶語之刑」（《隋書‧牛弘傳》），從而造成中國文化史上的一次空前浩劫。戰國時代蓬蓬勃勃的自由學術空氣被窒息，廣袤的思想原野上，萬馬齊喑。

　　思想的專制必然引起思想的反抗，就連為秦始皇求仙藥的方士都不滿其為人剛戾自用，逃亡而去。秦始皇聞訊大怒，嚴令追緝，將「犯禁者四百六十餘人，皆坑之咸陽，使天下知之，以懲後」（《史記‧秦始皇本紀》）。焚書坑儒，開歷史上君主思想專制的惡例。

　　秦始皇「焚書坑儒」的文化專制政策以其酷烈性而激起後世儒生士大夫的反覆抨擊，然而，實行思想一統乃是君主專制政治下無可迴避的歷史任務，正因為如此，當西漢王朝取得政治上的穩定和經濟上的繁盛，統一思想的課題便再次被提出，其宣導者就是有「漢代孔子」之稱的董仲舒。董氏向漢武帝建議說：「今師異道，人異論，百家殊方，指意不同，是以上亡以持一統。……臣愚以為諸不在六藝之科、孔子之術者，皆絕其道，勿使並進。邪辟之說滅息，然後統紀可一而法度可明，民知所從矣。」（《漢書‧董仲舒傳》）

　　董仲舒的這番話就對「六藝」（即詩、書、禮、樂、易、春秋）的態度論，與李斯向秦始皇上焚書議截然相反，但就禁絕異端、發揚帝王一統意志而言，董仲舒與李斯可謂異曲同工，前後映照，他們兩位都是在統一的專制帝國建立後設計「大一統」思想體系和文化形態的主要智囊人物。不過，與鼓吹「以吏為師」的李斯比較，董仲舒要高明得多，他以「六經」為指針，高舉「崇儒更化」的旗幟，尋找到

了與地主制經濟、宗法—專制君主政體比較吻合的文化形態，其獨尊儒學的主張因而不僅被漢武帝採納，推行於當世，而且在漢至清的兩千年間行之久遠。

三　儒學獨尊與經學興起

「罷黜百家，獨尊儒術」文化政策的推行，使儒學取得了「定於一尊」的顯赫地位，成為漢代文化思潮的主流，原來並不專屬儒家的「古之道術」淵藪——《詩》、《書》、《禮》、《易》、《春秋》，亦一變而為儒家獨奉的經典並被正式尊為「五經」。到了東漢，又增加《孝經》、《論語》，合稱「七經」。

西漢統治者既尊《詩》、《書》、《禮》、《易》、《春秋》為「五經」，復「立五經博士」，並推行「以經取士」的選官制度，天下學士多靡然風從，傳經之學和注經之學成為專門學問。這就是漢代至清代的官方哲學——「經學」。

武帝以後，政治、思想、文化領域，都成為儒家經典的一統天下，但是，經學內部卻因學術派別不一，爆發出今古文之爭。

所謂「今文經」即朝廷為了便於經學流播，下令搜集流散民間、口頭流傳的儒家著作，寫為定本，作為傳述的依據。由於這些經書系用當時流行的文字記錄整理，遂有「今文經」之稱。所謂「古文經」即魯共王劉餘、北平侯張蒼、河間獻王劉德等人通過種種途徑所發現的儒家經書，這些經書系用古籀文寫成，故稱「古文經」。「古文經」不僅在文字上與「今文經」大不相同，而且在篇數上也不一致。

自西漢末古文經出現，學者內部就分為「今文經學」、「古文經學」兩大派，他們不僅圍繞「今文經」與「古文經」的版本、文字以及真偽展開激烈爭論，而且在學術觀點以及學術研究的原則、方法上

也有重大分歧。概要說來，今文經學的特點是政治的，講陰陽災異，講微言大義。古文經學的特點是歷史的，講文字訓詁，明典章制度，研究經文本身的涵義。前者主合時，後者主復古。前者學風活潑，而往往流於空疏荒誕；後者學風樸實平易，但失之繁瑣。

從武帝時代直到西漢末，今文經學居「官學」正統地位。在今文諸經中，《春秋公羊傳》尤為重要，以治《春秋公羊傳》起家的董仲舒，在著名的今文經學著作《春秋繁露》中，淋漓盡致地闡述了「天人感應」、陰陽五行、「三統」（黑統、白統、赤統）迴圈等學說，從而建構起天人一統圖式，對中國傳統思想文化產生了至為重要的影響。

古文經學在王莽攝政時扶搖直上，東漢繼續發展，大學者輩出，賈逵、服虔、馬融、許慎為其中佼佼者。東漢末年，馬融的學生鄭玄遍注古、今文群經，不拘泥於師承門戶和學派壁壘，成為有漢一代隆盛經學的總結性人物。

第五節　魏晉南北朝：亂世中的文化多元走向

漢末董卓之亂，猶如一股強勁的旋風，使久已搖搖欲墜的漢帝國終於崩潰瓦解。與軍閥割據、王室貴族自相戮殺相推引，北方游牧人如洪水一般從高原橫衝直下，同農耕人爭奪生存空間。一場長達近四百年的戰亂由此展開，政治舞臺上角色更迭如走馬燈般令人眼花繚亂。在全國範圍內，先有魏、蜀、吳三國鼎立；繼之而起的西晉命祚短促。隨晉亡而來，在北方，先有十六國割據，後有北魏、東魏、西魏、北齊、北周等政權的嬗遞。在南方，則有東晉、宋、齊、梁、陳諸王朝的起伏更替。

戰亂與割據打破了帝國的一元化政治與集權式地主經濟體制，定型於西漢中期的以經學為主幹、以儒學獨尊為內核的文化模式崩解，取而代之的是文化生動活潑的多元發展局面。

一　玄學崛興

「有晉中興，玄風獨振。」（《宋書·謝靈運傳》）玄學是魏晉時期崛起的一股新的文化思潮。

玄學的產生是從兩漢到魏晉思想上的一個重要變化。自從西漢後期儒學被定為一尊後，由儒家政治倫理學說與陰陽五行學說雜糅搭配而成的、包羅萬象的宇宙論，成為大一統的漢帝國鞏固其統治的理論基礎。與此相輔而行的是對儒家經典進行種種繁瑣解釋的「經學」。隨著東漢王朝的崩潰，這個包羅萬象的宇宙系統論的神聖光圈黯然失色，經學也成了令人難以忍受的繁瑣學問。統治階級的腐敗以及社會大動亂更有力地宣佈了儒學的「不周世用」和思想的虛偽。在這樣一種時代大背景下，玄學應運而生。

玄學是由老莊哲學發展而來，其宗旨是「貴無」，其最高主題是對個體人生意義價值的思考。玄學在主體面貌上與兩漢儒學大不相同。兩漢儒學著眼於構建實實在在的王道秩序與名教秩序，玄學卻以探求理想人格為中心課題；兩漢儒學熱衷於「天人感應」的神學目的論，魏晉玄學卻從漢代的宇宙論轉向思辨深邃的本體論。玄學的興起，對魏晉文化思潮產生了深刻影響。

首先，玄學的思維特點是超脫多樣化的現世實物而直接訴諸本體。對本體的思考，對無限的思考，當然不能依靠純經驗性的觀察，而必須運用抽象的哲理，一股力度超過以往任何時代的思辨新風注入了中國傳統哲學的軀體，使之產生了新的生氣勃勃的活力。魏晉學術亦因此而富於談玄析理的色彩。

其次，玄學雖然以超越有限達到無限為根本，但玄學家所說的達到無限，不是像西方黑格爾哲學那樣以達到對「絕對理念」的純思辨的抽象把握為最終目的，而是在現實的人生之中，特別是在情感之中

去達到對無限的體驗，這就使玄學與美學內在地聯結在一起，成為魏晉美學的精魂。魏晉時期興起的「重神理而遺形骸」、「重自然」而輕雕飾的美學觀念，以及新興的山水詩與山水畫等，便深深浸染著玄學風采。

再次，玄學作為一種本體論哲學，其現實意蘊乃是對魏晉人所孜孜追求的理想人格作理論上的建構。在「貴無」思想的深刻影響下，魏晉士人或倘佯山水，「琴詩自樂」，追求一種「蕭條高寄」的生活；或「動違禮法」，「以任放為達」。陶淵明與「竹林七賢」便分別是以上兩種行為方式的代表。在魏晉士人的推動下，老莊之學輕人事、任自然的價值觀以前所未有的規模佔據中國知識分子的心靈世界，進而鑄造了中國士人玄、遠、清、虛的生活情趣。

二　道教創制與佛教傳入

玄學的興盛，體現出動亂時代人們對個體存在意義和價值的關注，而這樣一種社會心理也成為道教與佛教興盛的土壤。

道教是中國本土的宗教。它醞釀於東漢，發展於魏晉，至南北朝時期，北魏嵩山道士寇謙之、劉宋廬山道士陸修靜藉政權之力清整民間道派，並首次使用「道教」一詞統一各道派。與此同時，道教逐步形成一套完整的宗教儀式和齋醮程序、道德戒律。蕭梁陶弘景更以「天子師」之尊構造道教神仙譜系，敘述道教傳授歷史。道教作為一個完整意義上的宗派至此基本定型。

作為宗教的一大流派，道教具有宗教上的一般性特徵，但作為中華民族創立的宗教，它又具有鮮明的民族性格，這就是在思想淵源上從道、儒、墨等哲學流派以及傳統星相家、醫方家、讖緯家那裏充分汲取思想資料；在神仙世界的構造上以古代中國尤其是流傳於楚文

圈的種種神話人物為本源；在教旨上，以長生成仙為目標，講求歸本返樸、歸根覆命的養氣健身術，宣導以長壽祛病為宗旨的「房中術」，鑽研追求不死的煉金服丹之術。民間劾治惡鬼、躲避死亡的種種迷信手段，如臂懸五彩、懸葦畫雞、桃符桃印、治邪驅鬼等也網羅無遺，發展成為禁咒、印鏡等法術，從而與全力關注「人死後如何」的佛教、基督教、伊斯蘭教不同，道教最關心的是「人如何不死」。這一致思趨向正是中華民族重現世、重現實的民族性格在宗教觀上的體現。

　　與道教勃興的同時，另一支宗教大軍也氣勢日增地開進了魏晉南北朝文化系統，這就是來自南亞次大陸的佛教。由此形成二學（儒學、玄學）、二教（道教、佛教）相互頡頏、相互融合的多元激蕩的格局。

三　儒、玄、道、佛相與激蕩

　　儒、玄二學在魏晉時期衝突甚為劇烈。玄學推出之初，便大有「與尼父爭塗」（《文心雕龍‧論說》）的勢頭。玄學之士「以老、莊為宗而黜六經」（干寶《晉紀總倫》）。儒學之士則譴責玄學家「好談老莊，排棄世務，崇尚放達，輕蔑禮法」（《晉書‧卞壼傳》）。但是儒、玄二學雖然相互排斥，卻也有相互吸收的一面，一些儒者注意到老莊之學具有救名教偽弊之功，玄學中也出現了推動玄學向儒學靠攏的修正派。「儒玄雙修」之士的大量湧現體現出那一時期儒玄合流的趨勢。

　　道教從誕生之日起便與老莊之學結下不解之緣，道家哲學是道教的重要思想淵源與宗教理論的主幹。道家的創立者老子被奉為道教教主，莊子也被列為道教尊神。《老子》、《莊子》二書被奉為道教經

典，稱《道德真經》與《南華真經》。與此同時，道教積極調和儒學，將儒學中的倫理精義納入教義、教規之中。范文瀾曾描述儒、道二教關係：「儒家對道教不排斥也不調和，道教對儒家有調和無排斥」[11]，確是中肯之論。

佛教和玄、儒、道的關係頗為複雜。大體而言，玄、佛一拍即合，到了東晉，玄學幾乎完全融入佛教之中。「儒家對佛教，排斥多於調和，佛教對儒家，調和多於排斥；佛教和道教互相排斥，不相調和（道教徒也有主張調和的）。」[12]

魏晉南北朝時期儒、玄、佛、道二學二教的相互衝突、相互整合，造成意識形態結構的激烈動盪。這一時期因匈奴、鮮卑、羯、氐等北方少數民族入主中原而引發的胡漢文化的大規模衝突，更使魏晉南北朝的文化呈現出多樣性、豐富性。在文化的多重碰撞與融合中，中國文化得到多向度的發展和深化，強健而清新的文化精神大放異彩。

第六節　隋唐：隆盛時代

公元七世紀，當伊斯蘭教的創始人穆罕默德及其身後的「哈里發」相繼攻陷麥加、耶路撒冷與亞歷山大城，建立起橫跨亞、非、歐三洲的阿拉伯帝國之時，在東亞大陸，楊隋和李唐相繼開疆拓土，軍威四震，建立起東臨日本海、西至中亞細亞的隋唐大帝國，在空前壯闊的歷史舞臺上，中國文化進入了氣度恢弘、史詩般壯麗的隆盛時代。

---

11 范文瀾：《中國通史簡編》（修訂本）（北京市：人民出版社，1949年），第2編，頁442-443。

12 范文瀾：《中國通史簡編》（修訂本）（北京市：人民出版社，1949年），第2編，頁442-443。

一　文化背景

　　隋唐文化的氣象恢鉅集，與地主階級結構的深刻變化休戚相關。魏晉南北朝，活躍於中國政治舞臺上的是門閥世族地主階級，他們憑藉門第、族望而世代盤踞高位，享有各種政治、經濟特權，「高門大姓」以外的庶族或寒門則進身不易。然而，門閥世族勢力在隋唐時期趨於急劇沒落。給予門閥地主致命打擊的首先是摧枯拉朽的隋末農民大起義，繼之而來的則是楊隋和李唐政權所推行的包括均田制、「崇重今朝冠冕」及科舉制在內的一系列全面壓抑門閥世族的改革措施。在門閥世族衰落的同時，大批中下層士子，由科舉入仕途，參與和掌握各級政權，從而在現實秩序中突破了門閥世冑的壟斷。

　　在隋唐之際巨大社會結構變動中登上中國文化舞臺的庶族寒士是正在上陞的世俗地主階級的精英分子，有為的時代，使他們對自己的前途與未來充滿自信和一瀉千里的熱情，唐代文化因而具有一種明朗、高亢、奔放、熱烈的時代氣質。

二　「有容乃大」的文化氣派

　　以強盛的國力為依據，以朝氣蓬勃的世俗地主階級知識分子為主體，唐文化首先體現出來的是一種無所畏懼、無所顧慮的相容並包的宏大氣派。在文化政策上，唐太宗李世民與以魏徵為首的儒生官僚集團，不僅在政治上實行「開明專制」，而且在文藝創作上積極鼓勵創作道路的多樣性，在意識形態上奉行三教並行政策，決不推行文化偏至主義。這樣一種文化政策基本上為李世民的子孫們所繼承。對待文化人，唐王朝也採取較為寬容的姿態，儒學可被嘲諷，詩人作詩也少有忌諱。宋人洪邁在《容齋隨筆》中曾感歎說：「唐人歌詩，其於先

世及當時事，直辭詠寄，略無避隱。」即使那些「非外間所應知」的宮闈秘聞，詩人「反覆極言」，「上之人亦不以為罪」，「今之詩人」則絕不敢如此。由此可見唐代文化開放的氛圍。

唐文化的宏大氣魄還體現在以博大的胸襟廣為吸收外域文化。南亞的佛學、曆法、醫學、語言學、音樂、美術；中亞的音樂、舞蹈；西亞和西方世界的教、景教、摩尼教、伊斯蘭教、醫術、建築藝術及至馬球運動等等，如同「八面來風」，從唐帝國開啟的國門一擁而入，首都長安則是那一時代中外文化彙聚的中心。一個具有盛大氣象的世界性都市。隋唐文化對外域文化的大規模吸收，不僅在中國文化史上，而且在世界文化史上均可稱為卓越範例。英國學者威爾斯在《世界簡史》中比較歐洲中世紀與中國盛唐的差異說：

> 當西方人的心靈為神學所纏迷而處於蒙昧黑暗之中，中國人的思想卻是開放的，兼收並蓄而好探求的。

所謂「有容乃大」，正是唐文化超軼前朝的特有氣派，是唐文化金光熠熠的深厚根基。

三　風采輝煌的藝術成就

規模空前的統一和強盛，寬容和攝取，造就了一個豐富濃烈的藝術世界。

中國文學的首唱是詩，而中國詩的輝煌巔峰則在唐代。聞一多說：「一般人愛說唐詩，我欲要講『詩唐』。詩唐者，詩的唐朝也。」[13]

---

13 《聞一多論古典文學》（重慶市：重慶出版社，1984年），頁82。

　　詩歌女神確乎特別垂青於唐代。這是一個全民族詩情鬱勃的時代。一方面，文人創作的詩篇可以傳誦於「士庶、僧徒、孀婦、處女」、「女童、馬走之口」（白居易〈與元九書〉；元稹〈白氏長慶集序〉），「賣於市井」，題寫於「觀寺郵侯牆壁之上」（元稹〈白氏長慶集序〉），吟誦於「鄉校、佛寺、逆旅、行舟之中」（白居易〈與元九書〉），乃至譜寫成流行歌曲，誠所謂「宮掖所傳，梨園子弟所歌，旗亭所唱，邊將所進，率當時名士所為絕句」。另一方面，社會各階層的詩歌創作，充滿了高漲熱情，「行人南北盡歌謠」（《敦煌曲校錄·望無行》），「人來人去唱歌行」（劉禹錫〈竹枝河〉）。白居易說：「今時俗所重」，正在詩歌（〈與元九書〉），指明了「有唐吟業之盛」的社會心理基礎。

　　這是一個詩歌創作空前活躍的時代。僅清代所編的《全唐詩》中，就有作品四萬八千九百餘首，詩人二千三百百餘家。而兔起鶻落的歷史歲月必然湮沒了更多作品與詩人。在難以數計的天才詩人中，既有李白、杜甫、王維、白居易、李賀、李商隱、杜牧等以千古絕作雄蓋一世的詩歌巨匠，又有楊師道、王勃、楊炯、駱賓王、七歲女等文思敏捷的神童詩人，還有上官昭、李季蘭、薛濤、魚玄機那樣才思超群的女詩人。正是經他們的傑出創造，中國古典詩歌「無體不備，無體不善」，無論內容、風格、形式、技巧，均達到爐火純青的地步，成為後世傚仿的典範。

　　與中國詩的歷程幾乎一致，中國書法在魏晉六朝開始走向美的自覺，在唐代也達到了一個高峰。

　　這一時期篆書圓勁，陽冰篆法為後世所多循；草書飛動，「顛張狂素」將狂草發揮得淋漓盡致；行書縱逸，李邕、顏真卿的「麓山寺碑」、「爭坐位貼」最為藝林所重；楷書端整，歐（陽詢）、虞（世南）、顏（真卿）、柳（公權）四大家將唐楷推至登峰造極地步。與唐

代詩壇推出李白、杜甫作為中國詩典範性人物同步，唐代書壇也推出中國書法的宗師──顏真卿與柳公權，誠如蘇軾所言：「至唐顏、柳，始集古今筆法而盡發之，極書之變，天下翕然以為宗師。」（〈書吳道子畫後〉）

　　唐代是詩歌與書法的黃金時代，也是繪畫的極盛時期。「畫聖」吳道子改造傳統線描技巧，「出新意於法度之中，寄妙理於豪放之外」。以「蒓菜條」型線條的創造，大大提高了線條在畫面上組織物象基本結構的功能，豐富了線條的美感因素，深刻地活化了線的生命力。在畫科上，唐代繪畫也是全面發展。人物畫輝煌富麗，豪邁博大；山水畫金碧青綠之美與清秀雅淡的水墨韻味交相輝映；「窮羽毛之變態，奪花卉之芳妍」的花鳥畫也登上畫壇，規模初具。整個畫壇新鮮活潑，充滿生命活力，唐人張彥遠用「燦爛而求備」一語概括唐代繪畫的氣派，其言確然。

　　唐代的散文也有豐碩成果，其領袖人物便是韓愈、柳宗元，他們所發起的古文運動，對以後幾個世紀的文學發生了深刻影響。

　　孟子說：「充實之謂美，充實而有光輝之謂大。」（《孟子・盡心下》）唐代便是古代哲人觀念中「充實而有光輝」的文化繁盛時代。蘇軾在〈書吳道子畫後〉中說：

> 君子之於學，百工之於技，自三代歷漢至唐而備矣！故詩至於子美，文至於韓退之，書至於顏魯公，畫至於吳道子，古今之變，天下之能事畢矣。

　　中國文化發展至唐，顯示出一種階段性的集大成的燦爛風采，其輝煌令後世追慕不已。

第七節　兩宋：內省、精緻趨向與市井文化勃興

　　爆發於公元七五〇年的安史之亂，引發了潛藏已久的種種危機，以楊炎兩稅法的財政改革為法律標誌，中國封建社會經濟結構發生了巨大變遷。土地國有制──均田制崩解，庶族地主經濟與小自耕農經濟迅速發展，直至佔據社會經濟的主體地位。

　　與社會政治、經濟格局變遷的大勢相呼應，中國文化亦從唐型文化轉向宋型文化。

　　所謂唐型文化，是一種相對開放、外傾、色調熱烈的文化類型，李白的詩、張旭的狂草、吳道子的畫，無不噴湧奔騰著昂揚的生命活力。昭陵古雕中雄壯健偉、神采飛揚的「八駿」，透露出大氣盤旋的民族自信。而宋型文化則是一種相對封閉、內傾、色調淡雅的文化類型。這一時期的各種文化樣式無論是哲學、文學、藝術還是社會風氣，都在不同程度上浸潤著宋型文化的特有風貌。

一　理學建構

　　宋代文化最重要的標誌乃是理學的建構。

　　兩宋理學，不僅將綱常倫理確立為萬事萬物之所當然和所以然，亦即「天理」，而且高度強調人們對「天理」的自覺意識。為指明自覺認識天理的途徑，朱熹精心改造了漢儒編纂的《大學》，突出了「正心、誠意」的「修身」公式：「古之欲明明德於天下者，先治其國；欲治其國者，先齊其家；欲齊其家者，先修其身；欲修其身者，先正其心；欲正其心者，先誠其意；欲誠其意者，先致其知；致知在格物。」從「格物」到「致知」，實質上將外在規範轉化為內在的主動欲求，亦即倫理學上的「自律」，有了這一自律，方有誠意－正心－修身乃至齊家、治國、明德於天下的功業。

　　理學是中國後期封建社會最為精緻、最為完備的理論體系，其影響至深至巨。由於理學家將「天理」、「人欲」對立起來，進而以天理遏制人欲，帶有自我色彩、個人色彩的情感欲求受到強大的約束。理學專求「內聖」的經世路線以及「尚禮義不尚權謀」的致思趨向，則將傳統儒學的先義後利發展成為片面的重義輕利觀念。但與此同時，理學強調通過道德自覺達到理想人格的建樹，也強化了中華民族注重氣節和德操，注重社會責任與歷史使命的文化性格。張載莊嚴宣告：「為天地立心，為生民立命，為往聖斷絕學，為萬世開太平」；顧炎武在明清易代之際發出「天下興亡、匹夫有責」的慷慨呼號；文天祥、東林黨人在異族強權或腐朽政治勢力面前，正氣浩然，風骨錚錚，無不浸潤了理學的精神價值與道德理想。

二　精緻細膩的士大夫文化

　　與理學著意於知性反省、造微於心性之際的趨向相一致，兩宋的士大夫文化也表現出精緻、內趨的性格。

　　詞起源於市井歌謠，因文人介入而趨於雅化。與含義闊大、形象眾生的詩不同，詞小而狹，巧而新。它側重音律和語言的契合，造境搖曳空靈，取徑幽約怨悱，寄託要眇悵惘，極為細膩，極為精緻。儘管宋代詞壇還有別一番風貌的歌唱，這就是由蘇軾開創的、以辛棄疾為代表人物的豪放詞風，但詞壇的主流始終是「婉約」、「陰柔」，集中反映出兩宋文人士大夫與唐人大不相同的心境和意緒。

　　宋詞雅，宋畫也雅。蘇軾在〈跋宋漢傑畫山〉一文中提出「士人畫」這一觀念，強調融詩歌、書法於繪畫之中，以繪畫來表現文人意趣。以此文化心理為總背景，兩宋繪畫富於瀟灑高邁之氣與優雅細密、溫柔恬靜之美。

　　兩宋士大夫文化的其它領域，也無不表現出與宋詞、宋畫相通的性格。兩宋古文舒徐和緩，陰柔澄定；宋詩「如紗如葛」、「思慮深沉」；士人飲茶「品第之勝，烹點之妙，莫不咸造其極」。文人玩賞的瓷器脫略繁麗豐腴，尚樸澹，重意態。其服飾也「惟務潔淨」，以簡樸清秀為雅。

三　市民文化之勃興

　　宋詞、宋畫、宋文以及宋代理學構築成一個精緻遼闊的上層文化世界，而在這一世界之外，別有一種文化形態崛起，這就是在熙熙攘攘的商市生活以及人頭攢動的瓦舍勾欄中成長起來的野俗而生動的市民文化。

　　兩宋市民階層的崛起，以中晚唐以來的都市經濟發展為基礎，著名的《清明上河圖》便反映了當時繁盛都市生活的一個側面。在熙熙攘攘、風波叢生的快節奏都市生活中，市民們無意於追求典雅的意境，濃鬱迷離的詩情，而是醉心於能直接地並情調熱烈地滿足感官享受的藝術樣式，因此，市民文化從其誕生起，便顯示出一種野俗的活力與廣闊的普及性。

　　傀儡戲、參軍戲是中唐以後市井間流行的歌舞小戲。一些記載描述說，當這些歌舞小戲演出時，臺下觀眾雲集，大聲應和，其情景頗為熱烈。明確標明以「市人」為讀者對象的「市人小說」也開始在這一時期出現。在一些繁華的大都市，產生了市民文化表現自我的固定遊藝場所──瓦舍。每個瓦舍裏劃有多個專供演出的圈子，稱為「勾欄」。眾多勾欄上演令人眼花繚亂的文藝節目，如雜劇、雜技、講史、說書、說諢話、皮影、傀儡、散樂、諸宮調、角抵、舞旋、花鼓、舞劍、舞刀等。瓦舍中士庶咸集，老少畢至，熱鬧非凡。一種不

同於貴族口味與士人情調的市民文化天地，躋身於文化系統中，成為
不可忽視的社會存在。

四　教育和科技成就

兩宋文化還有一個重要內容，這就是教育的發達。宋代官學系統
有兩大特色，一是在學校教育制度上等級差別不斷縮小，如官學向宗
學轉化後無問親疏，國子學向太學轉化後無問門第，這樣一種變化無
疑有利於低級官僚子弟乃至寒素子弟脫穎而出。二是重視發展地方學
校，至北宋末期，地方州縣學發展到高峰，人稱「學校之設遍天下」
（《宋史‧選舉志一》）。教育的發展與深刻的變革使宋代整個社會的
文化素養超過漢唐，明人徐有貞指出：「宋有天下三百載，視漢唐疆
域之廣不及，而人才之盛過之。」（《范文正公集》補編〈重建文正書
院記〉）宋文化繁盛的基礎正在於此。

在中國文化趨向成熟、精密化的背景下，古代科技在宋代亦發展
至極盛。

指南針、印刷術、火藥武器三項重大發明創造是宋代科技最為突
出的成果。北宋賈憲、南宋秦九韶在數學領域作出了具有世界領先水
準的貢獻。百科全書式的人物沈括「於天文、方志、律曆、音樂、醫
藥、卜算無所不通，皆有所論著」（《宋史‧沈括傳》），且創見迭出。
天文學、地理學、地質學、醫藥學、冶金術、造船術、紡織術、製瓷
術等方面也都有令人目眩的成就。在此前後的任何一個朝代，無論是
科學理論研究，還是技術的推廣應用，比起兩宋來都大為遜色。陳寅
恪為《宋史職官志考記》一書作序說：「華夏民族之文化，歷數千載

之演進，造極於趙宋之世。」[14]指出了宋文化在中國文化史上的重要地位。

第八節　遼夏金元：游牧文化與農耕文化的衝突與融會

宋文化細膩豐滿，但在氣魄上遠不及漢唐文化氣勢雄壯。唐太宗李世民以「天可汗」的尊稱威懾周邊民族，而宋代自立國之始，就為外患所困擾，長期與遼、西夏、金等游牧民族政權相對峙。

一　游牧文化與農耕文化衝突的雙重效應

契丹、黨項、羌、女真以及後來的蒙古勢力對宋人世界的長期包圍與輪番撞擊，產生了雙重文化效應。一方面，北宋人因被動挨打而生的憂患，南宋人因國破家亡而生的憂患，滲透於宋文化的各個層面。李清照、陸游、辛棄疾、岳飛等優秀詞人的憂患之作與悲憤之唱，范仲淹與王安石所推行的變法，莫不是這種文化大背景孕育的產物。另一方面，契丹、黨項、羌、女真等游牧民族從漢文化中吸收到豐富營養。在遼朝，孔子受到朝野上下的尊崇。《貞觀政要》、《史記》、《漢書》等漢文化名著被譯成契丹文字，廣為流行。賈島之詩成為兒童學習的啟蒙讀物。蘇軾的詩更為遼人熟悉和喜愛。在漢文學的影響下，遼朝君主「雅好詞翰，咸通音律，文學之臣皆淹風雅」（沈德潛《遼詩話・序》）。在西夏，《孝經》、《論語》、《孟子》皆有本族文字譯本，至宋仁宗時，西夏如富弼所述，已是任用中國賢才，讀中國書籍，用中國車馬，行中國法令了（《續資治通鑒長編》，卷150）。

---

14 陳寅恪：〈宋史職官志考證序〉，《金明館叢稿二編》，頁145。

在金國，儒學被奉為正宗道統，國學除學習經書外，還要學習《老子》、《荀子》等諸子典籍，讀《史記》與《漢書》等各朝斷代史。漢地流行的典章制度也在金朝推行，其進士科目「兼採唐宋之法而增損之」（《金史‧選舉志》），其考課之法亦仿漢唐之制行之。建立於幽燕故地的金中都，完全以汴京為模式，其設計和施工的主持者均是熟稔於儒學建都規制的漢族士大夫。金人對漢文化的汲取和整合，使漢族文化在新的條件下滲透、延展於女真族之中，從而在北中國創立了一個「人物文章之盛，獨能頡頏宋、元之間」（王世貞〈歸潛志序〉）的文化天地。

公元十三世紀，從蒙古高原席卷而來的成吉思汗旋風震盪著歐亞大陸，中華大地上相互對峙的金、南宋和西夏王朝，在成吉思汗及其子孫的掃蕩下逐一崩潰。公元一二六〇年，成吉思汗的孫子忽必烈在蒙古上層貴族的爭鬥中獲得勝利，登上大汗寶座。並取儒學經典《易經》「大哉乾元」之義，建國號為「大元。」

蒙古族以剽悍的草原游牧民族氣質入主漢地，囊括整個中國，然而，政治的、軍事的、民族的衝突，往往以　種形式上的對抗，促進著深刻的文化交融。元世祖忽必烈在漢族儒生士大夫的影響下，採取一系列措施，改革漠北舊俗，「行中國事」，造成統治體系與文物制度的大幅度「漢化」。崛起於兩宋、但一直處於在野地位的程朱理學，便在元統治者的大力宣導下一躍成為「式於有司」的官學，對後來的明清文化格局產生了重要影響。在征戰中取得節節勝利的蒙古族，終於又一次步入了征服者被征服的軌道。

二　元雜劇及其文化意義

元蒙統治時期，漢族士人文化被游牧民族踏得支離破碎，科舉制

度中止七八十年，以致元代文人仕進堵塞，一部分窮困潦倒者於是與盛行勾欄間的雜劇產生了親緣聯繫。他們投身於雜劇創作，「以其有用之才」，「舒其拂鬱感慨之懷」（胡傳《珍珠船》卷4），表達那個歷史時代深沉的悲憤、苦悶與抗爭。關漢卿的名作《竇娥冤》，以及以包拯為主角的一系列清宮戲，如《蝴蝶夢》、《魯齋郎》、《陳州糶米》等，便表現了十三世紀中國人民的鬱悶與憤懣之情。

元雜劇不僅憤激地譴責黑暗，凝重地傳遞、傾吐內心的不平，而且以一種充滿希望的熱情，去謳歌非正統的美好追求。「天下奪魁」的《西廂記》就是這類作品的代表作。它不僅充滿激情地以完滿的藝術結構展現出鶯鶯與張生愛情的忠貞不渝和理想終成現實，而且高呼出向正統文化觀念挑戰的宣言：「願天下有情的都成了眷屬。」

三 規模盛大的中外文化交流

忽必烈所建立的元朝，是一個版圖空前廣大的帝國。其疆域「北逾陰山，西極流沙，東盡遼左，南越海表」，「東南所至，不下漢、唐，而西北則過之」。在這廣袤的文化場中，中國文化與外域文化的交流融合，以宏大的氣勢展開。

元帝國對歐亞大陸的征服，使中國西部和北部的邊界實際上處於開放狀態，阿拉伯、波斯和中亞的穆斯林大規模遷居中國，造成「回回遍天下」（《明史・西域傳》）的態勢，一個信仰伊斯蘭教，使用漢語而又浸潤阿拉伯和波斯文化傳統的回回民族漸趨形成。

元代中西交通的開闢，為基督教入華創造了有利的氣候和土壤。元時入華的基督教即元人所稱的也里可溫。也里可溫有二大派別，其一為曾流行於唐代的景教，即基督教聶斯托裏派；其二為初次入華的羅馬天主教。景教在大江南北遍設教堂，其教徒遍及山西、陝西、甘

肅、河南、山東、直隸以及廣東、雲南、浙江等地。天主教則首先立足於元大都，然後將傳教觸角從帝都向外地擴展，教徒發展至三萬餘人。

亞歐大陸的溝通，亦為東方和西方旅行家遠遊提供了極大的方便。公元一二七五至一二九一年，中國大地上留下了南歐旅行家馬可・波羅的足跡。這位威尼斯人回國後口述了《馬可・波羅遊記》。書中，他用夢幻般的語言，向西方人娓娓動聽地描述中華帝國的美麗、富饒和繁榮。從此，東方的中國成了西方人心目中遙遠的夢，達・伽馬、哥倫布、麥哲倫遠渡重洋，開闢新航道，都是在全力追尋這樣一個遙遠的夢。

元代中國對外部世界的大規模開放，使大批中亞波斯人、阿拉伯人遷居內地。他們之中，有不少科技人才。異邦的先進科技，尤其是當時處於世界領先水準的阿拉伯天文學、數學，以他們為媒介，流入中國科技界。元代天文學家郭守敬在發展中國傳統天文學的基礎上充分吸取阿拉伯天文學成果，制定了中國歷史上使用時間最長的《授時曆》。《授時曆》以三百六十五點二四二五天為　年，比地球繞太陽公轉一周的實際時間只差二十六秒，跟目前國際通行的西曆（格裏哥利曆）完全相同。

與外域文化輸入中國的同時，由於蒙古人的西征，中國文化向西傳播的速度也大大加快，中國四大發明之一的火藥，以蒙古軍和阿拉伯人的戰爭為中介，傳入阿拉伯，再傳入歐洲。中國印刷術也經由蒙古統治下的波斯以及突厥統治下的埃及傳入歐洲。中國曆法、中國數學、中國瓷器、中國茶、中國絲綢、中國繪畫、中國算盤亦通過不同途徑，在俄羅斯、阿拉伯與歐洲世界廣為傳播，世界文化的總體面貌因此而更為輝煌燦爛。

第九節　明清：沉暮與開新

　　「佛說一切流轉相，例分四期，曰生、住、異、滅。」文化的發展演變也大體上遵循這一規律。就中國古典文化而言，其生命也有一個由生長到全盛到衰落的歷程。明、清（公元1840年前）兩代便處於這一歷程的後段。同時它又為傳統文化向近現代文化的轉型準備著條件。

　　明代與一八四○年前的清代，是中國漫長的封建社會的晚期。在這幾百年間，中國社會的內部結構發生了緩慢而又重大的變化，隨著自耕農的普遍發展，庶族地主力量的增長，以及屯田向私有和民田的轉化，傳統的地權佔有形式發生變更；隨著租佃關係上自由租佃的出現，永佃制、押租制的發展，雇傭關係上封建性雇工向自由雇工的過渡，封建依附關係發生鬆解；與此相關聯，某些新的生產關係的萌芽開始在封建制度母體內出現，凡此種種，皆標誌著中國封建社會已進入後期階段。

一　空前嚴厲的文化專制

　　明清是中國君主專制制度登峰造極的時代，文化專制亦空前嚴酷地箝制著思想文化界。

　　明清文化專制的突出表現是文字獄盛行。朱元璋以文字之「過」，「縱無窮之誅」，大批儒生士大夫因文字而遭橫禍。如浙江府學教授林元亮所作〈賀萬壽表〉中有「作則垂憲」之語，常州府學訓導蔣鎮所作〈賀正旦表〉中有「睿性生智」之語，朱元璋均以「則」為「賊」，以「生」為「僧」，認為是譏諷他參加過紅巾軍，當過和尚，從而大開殺戒。與此同時，明代君主在文網周納中大量使用特務

手段，特務機構廠（東廠、西廠、內行廠）、衛（錦衣衛）以士人為重點偵伺對象，「飛誣立構，摘竿牘片字，株連至十數人」（《明史·刑法志》）。清代文字獄更有過之。文人往往因「疑似影響之詞，橫受誅戮」。「莊廷龍《明史稿》案」、「戴名世《南山集》案」、「呂留良《文選》案」，均是康雍時期所發生的轟動全國的大案。

明清統治者一手推行文字獄，在文化領域製造恐怖；另一手則崇正宗、滅異端。朱元璋多次詔示，士人必須「一宗朱子之書」，「非濂洛關閩之學不講」（陳鼎《東林列傳》卷2）。又規定科舉考試一律以朱熹的注為標準答案。於是，明初學術界成為程朱的一統天下，士子一味「尊朱」、「述朱」，凡「言不合朱子，率鳴鼓而攻之」（《名山藏·儒林記》），程朱理學被推上至尊地位。清代統治者在推行文化專制上也不遺餘力。乾隆年間，清高宗借編纂《四庫全書》的機會，全力剪除危及封建統治思想基礎的「異端」學說。《四庫全書總目提要》的《凡例》便開宗明義地宣佈：「離經叛道、顛倒是非者，掊擊必嚴；懷詐挾私、熒惑視聽者，屏斥必力。」與直接干預《四庫全書》纂修的同時，乾隆帝還一手操縱長達十九年的禁書活動，共禁燬書籍三千一百多種，十五萬一千多部，銷毀書版八萬塊以上。在「書禁亦嚴，告訐頻起」的強大威懾力下，「士民惢慎，凡天文、地理、言兵、言數之書，有一於家，惟恐招禍，無問禁與不禁，往往拉雜摧燒之」（王蒼孫《惕甫未定稿》卷3）。中國文化遭到秦始皇焚書以來的又一次巨大浩劫。

二 早期啟蒙思潮

明清兩代的文化，一方面是文化專制主義空前強化，程朱理學佔據統治地位；另一方面，與社會形勢的變化相適應，又出現了多少具

有市民反叛意識的早期啟蒙思潮。如以「致良知」之說打破程朱理學一統天下的王陽明，雖然就其根本意旨而言是要修補朱學僵化所造成的缺漏，但他感應明中葉以來社會氛圍和心理狀態的變遷，從人的主動性、能動性上順次展開宇宙論、認識論、價值主體論，從而否認用外在規範人為地管轄「心」、禁錮「欲」的必要性，高揚了人的主體性，造成對正宗統治思想的一種反叛，成為晚明人文思潮的哲學基礎。他的門生王艮以及「泰州學派」的傳人李贄則走得更遠，已有較為鮮明的市民反對派氣息。明清之際三大思想家——黃宗羲、顧炎武、王夫之，以及方以智、唐甄、顏元、戴震、焦循等人，更從不同側面與封建社會晚期的正宗文化——程朱理學展開論戰，有的批判鋒芒直指專制君主。

明代中後期市民文學的興起（其理論代表是李贄的「童心說」和公安派「獨抒性靈」口號的提出，其代表作品為長篇小說《金瓶梅》、短篇小說集「三言」、「二拍」等），也是城市經濟發展和某些新的生產方式萌芽的社會現實的反映。生動活潑、富於民間生活情趣的市民文學，較之明代前期內容空虛、徒具華麗形式的「臺閣體」文學，以及前七子、後七子「文必秦漢、詩必盛唐」的文學復古運動，都是一個巨大的躍進。至於清代出現的《儒林外史》、《紅樓夢》等作品，則在更大的廣度和深度上揭露了封建制度的弊端，將古典現實主義文學推向高峰。

如果要在歐洲文化史上選擇一個階段同中國明清時期的進步文化作比擬，無論從產生的背景還是從所包蘊的內容而言，都以文藝復興較為相當。文藝復興產生的經濟條件是：「十四和十五世紀在地中海沿岸的某些城市已經稀疏地出現了資本主義生產的最初萌芽」，而十六至十七世紀的中國長江中下游也出現了類似的經濟態勢。文藝復興的主旨是人文主義，其批判鋒芒直指中世紀的神學蒙昧主義、禁欲主

義，而中國明清時期的進步思想家、文學家也抨擊宋明理學中的僧侶主義和禁欲主義，提出「飲食男女之欲，人之大共也」（王夫之《詩廣傳》卷2），「私欲之中，天理所寓」（王夫之《四書訓義》卷26）等新的命題。至於顧、黃、王諸大師在哲學思想、史學思想、自然觀中的理性主義，也都與中世紀的蒙昧主義相對立。

然而，由於十六至十七世紀的中國，新的經濟形態還十分微弱、脆嫩，明清時期的早期啟蒙思想家們先天不足，具有一種時代性的缺陷。以明清之際最富於戰鬥精神的政治哲學著作《明夷待訪錄》和《潛書》與孟德斯鳩的《論法的精神》、盧梭的《社會契約論》相比較，就可以發現，它們雖然在批判封建專制帝王的猛烈程度上可謂東西呼應，但黃宗羲、唐甄們提不出新的社會方案，而只能用擴大相權、限制君權、提倡學校議政等辦法來修補封建專制制度，孟德斯鳩、盧梭們則拿出了「三權分立」的君主立憲制、民主共和制這樣的資產階級國家藍圖。這表明，中國明清時期的進步思想與十八世紀歐洲啟蒙思想屬於兩個不同的歷史範疇。前者是中世紀末期的產物，後者是近代社會的宣言書。

三　古典文化的大總結

明清兩代進入了中國古典文化的總結時期。

在圖書典籍方面，明清統治者調動巨大的人力物力，對幾千年浩如煙海的典籍文物進行收集、鈎沉、考證、考辨，編纂了大型類書《永樂大典》、《古今圖書集成》，大型字典《康熙字典》，大型叢書《四庫全書》。《永樂大典》被公認為世界上最早、最大的一部百科全書；《康熙字典》是世界上最早的字數最多的字典；《四庫全書》則是

至今為止世界上頁數最多的叢書。大型圖書的編纂，是古典文化成熟的徵象，也包含著文化大總結的意蘊。

在古典科技方面，明清之交出現了一批科學技術巨著。如李時珍的《本草綱目》，在藥物學和植物分類方面達到了當時世界的先進水準；潘季馴的《河防一覽》，作為一部治理黃河的專書，總結了我國歷代治河經驗；徐光啟的《農政全書》，記載了我國自古以來的農學理論，總結了元、明兩代勞動者的農業生產經驗，還介紹了歐洲的農田水利技術，成為中國古代最完備的一部農學著作；宋應星的《天工開物》，記錄了明末清初的生產新技術，是一部稱譽海外的工藝學百科全書。東瀛日本將此書視為至寶，並由《天工開物》發展出一門「天工學」。此外，地理和地質學傑作《徐霞客遊記》、方以智的自然哲學專著《物理小識》等，都是封建社會晚期科學成就的高峰。

在學術文化方面，清代乾、嘉時期的學者對中國古代文獻展開了空前規模的整理與考據。「其直接之效果：一、吾輩向覺難解難讀之古書，自此可以讀可以解；二、許多偽書及書中竄亂蕪穢者，吾輩可以知所別擇，不復虛糜精力；三、有久墜之哲學，或前人向不注意之學，自此皆卓成一專門學科，使吾輩學問之內容，日益豐富。」[15]對於中國傳統學術文化的承傳不墜以及向前推進來說，乾嘉學者做出了不可抹煞的貢獻。

四 西學東漸及其中斷

明末清初，利瑪竇、湯若望等歐洲耶穌會士東來。他們在給中國人帶來歐洲宗教神學的同時，也將近代的世界觀念以及西方文藝復興

---

15 梁啟超：《清代學術概論》，《飲冰室合集・專集第三十四》（北京市：中華書局，1989年，頁35。

時期的自然科技成就廣泛傳播於中國學術界，打開了部分中國士人的眼界。徐光啟、李之藻、方以智、黃宗羲、顧炎武、王夫之、梅文鼎、王錫闡以及康熙皇帝，都在不同程度上得益於外來的科技知識。近代科學思維的重要特點是實證方法和數學語言，徐光啟、方以智等人，通過接觸西洋近代科技知識，重視「質測之學」和數學語言的應用，初步顯示出近代科學思維的風貌。遺憾的是，由於宗法專制社會政治結構的強固以及倫理型文化傳統的深厚沉重，「西學東漸」的過程在明末清初進展緩慢。到了雍正年間，隨著耶穌會士被逐出國門，「西學東漸」幾近中斷，中國對外部世界的大門日益關閉。

　　明清兩代，是整個世界格局發生劇變的重大時期，當中華帝國驅逐傳教士，封閉國門，陶醉於「十全武功」之時，歐亞大陸的遠西端，新興的資本主義呼喚來工業革命，瓦特發明的雙向運動蒸汽機，使歐洲人獲得一盞「阿拉丁神燈」。產業革命催化國際分工，資本以其魔力無窮的巨掌將全世界捲入商品流通的大潮之中，宗法農業社會的中國也在劫難逃，工業先進的西方是決不肯放過如此巨大的一個商品傾銷地、投資場所和原料產地的。中西方的衝突已成為不可避免之勢。一八四〇年爆發的鴉片戰爭，以血與火的形式把中國文化推入了一個蛻變與新生並存的新的歷史階段。

參考文獻

馮天瑜等 中華文化史 上海市 上海人民出版社 1990年
柳詒徵 中國文化史 北京市 中國大百科全書出版社 1988年
譚家健主編 中國文化史概要（增訂本） 北京市 高等教育出版社
　　　1997年

思考題

1 春秋戰國時期的「百家爭鳴」在中國文化史上居有什麼樣的地位？
2 儒學是怎樣崛起而成為中國傳統文化的主流意識形態的？它對中國
　文化的影響如何？
3 試比較唐代文化與宋代文化有何不同，並思考唐宋間文化轉型的社
　會經濟原因。
4 明清文化與以往比較出現了哪些新的因素？

第五章
多民族文化融合與中外文化交匯

　　人類歷史的前進，離不開文化的交流和融合，對於任何一個民族文化而言，擁有文化輸出與文化接受的健全機制，方能獲得文化補償，贏得空間上的拓寬和時間上的延展。

　　中國文化自誕生之日起，便決非自我禁錮的系統。以遷徙、聚合、貿易、戰爭為中介，中華各族文化以及中外文化相激相蕩，中國文化因此生氣勃勃、氣象萬千。

第一節　中華各民族文化的交流融合

　　中國文化自其發生期，即因環境的多樣化而呈現豐富的多元狀態。隨著原始社會向階級社會過渡，分佈中國內地各個地區的先民，也由為數眾多的氏族部落逐漸形成為不同的民族。秦漢以後，中華大地上的各民族大致可以分為三個文化類型，這就是北方草原游牧文化、南方山地游耕文化、中原定居農業文化。在長達三千年的歷史進程中，上述三個文化類型以中原定居文化為中心，多方面交匯融合，而氣象恢宏的中國文化正是在這樣一個相衝突又相融合的過程中整合而成的。

一　中原農耕文化與北方游牧文化的交融

　　中原定居農業文化與北方草原游牧文化大致以四百毫米等降水線

為邊際線。四百毫米等降水線的東南，是受太平洋及印度洋季風影響的濕潤地區，適宜農業發展。這一地區的廣大區間，先後闢為農業經濟區，進而成為聲名文物昌盛發達的地域。四百毫米等降水線西北部，雖然有少量由內陸河與地下水灌溉的綠洲農業，但這裏占壓倒優勢的是游牧經濟。「天蒼蒼，野茫茫，風吹草低見牛羊。」游牧人在這片廣闊的草原——荒漠地帶以放牧為生。

清代王夫之曾經概括「中國」與「夷狄」，亦即中原農耕民族與北方游牧民族的文化特徵說：「中國」是有城廓可守，墟市可利，田土可耕，賦稅可納，婚姻仕進可榮的地區；「夷狄」則無城廓、耕地，不知禮儀，遷徙無定，以游牧為主，全民善騎戰，極其勇猛剽悍。漢時的匈奴，唐時的突厥，宋時的契丹、女真、黨項，以及後起的蒙古，都是典型意義上的游牧民族。東北的夫餘、靺鞨、女真，以及由女真演化而成的滿族，則是半農半獵的騎馬民族。歐陽修的〈明妃曲〉曰：「胡人以鞍馬為家，射獵為俗，泉甘草美無常處，鳥驚獸駭爭馳逐。」此話正可用以概括游牧人、半游牧人的生活方式。

一般而言，當牧區水草豐茂的時候，游牧人是滿足於自己的草原生活的。當然，農耕區的富庶對他們也不無吸引力，他們以畜產品同農耕人交換糧食、茶葉和布帛、鐵器，這種被稱為「茶馬互市」的物質交換活動自古在游牧—農耕界線的長城各關口進行。然而，在草枯水乏之際，飢餓使游牧人躁動起來，他們競相南下劫掠，來如飆風，去若閃電。如果游牧人建立起比較嚴密的社會—軍事組織，產生了具有號召力的領袖，便把短暫的劫掠發展為大規模的征服戰爭，甚至「以弓馬之利取天下」，入主中原，建立起混一遊耕區和農耕區的王朝。公元五世紀鮮卑拓跋部統一黃河流域，即為一例；公元十三世紀蒙古人建立的元朝和十七世紀滿洲人建立的清朝，更是游牧人入主中原的大文章。

　　在槍炮發明和廣泛使用以前的冷兵器時代，由硬弓長矛裝備起來的驍勇騎兵是最有戰鬥力的武裝部隊。而酷烈的氣候，流動畜牧、四海為家的生活方式，使「騎馬民族」自幼養育為善戰的騎士，他們只須掌握鐵兵器的製作，便立即可以變成令農耕人戰慄的武裝力量。

　　為了抵禦游牧人的來襲，華夏─漢人作過各種努力。當他們相對衰弱時，便退守農耕區邊界線；相對強大時，則西出邀擊，或遠征漠北。漢武帝「發十萬騎」遠征匈奴，明成祖「五徵漠北」，便是農耕民族向游牧人主動出擊的實例。然而，游牧人朝發夕至，來去無定，農耕區卻固定難移，為著確立一種退可守、進可攻的態勢，中原農耕人在長達兩千多年的時間裏，歷盡艱辛，耗費巨大財力、物力、人力，修築起萬里長城，創造出世界文明史上的一大奇蹟。一個值得玩味的現象是，明長城的線路走向，幾乎與前述四百毫米等降水線相重合，這恰恰說明，長城是中華文化圈內農耕與游牧這兩大部類文明形態的分界線，是農耕人護衛先進農耕文明，使其不致在游牧人無止境的襲擊中歸於毀滅的防線。

　　農耕與游牧這兩種經濟類型的交互關係，衝突、戰爭只是一個側面，另一個側面是文化互補、民族融合。

　　農耕人與游牧人相往來，常常發生互攝性的交流，而這種交流也大體沿著長城展開，進而向更廣闊的地域延伸。一方面，游牧人雖然整個社會發展水準處在較低層次，但他們也有兩個明顯優勢：其一，孔武善戰，騎射為其絕技；其二，因生活的流動性而富於變化，勇於創新，善於傳播。在整個古代，中原農耕人可以學習游牧人的騎射技術，吸取游牧人從遠方帶來的異域文化，並以粗獷強勁的游牧文化充作農耕文化的復壯劑和補強劑。而游牧人則從農耕人那裏廣為學習先進的生活方式、政治制度乃至改變生活習俗，促使自身的社會形態發生歷史性的飛躍。

在長期的文化衝突與融合中，諸多北方民族消融於以漢族為核心的民族熔爐。唐以後，鮮卑、氐、羯等族名逐漸在史籍中消失。元代以後，契丹、党項這些民族也不再見於史籍。而因被擄掠或流亡入北方少數民族地區的漢人亦發生「胡化」。他們「用胡書」、「為胡語」，最終融合於當地少數民族之中。

二　中原農耕文化與南方山地游耕文化的交融

分佈於南中國熱帶、亞熱帶地域的遊耕經濟與游牧經濟一樣，形成於人類的童年時代。有的學者將此種經濟形態稱為「遊種」[1]。人類學詞典上則稱為「Shifting Cultivation」，亦即「遊移耕作」。遊耕的核心要素是「刀耕火種的農業技術」和「不定居的生活」。編纂於民國年間的《桂平縣志》曾概括南方山地遊耕民族的基本特點說：「其人以耕山為業，遷徙靡恒，略如北方之游牧。」所言即是。

然而，「遊耕不只是刀耕火種的農業技術，也不只是指幾年一遷徙的不定居生活。它是一個從生產力到生產關係、意識形態的綜合性概念，一種社會經濟模式」[2]。

作為一種特定的文化類型，南方山地游耕文化具有不同於中原定居農耕文化的諸多特徵：

第一，在耕作方式上「刀耕火種」。所謂「刀耕火種」，即「耕無犁鋤，率以刀治土，種五穀」，「燔林木使灰入土，土暖而蟲蛇死，以為肥」（李調元《南越筆記》卷7）。

---

1 如民國《藍山縣圖志‧禮俗》卷十四在談到過山瑤的經濟生活方式時說：「凡過山瑤，遷移靡定，以遊種為業，頗近上古游牧之風。」

2 費孝通：《盤村瑤族‧序》。

　　第二，與漢族「安土重遷」的生活方式不同，遊耕民族過著遷徙不定的遊動生活。如海南黎族「遷徙無常，村落聚散無定」。湖南過山瑤「歲時遷徙無定處」（民國《藍山縣圖志・禮俗》）。廣西瑤人「地力漸薄，輒他徙」（《皇清職貢圖》卷4）。廣東等地畬族「其俗易遷徙」（吳震方《嶺志雜記》）

　　第三，由遊耕經濟模式所決定，南方山地少數民族在社會生活的各個方面尚處於不成熟水準。這種不成熟性包括商品交換與手工業生產不發達；種植作物單一；漁業在經濟生活中佔有重要地位；住宅簡陋；保留原始婚俗風習等等。

　　南方遊耕民族在流徙不定的山地遊種生活中多呈散在狀態，和漢族不存在爭奪生存空間的尖銳矛盾。因此，雙方關係不像草原游牧民族與中原農耕民族那樣長期劍拔弩張地對立，爭端不息。歷代王朝對南方少數民族往往是一方面設官治理，羈縻柔遠政策與強硬鎮壓並重；另一方面則積極推行教化。中央政權對南方少數民族的統一管轄，地方官吏推行的教化措施，有力地推動了漢族先進的生產技術與文化在南方山地遊耕民族中廣泛傳播，對於這些民族的文明進步產生了積極影響。

　　移民在促進漢族與南方少數民族的融合中，也發揮了重要作用。如秦開五嶺後，大批移民隨之擁入。南北朝時統治者在對蠻人進行征伐後，採取移居政策，將蠻人或移入京師，或徙以實邊。移民一方面使漢族先進生產方式乃至生活習俗，隨移民傳播於少數民族地區；一方面使內遷的南方少數民族置身於強大的漢文化氛圍中，促使自身的社會形態長足進步。誠然，歷代王朝移民的根本目的是消弭南方少數民族對中央政權的反抗，但其直接結果是加速了漢族與南方少數民族的融合，推動了南方少數民族文明形態的轉化。

　　南方少數民族與漢族的交融同樣是一個雙向過程。一方面是遊耕

民族「漢化」程度日益加深，以至某些支系消泯於漢族之中。如居住在今江蘇、浙江、安徽、江西的山越族，南北朝時，完全與漢族融為一體，從此不再見於記載。另一方面，與南方少數民族雜居的漢人，亦出現「夷化」現象。如南中大姓爨（cuan竄）氏，在南朝時已發展融合為「爨蠻」；遷居於大理洱海地區的漢人則成了白族中的一個重要部分。

三　少數民族的文化貢獻

農耕、遊耕與游牧是中國大地上的基本經濟類型，是中國文化大系統中不斷相互交流的源泉，在中國文化的燦爛與偉大中，包含著各少數民族的傑出貢獻。

經濟生活。中國上古的主要糧食作物為五穀（黍、稷、菽、麥、稻），然而，用麥磨面的糧食加工方法卻是秦漢以後由西域少數民族傳入內地的。以面烤制餅的方法也來自胡人，東漢時人稱烤餅為胡餅。多種瓜果蔬菜與糧食作物均經由少數民族地區傳入內地，如黃瓜（胡瓜）、香菜（胡荽）、洋蔥（胡蒜）、胡蘿蔔、菠菜（波斯菜）、石榴（安石榴）、核桃（胡桃）、葡萄、蠶豆（胡豆）、芝麻等。葡萄酒、烈性酒（燒酒）的釀製技術也來自西域。人們盛夏消暑的最佳食品西瓜，則以契丹為中介，來自居住於色楞格河和鄂爾渾河流域及天山一帶的少數民族——迴紇。

衣著服飾。漢族的衣著最初以絲、麻和毛為原料，織成各種絲織品、麻布、毛褐。漢魏之際，西北新疆的高昌人地區以及雲南哀牢山一帶開始種植棉花，生產棉布。其後，棉花由少數民族地區沿南北兩道傳入內地。元朝以後，棉花已在內地廣泛種植。在紡織技術上，黎族的紡織術遠較內地先進。早在宋代，黎族的黎幕、黎單、鞍褡等織

品已行銷內地。元成宗元貞年間（1295-1296），在崖州生活四十年的松江烏泥涇（今上海縣烏涇鎮）人黃道婆返回故鄉，推廣黎族紡織技術，大大提高了中原地區的傳統紡織技術。

古代漢族的服飾，上衣下裳，長領寬袖，行動頗不方便。春秋時趙武靈王為了提高軍隊戰鬥力，改「博衣大帶」的華夏服式為上衣下的「胡服」。魏晉南北朝時期，胡服成為社會上司空見慣的裝束。人們改造傳統服裝樣式，吸收胡服褊窄緊身和圓領、開衩等特點，最後形成了唐代的「缺袍」、「四衫」等袍服。近代流行的旗袍、馬褂則是從滿族人那兒學來的服裝樣式。

日常起居。漢以前的中原居民，雖然已有匡床（即筐床），但是還沒有桌椅，常常「席地而坐」。漢以後，西域坐具傳入內地。當時出現一種新坐具——「馬劄子」，即兩木相交，中間穿以繩子，可張可合。坐在馬劄子上面，兩腿下垂，漢族人把這種坐法稱為「胡坐」。從少數民族地區還傳來一種類似後來「交椅」的坐具，時人稱為「胡床」。在西域坐具的啟示下，中原居民不斷創新，桌椅板凳相繼出現，憑桌坐椅自此替代「席地而坐」的起居舊俗。

音樂舞蹈。和注重溫柔敦厚品性的漢民族比較起來，少數民族要熱情奔放得多，少數民族的音樂舞蹈因而十分出色。唐時，胡舞龜茲曲風靡長安，「洛陽家家學胡樂」。不少少數民族樂器也傳入內地，沿用至今。如笛是古代羌族人首先發明，管子（篳篥）是古代龜茲（今新疆庫車）人首先發明，手鼓是維吾爾族的樂器，笙最早是壯、苗等族的樂器，另外箜篌、琵琶、銅鈸、嗩吶、胡琴等，都是通過古代新疆各民族傳入中原地區的。

文學。在文化的長期發展過程中，少數民族在文學領域中產生了眾多傑出作品。藏族的《格薩爾》是世界範圍內英雄史詩之冠。蒙古族的長篇史詩《江格爾》也甚為精彩，它們的產生，填補了漢族缺少

英雄史詩的空白。位於嶺西的維吾爾族亦於十五世紀產生長篇韻文巨著《福樂智慧》，該書八十五章，一萬三千九百行。它那優美的詩句，嚴格的韻律，嫻熟的藝術手法，成為中亞以及伊朗高原大多數卓有成效的詩人們的楷模。著名的維吾爾族民間文學《阿凡提的故事》則魅力無窮，永無結尾，其生命力至今不衰。

史學。用蒙文創作的《元朝秘史》、《蒙古源流》、《蒙古黃金史》，並稱為蒙古三大歷史名著。西藏史學家宣奴貝所著《青史》，以編年史體例記錄吐蕃王室傳承的歷史以及喇嘛教派的創建、發展史，此書向被推崇為研究藏史的信史。新疆喀什噶爾人穆罕默德‧海答兒以波斯文著《拉什德史》，為至今保存下來的關於察合臺蒙古僅有的一部歷史著作。清代滿族人圖裏琛出使俄國，歸來後撰成《異域錄》，對沙皇俄國的歷史、內政、外交、民族、宗教、疆域、四鄰等多方面情況都有記載。此書一出，名揚國外，先後譯成法、德、俄、英四國文字。

此外，如藏族的醫學及其經典著作《四部醫典》，藏式宮殿建築與寺廟建築，藏傳佛教以及百科全書式的《藏文大藏經》；壯族的壯錦、銅鼓、劉三姐的山歌；維吾爾族馬赫穆德‧喀什噶爾編纂的《突厥語大辭典》，魯明善撰著的《農桑衣食撮要》以及大型樂章《十二木卡姆》；回族的回回曆法以及回族人李贄、薩都剌、鄭和在哲學、文學以及航海業中的建樹，都是中國文化寶庫中的珍品。正是由於有了農耕人、游牧人和遊耕人歷數千年的彼此交往、相互融合，不斷互攝互補，方匯成今日氣象恢宏的中華文化。

第二節　中國文化與外域文化的交匯

中國文化不僅在內部各族文化的相互融會、相互滲透中得到發

展，而且在與外部世界的接觸中，先後受容了中亞游牧文化、波斯文化、印度佛教文化、阿拉伯文化、歐洲文化。中國文化系統或以外來文化作補充，或以外來文化作復壯劑，使整個機體保持旺盛的生命力。外域文化系統也在與中國文化的廣泛接觸中汲取營養、滋潤自身的肌體。魯迅在談到文學創作的規律時曾說：「因為攝取民間文學或外國文學而起一個新的轉變，這例子是常見於文學史上的。」（《且介亭雜文‧門外文談》）其實，吸取外來成分以使自身獲得新的生機，並不限於文學領域，而是整個文化發展史的通則。

一　中外文化第一次大交匯

梁啟超指出：「中國智識線和外國智識線相接觸，晉唐間的佛學為第一次，明末的曆算便是第二次。」（《中國近三百年學術史》）這兩次中外文化大交匯，都對中國文化的發展起了重要推動作用。

梁氏說中外文化第一次大交匯在晉唐間，這是粗略言之。事實上，這次文化交匯，應當追溯到漢代。如果說，秦以前是中國本土文化起源與發展期，那麼，從漢代開始，便進入本土文化與外來文化的交匯期。所謂外來文化，先是西域（即中亞和西亞）文化，後是南亞次大陸文化。不過，後者對中國文化的影響要深刻得多。

南亞次大陸的佛教文化是漢唐時期輸入中國的外來文化的主體。佛教哲學是一種宗教唯心主義，但其思辨之繁富與巧密超過中國傳統儒學以及魏晉時期流行的玄學。因此，佛學的系統傳入，對中國哲學以至整個中國文化都起了巨大的啟迪作用。當然，中國人對於佛教哲學並非不加改造地照搬，而是在消化佛教哲學的同時，把中國傳統哲學中諸如孟軻、莊周等人的思想融入佛教，使佛學本土化。相繼崛起於隋唐時期的禪宗、天台宗、華嚴宗、淨土宗，便是中國化的佛學宗

派。宋、明時期，新儒學派又從佛學中汲取養料，使之與易、老、莊三玄相糅合。如程顥、程頤宣揚的「理」，即套自佛教的「真如佛性」，不過賦予了更多的封建倫理道德意蘊。朱熹的客觀唯心主義體系也有若干內容採自佛教禪宗和華嚴宗的思辨。傳統儒學與外來佛學相摩相蕩，終於產生了中國封建社會後期的文化正宗——宋明理學，這是文化交流史上創造性轉化的一個範例。這一範例形象地揭示了文化史上的一個普遍規律：文化交流，決非單向的文化移植，而是一個文化綜合創新的過程。在這一過程中，主體文化與客體文化均發生變遷，從中產生出具備雙方文化要素的新的文化組合。在改造了的儒學與改造了的佛學相糅合的基礎上所產生的宋明理學，正是這樣一個新的文化組合。

　　中國文化系統不僅吸收、消化了南亞次大陸的佛教哲學，而且還在再創造的基礎上，又反輸出給其它文化系統。八世紀至十世紀，印度佛教開始衰微，十三世紀回教入侵，印度佛教文化遭到毀滅。然而，正是在七八世紀，佛教在中國長足發展。大量的佛教譯著和論著輸出到東北亞、東南亞。日本曾出版《大正藏》，意在網羅中外所有佛教著作。這部巨型書籍，擁有二萬三千九百多卷，其中大部分為中國學者所譯或所著。這一「輸入─吸收─輸出」的文化流動，顯示出中國文化系統的強勁生命力。

　　唐代的藝術也因吸收佛教文化而更為瑰麗輝煌，誠如魯迅所言：「在唐，可取佛畫的燦爛。」佛教繪畫傳入中國後，隋唐畫匠迅速地從佛畫的絢麗色彩與宗教題材中汲取營養，大大提高了民族繪畫的技巧與表現力。著名畫家吳道子專事宗教壁畫，流瀉其筆端的繪畫卻洋溢著深厚的民族風格，他的《天王送子圖》中的淨飯王和摩耶夫人，是中國民族繪畫中常見的貴族階層的人物形象。閻立本、李思訓等畫家吸收佛畫中用金銀加強色彩效果的手法，創金碧山水畫，以「滿壁

風動」、「燦爛求備」的氣派，來表現唐代的豐功偉業和時代精神。魏晉六朝——隋唐的雕塑壁畫，也在吸收佛教文化的基礎上，力加創新，取得輝煌成就。中國著名的雲岡、敦煌、麥積山等石窟藝術，都有印度藝術的影響。在藝術家的改造下，佛的森嚴、菩薩的溫和與嫵媚，迦葉的含蓄，阿難的瀟灑，天王力士的雄健和威力，都充滿著青春的活力，達到了前所未有的成熟與完善。其它文化領域也在吸收——創新的道路上有新的進展。唐代藥王孫思邈的《千金方》載有印度藥方；隋唐樂壇流行「天竺樂」；寶塔是中國古代建築形式之一，而塔的名稱和形制都來自印度。唐時寺院的「俗講」極為盛行，但內容已不是佛教教義，也不是六朝名士的「空」、「有」等玄虛思辨，而是世俗生活、民間傳說和歷史故事，成為宋人平話和市民文藝的先聲。總之，在中國藝術家的改造下，佛教藝術中的宗教色彩被洗滌，而其從形式到內容上的精華，則匯入雄健奔放、生機勃勃的隋唐文化大潮之中，成為中國文化的有機成分。

　　隋、唐、五代不僅有佛教的流行和中國化，而且回教、景致、襖教、摩尼教也相繼傳入。如提倡互助、主張明暗相爭的摩尼教，頗易為下層民眾所接受，故雖屢受官方嚴禁，但仍播行於民間，每每成為農民用以組織起義的鬥爭工具。北宋方臘起義，便以摩尼教組織發動群眾。元末紅巾軍起義，亦從教、摩尼教中汲取思想資料。此外，中亞、西亞的科技知識也豐富了中國科技寶庫。如唐時波斯人李所著《海藥本草》傳入中國，大秦（東羅馬）「醫眼及痢，或未病先見」的醫術也為當時醫學界所吸收。隋時地理學家裴矩廣泛搜集西域境內及中亞、西亞各國的資料，在中外地理學相結合的基礎上丹青摹寫，撰成《西域圖紀》。

　　漢唐時期，是中國文化興隆昌盛的黃金時期。而這一盛況的出現，重要原因之一，乃是由於大規模的文化輸入使中國文化系統處於

一種「坐集千古之智」、「人耕我獲」的佳境，在此氛圍中，中國文化系統根據本民族特色，對外來文化選擇取捨，加工改制，收到了「以石攻玉」之效。魯迅對此曾給予高度評價。他說：「那時我們的祖先對於自己的文化抱有極堅強的根據，決不輕易動搖他們的自信心，同時對於別係文化抱有極寬闊的胸襟與極精嚴的抉擇，決不輕易地崇拜或輕易唾棄。」唐人的這種宏大氣魄和勇於探求的精神，在當時世界上是無與倫比的。尤為值得注意的是，漢唐時期，儘管中國文化系統吸收了大量外來文化，但是，中國文化卻沒有成為「四不像」，仍然是堂堂正正的中華民族文化，這種穩定性，也是中國文化的特色之一。

二　中外文化第二次大交匯

中國文化與外域文化的第二次大交匯，開端於明朝萬曆年間，即十六世紀末葉。這次文化大交匯已延綿四個世紀，至今仍在繼續進行中。中外文化十六世紀至二十世紀的這次大融會，既不同於兩漢時期對落後於本土文化的西域草原文化的吸收，也不同於魏晉唐宋時期對與本土文化水準不相上下的南亞次大陸文化的借鑒，這一次中國人面對的是水準超過自己的歐洲（後來還有美國、日本）文化。正如馮友蘭所說：「中國民族，從出世以來，轟轟烈烈，從未遇見敵手。現在他忽逢勁敵，對於他自己的前途，很無把握。所以急於把他自己既往的成績，及他的敵人的既往的成績，比較一下。」[3] 東西文化的強烈反差對中國社會和中國文化系統造成的震撼，其程度大大超過以往。

耶穌會士來華，始於明代萬曆年間，這些肩負羅馬教廷向東方實行宗教殖民使命的教士，為了叩開封閉的「遠東的偉大帝國」的大

3　馮友蘭：《三松堂學術文集》（北京市：北京大學出版社，1984年），頁44。

門，「不使中國人感覺外國人有侵略遠東的異志」，確立了「學術傳教」的方針，即通過介紹西洋科學、哲學、藝術，引起士大夫的注意和敬重，以此擴大耶穌會的影響。「使中國學術界坦然接受，而認識基多（基督）聖化的價值」[4]。耶穌會士來華，固然意在傳教，卻帶來了範圍遠比宗教廣泛的歐洲文化，客觀上促進了中國科學文化的交流，成為當時「兩大文明之間文化聯繫的最高範例」[5]。

　　明清之際耶穌會士傳入中國的西方文化，包括歐洲的古典哲學、邏輯學、美術、音樂以及自然科學等，而後者又是最主要的部分。這些西洋學術都是值得中國認真採納的新鮮學問：歐氏幾何及其演繹推論對中國思想界來說是一種嶄新的思維方式；世界輿圖使中國人擴大了視野，獲得了新的世界概念；火器的使用、望遠鏡等儀器的介紹和應用都具有重要意義。對此，徐光啟、李之藻、方以智等明代文化界的先進人士，有較為清晰的認識。徐光啟在著述中多次談到，傳教士帶來的西方科學技術，「多所未聞」，從學習和鑽研中，感到一種「得所未有」的「心悅意滿」。在駁斥反對派的詰難時，他更鮮明地指出，如果外來文化「苟利於中國，遠近何論焉」（《徐光啟集・辯學章疏》）。又如李之藻說，利瑪竇等傳教士帶來的物理、幾何等科學，「有中國累世發明未晰者」，「藻不敏，願從君子砥焉」。方以智在《考古通論》中指出，西洋學術能「補開闢所未有」。這種對外域學術的開明態度以及溢於言表的愛國精神，反映了中國早期啟蒙學者寬闊的襟懷。

　　承認西洋學術有高妙之處，並非「心醉西風」，對外來文化盲目崇拜。徐光啟等科學家努力將中國傳統文化與西方先進文化加以「會

4　裴化行：《利瑪竇司鐸與當代中國社會》，冊1，頁249。
5　李約瑟：《中國科學技術史》（北京市：科學出版社，1990年），卷4，第2分冊，頁698。

通」，企望充分發展輸入知識的效益，經過他們的努力，晚明的數學與天文學等面目為之一新。

　　一六四四年，明亡清興。初入關的滿洲貴族統治集團，對於西方科學技術並無民族和國籍的徧見。多爾袞和順治帝不以承認中國曆法不如西法為恥，他們拋棄「但以遠人，多忌成功」的徧狹心理，而主張吸收西方科學技術，「補數千年之缺略」。康熙帝更是引進西學的傑出人物。他通過南懷仁致信西方耶穌會士：「凡擅長天文學、光學、靜力學、動力學等物質科學之耶穌會士，中國無不歡迎。」一六七七年康熙又專命白晉為「欽差」，赴法爭取招聘更多的科學家和攜帶更多的科學書籍來華。他還特召傳教士進宮廷，為他講授幾何、測量、代數、天文、物理、樂理以及解剖學知識，無日間斷。在康熙帝的主持下，梅瑴成、明安圖等數學家主持編修了《數理精蘊》，該書將明末清初傳入中國的各種數學知識，加以系統編排，又將當時有傳本的中算典籍收集入內，對西方科學技術的推廣起了重要促進作用。當然，康熙帝優容西學是有限度的，清初中西科學交流，也僅局限在宮廷內進行。

　　到了十八世紀，由於封建生產方式趨於沒落，統治集團中銳意進取、樂於吸收外來文化的精神亦隨之衰滅，代之而起的是抱殘守缺、夜郎自大、固步自封。如乾隆帝在給英王的敕書中聲稱天朝「無所不有」，「從不貴奇妙」。乾隆時代的著名學者俞正燮荒謬地認為，西方科學技術不過是「鬼工」而已，把「翻夷書，刺夷情」說成是「坐以通番」。抗拒外來文化，「但肯受害，不肯受益」的自我封閉心理，使「西學東漸」的進程在雍正以後戛然中止，大清帝國只能在與外界隔絕的狀態中維繫生存。十九世紀中葉以後，西方列強的堅船利炮打破了清帝國緊閉的大門，中國社會及其文化系統迅即發生解體，此後歐洲近代文化與中國文化的交匯具有強制的性質，其規模與速度都大大超過明清之際。

　　陳獨秀在〈吾人最後之覺悟〉這篇著名論文中曾將四個世紀以來中國吸收歐洲文化的歷史分為七期，從這七期可以看到「西學東漸」的大致脈絡，也可以看到中國文化系統從中世紀走向近現代的曲折歷程。這七期是：

　　第一期在有明之中葉，西教西器初入中國，知之者乃極少數之人，亦復驚為「河漢」，信之者為徐光啟一人而已。

　　第二期在清之初世，火器曆法，見納於清帝，朝野舊儒，群起非之，是為中國新舊相爭之始。

　　第三期在清之中世。鴉片戰爭以還，西洋武力，震驚中土，情見勢絀，互市局成，曾、李當國，相繼提倡西洋制械練兵之術，於是洋務、西學之名詞發現於朝野。當時所爭者，在朝則為鐵路非鐵路問題，在野則為地圓地動、地非圓不動問題。……

　　第四期在清之末季。甲午之役，軍破國削，舉國上中社會，大夢初覺，稍有知識者，多承認富強之策，雖聖人所不廢。康、梁諸人，乘時進以變法之說，聳動國人，守舊黨泥之，遂有戊戌之變。沉夢復酣，暗雲滿布，守舊之見，趨於極端，遂積成庚子之役。雖國幾不國，而舊勢力頓失憑依，新思想漸拓領土，遂由行政制度問題一折而入政治根本問題。

　　第五期在民國初元。甲午以還，新舊之所爭論，康、梁之所提倡，皆不越行政制度良否問題之範圍，而於政治根本問題去之尚遠。當世所說為新奇者，其實至為膚淺；頑固黨當國，並此膚淺者而亦抑之，遂激動一部分優秀國民漸生政治根本問題之覺悟，進而為民主共和、君主立憲之討論。辛亥之役，共和告成，昔日仇視新政之君臣，欲求高坐廟堂從容變法而不可得矣。

第六期則今茲之戰役也。三年以來，吾人於共和國體之下，備
受專制政治之痛苦。自經此次之實驗，國中賢者，寶愛共和之
心，因此勃發；厭棄專制之心，因以明確。

……然自今以往，共和國體果能鞏固無虞乎彞立憲政治能施行
無阻乎彞以予觀之，此等政治根本解決問題，猶待吾人最後之
覺悟。此謂之第七期民國憲法實行時代。[6]

　　陳獨秀這番話雖有不夠確切之處，但也大體勾勒出中國人採納西
方文化的基本線索——首先接受的是「火器曆法」，隨之是「制械練
兵之術」，進而是「西政」：從君主立憲到民主共和國思想。陳獨秀認
識到，學習西方，只限於「聲、光、化、電、營陣、軍械」之類技藝
固然不夠，停留在行政制度的改良也無補於大計，還必須有「政治根
本問題之覺悟」，尤其是「多數人之覺悟」，其中包括政治的覺悟和倫
理的覺悟，這才是「吾人最後覺悟之最後覺悟」[7]。在這裏，陳氏已
接近於提出這樣一個思想：要使封建主義的、處處被動挨打的中國走
向現代化，自立於世界民族之林，必須全面改造中國社會及其文化，
從生產方式、技術手段到政治制度，以至於思想文化體系的最深層次。

三　走向世界的中國文化

　　中國文化一方面吸收外來文化的精華以滋補本民族的文化血脈，
另一方面，在與外民族文化系統的交流中，也傳遞出其獨有的「智慧
之光」，對人類文明的發展做出了自己的貢獻。

6　陳獨秀：〈吾人最後之覺悟〉，《青年雜誌》第1卷第6號（1916年2月15日）。

7　陳獨秀：〈吾人最後之覺悟〉，《青年雜誌》第1卷第6號（1916年2月15日）。

　　梁啟超曾分中國史為「中國之中國」、「亞洲之中國」、「世界之中國」三階段，而以秦統一至清乾隆末年為「亞洲之中國」時期。從秦至清約二千年間，中國是亞洲歷史舞臺的主角，中國文明如同水向低處奔流，氣體由濃聚點向稀釋區擴散，強烈地影響著亞洲國家，日本、朝鮮和後來獨立的越南，均以中國為文化母國，大規模地受容中國文化。

　　中國和日本是一衣帶水的鄰邦，兩國之間的交往由來已久。四世紀中葉，大和政權統一日本。公元六百年，日本派出第一次遣隋使，新興、強大的隋帝國給日本使節留下了深刻印象。七世紀初，聖德太子仿傚中國制度，以儒家思想為指導，推行了「推古朝改革」。革新初見成效，使日本國統治者更堅定了移植中國文化的信心。唐帝國建立後，政制的完備、軍事的強盛、文化的發達都呈現出罕有的壯觀，日本國統治者對唐文化敬慕萬分，公元六二三年，自唐回國的留學僧惠齊、惠光等人上奏朝廷云：「大唐國者，法式備定，珍國也，常須達。」（《日本書紀》，推古天皇三十一年條）朝廷接受了這一建議。六三〇年，日本派出第一批遣唐使，在此後二百多年中，日本共任命遣唐使十八次。在返日的留唐學生的策動下，公元六四五年，日本發生著名的大化革新。正如明治維新以「西洋化」為最高理想一樣，大化革新是以「中華化」亦即唐化為最高理想。新政所推行的班田制與租庸調製以及中央集權的政治制度，都是以唐制為藍本。七一八年，元正天皇制定了《養老律令》，律令規定的官制、兵制、田制、稅制、學制等幾乎都是唐制的翻版。日本學者木宮泰彥在《中日交通史》中指出：「日本中古之制度，人皆以為多繫日本自制，然一檢唐史，則知多模仿唐制也。」公元七〇一年，日本國皇都遷移到奈良，奈良的建造，完全模仿唐長安城樣式。在奈良朝約八十年間，遣唐使達於全盛。使團組織龐大，團員常多達五六百人。使團中除大使、副

使外，包括留學生、留學僧和各種技術人才，他們「虛至實歸」，以空前的規模和速度將盛唐文化引入日本。日本的律令大體上採用唐律，只不過根據日本國情稍加斟酌損益。日本各級學校以儒家經典為教科書，祭祀孔子的釋奠之禮也越來越隆重。日本佛教以中國為母國，唐有什麼佛教宗派，日本佛教便有相應的宗派。東渡日本的鑒真和尚被稱為「日本律宗太祖」、「日本文化的恩人」。日本曆法沿用唐曆，唐朝制訂的新歷，日本原封不動地加以採用。日本社會各階層也深受唐文化浸染，他們吟哦唐詩，雅好唐樂，發展「唐繪」（即中國風格的繪畫），行唐禮（「不論男女，一準唐禮」），服唐服（「其婦女則下至侍婢，裳非齊紈不服，衣非越綾不裁」），食唐式點心（「唐果子」），用唐式餐具（「具物用漢法」）。中國文化的大規模輸入，有力地推動了日本文明的長足進步。

中國與朝鮮半島的文化交往亦溯源久遠。還在古朝鮮時期（前5世紀-前1世紀中葉），儒學與漢字便輸入朝鮮。三國（高句麗、百濟、新羅）時期（前1世紀中葉-7世紀中葉），朝鮮三國從不同管道大規模吸納中國文化：高句麗從陸路傳入儒教，以漢儒的典章制度為重點；百濟從海路傳入中國南方文化，吸收了六朝的多樣性學術思想；新羅則是經過高句麗、百濟間接地吸收中國文化。

迨至唐代，高句麗、百濟、新羅積極向唐遣送留學生，入國學學習中國文化。新羅統一朝鮮後，更以唐制為立國軌範。中央仿唐尚書省設執事省，綜理國政，下設位和府（掌人事）、倉郡（掌租稅）、禮部（掌教育樂禮）、兵部（掌兵馬）、左右理方府（掌律令）、例作府（掌工事），一如唐尚書省的六部。此外，又仿唐的內侍省置內省，仿唐的御史臺置司正府。在學制上，新羅亦仿唐置國學，設儒學科和技術科。公元七四七年（景德王六年），國學改為大學監。大學設博士助教若干人，講授儒學和算學。儒學以《論語》、《孝經》為必修，

《周易》、《尚書》、《毛詩》、《禮記》、《春秋左傳》和《文選》為選修。算學以中國《綴學》、《三開》、《九章》、《六章》為教材。公元八四○年（開成五年），新羅留學生和其它人員學成回國的一次就有一○五人。這些「登唐科、語唐音」的留學生回國後，廣為傳播儒學文化，誠如唐人皇甫冉詩詠：「還將大戴禮，方外授諸生。」唐玄宗曾賜新羅王詩：「衣冠知奉禮，忠信識尊儒。」可見儒家思想對新羅文化有較深入的浸潤。新羅民俗也廣為沾漑中華文化風采。真德女王時，採用中國章服之制，「自此以後，衣冠同於中國」（《三國史記》卷23，《雜誌》第2）。此外，新羅的姓氏制度與民間節日，都具有濃重的中國文化痕跡。新羅時期的佛教，更在中國佛教的直接影響下展開。

公元八世紀前後東亞國家對中國文化的大規模移植與受容，將東亞國家與中國在語言文字（漢字）、思想意識（儒教、佛教）、社會組織（律令制度）、物質文明（科學技術）上聯成一氣，形成一個在地理上以中國本土為中心，在文化上以中國文化為軸心的文化圈。十九世紀西方資本主義勢力進入東亞地區以後，這一文化圈被西方的強大影響和東亞世界政治、經濟發展的不平衡所打破，但其文化軌跡卻長期存在，至今不滅。

強盛、深厚的中國文化不僅深刻影響和改變了東亞世界的文化格局，而且以強大的輻射力影響著世界文明的進程。

指南針、造紙術、火藥和活字印刷是中華民族奉獻給世界並改變了整個人類歷史進程的偉大技術成果。馬克思精闢地論述道：「火藥、羅盤、印刷術──這是預兆資產階級社會到來的三項偉大發明。火藥把騎士階層炸得粉碎，羅盤打開了世界市場並建立了殖民地，而印刷術卻變成新教工具，並且一般地說變成科學復興手段，變成創造

精神發展的必要前提的最強大的推動力。」[8]遺憾的是，在古代中國，由於封建經濟發展的停滯，傳統文化觀念的束縛，舉世聞名的四大發明未能在本土產生革命性的社會效應，而是如法國作家雨果所說：「停滯在胚胎狀態，無聲無息。」[9]這不能不是一個悲劇。

中國科技對世界文化的影響是多方面的：

中國煉丹術傳入阿拉伯，直接推動了阿拉伯煉丹術的生長，阿拉伯煉丹術又影響了歐洲煉丹術，而現代化學便是在歐洲中世紀煉丹術的基礎上發展起來的。西方學者高度評價中國煉丹術的世界意義：「中國煉丹術的基本思想，經印度、波斯、阿拉伯和伊斯蘭教西班牙向西推進的結果，傳遍了整個歐洲。葛洪的理論和方法，甚至他所用的術語，在他以後的幾個世紀中，普遍地被這些國家的煉丹家所採用。……如果我們承認煉丹術是近代化學的先驅，那麼中國煉丹術原有的理論，便可看做製藥化學最早的規範。」

在與印度的文化交流中，最早在中國創立的十進位記數法直接推動印度數學產生了位值制數碼（即現代通用的印度—阿拉伯數碼的前身）。著名科學史家李約瑟明確肯定了這一點。[10]

精美的中國瓷器在世界上擁有極高聲譽。十五世紀後半期，中國製瓷技術傳到意大利威尼斯，為歐洲造瓷歷史開闢了一個新紀元，其影響播及至今。歐洲學者喬治·薩維奇在一九七七年版《英國大百科全書》中指出：「陶瓷在全世界，再沒有像在中國那樣，具有如此重大的意義，而中國瓷器對於歐洲後期的陶瓷的影響至今還是很深的。」美國學者德克·海德也說：「雖然從此以後在歐洲和其它地方

8　馬克思：〈機器·自然力和科學的應用〉，見《自然科學爭鳴雜誌》1972年第4期，頁16。

9　雨果：《怪面人》（北京市：人民文學出版社，1979年），頁35。

10　參見李約瑟：《中國科學技術史》（北京市：科學出版社，1990年），卷3，頁322-333。

生產了大量的瓷器，但是，在瓷器之鄉以外的地方，還從來沒有過什麼工藝品可以跟中國陶瓷工最出色的製品相媲美。」[11]正因為如此，中國在英語中被稱為「China」（「China」在英語中又是瓷器、陶瓷的意思。）

　　中國文化在走向世界的過程中，其獨具魅力的東方意識對歐洲也產生了一定的影響。

　　中國文學在國外影響比較廣泛。《三國演義》、《西遊記》、《水滸傳》、《紅樓夢》、《聊齋誌異》、《金瓶梅》被譯成多種文字，並獲得外國學者的高度評價。德國文豪歌德在談到中國文學時說：「當中國人已擁有小說的時候，我們的祖先還正在樹林裏生活呢！」黑格爾則認為：中國詩詞可以「比較歐羅巴文學裏最好的傑作」。

　　中國神秘而又多彩的藝術，曾使一些西方哲人和藝術家為之傾倒。十八世紀歐洲啟蒙大師伏爾泰把東方稱為「一切藝術的搖籃」，並認為「西方的一切都應該歸功於它」。十九世紀法國作家巴爾扎克認為：「中國藝術有一種無邊無涯的富饒性。」十七世紀末到十八世紀末的一百年間，歐洲風靡羅科科風格，而羅科科風格的核心便是崇尚、追求包括絲綢、瓷器、漆器、園藝、建築在內的中國藝術情調。

　　中國的哲學亦在十七至十八世紀的歐洲產生了比較深刻的影響。

　　德國古典哲學的先驅萊布尼茨是第一個認識到中國文化對於西方發展具有重要意義的哲學家。他在為《中國近事》所寫的導論中說：「我們從前誰也不信世界上還有比我們的倫理更美滿，立身處世之道更進步的民族存在，現在從東方的中國，給我們以一大覺醒！」他的這一論斷開啟了以後啟蒙思想家藉重中國文明鞭笞歐洲舊傳統之先

11　〈中國物品西傳考〉，轉引自《中國文化》（上海市：復旦大學出版社，1985年），第2輯，頁357。

河。萊布尼茨又比較中西文化說：「歐洲文化之特長乃數學的、思辨的科學……但在實踐哲學方面，歐洲人實不如中國人。」因此，他極力主張進一步擴大中西文化的相互交流。對於那些非議中國哲學的言論，他大聲反駁道：「我們這些後來者，剛剛脫離野蠻狀態就想譴責一種古老的學說，理由是因為這種學說似乎首先和我們普通的經院哲學不相符合，這真是狂妄之極！」[12]

萊布尼茨對二進位算術的研究，曾從中國古代《易經》中得到重大啟示。一七〇一年，法國傳教士白晉在給他的信中附寄了兩張易圖，即《伏羲六十四卦次序圖》和《伏羲六十四卦方位圖》。萊布尼茨接獲圖表，詳加研究，認為八卦的排列，是人類史上第一次提出了數學上「二進位」思想，是個了不起的貢獻。「這新方法能給一切數學以一道新的光明」。一七〇三年，萊布尼茨在《皇家科學院科學論文集》中發表了題為〈二進位計算的闡述〉的論文，並將二進位擴展到加減乘除四個方面。沒有二進位法的引入，就不可能出現現代數理邏輯和電腦科學，而「萊布尼茨成為符號邏輯或數理邏輯的前輩，對其觀念的刺激，公認來自中國特殊的表意符號的性質」[13]。

隨著資本主義生產關係在歐洲佔據統治地位，發生於英國，繼起於德國，並在法國得到最典型表現的啟蒙運動更為廣泛地展開。啟蒙運動本身的發展，需要以它的先驅者所留傳的思想資料作為出發點。然而，歐洲中世紀的思想傳統由於和宗教神學有千絲萬縷的聯繫，無法充分滿足啟蒙思想發展的需要。在這種情況下，來自東方的中國古代文明，就成為啟蒙思想家汲取精神力量的一個重要來源，成為伏爾泰等人筆下藉以鞭撻舊歐洲的「巨杖」。

---

12 萊布尼茨：〈致德雷蒙先生的信：論中國哲學〉，載《中國哲學史研究》1981年第3、4期。

13 李約瑟：《中國科學技術史》（北京市：科學出版社，1990年），卷2，頁497。

　　首先，熱烈追求理性與智慧的啟蒙思想家注意到中國哲學宗教色彩淡薄，而以「認識道的各種形式為最高的學術」[14]。他們對此大加推崇。法國伏爾泰的政治理想，是希望在清除現存的基於迷信的「神示宗教」之後，建立一個崇尚理性、自然和道德的新的「理性宗教」。而在他的心目中，中國儒教乃是這種「理性宗教」的楷模。他在這個時期創作的哲理小說《查第格》中說，中國的「理」或所謂的「犬」，既是「萬物的本源」，也是中國「立國古老」和文明「完美」的原因。他稱中國人「是在所有的人中最有理性的人」[15]。他推崇孔丘，稱讚他「全然不以先知自詡，絕不認為自己受神的啟示，他根本不傳播新的宗教，不求助於魔力」[16]。狄德羅《百科全書》中關於「中國」的介紹，也認為中國哲學的基本概念是「理性」。他特別稱讚中國的儒教，說它「只需以『理性』或『真理』就可以治國平天下」。

　　在德國，以「哲學的宗教」來代替神學宗教的思潮，也受到中國哲學的影響。黑格爾雖然對中國哲學十分輕視，但他也認為「中國人承認的基本原則為理性」。

　　在英國，有的啟蒙學者也常常引用「中國人的議論」來批駁《聖經》。例如十八世紀早期的自然神論者馬修・廷德爾在《自創世以來就有的基督教》中，把孔丘與耶穌、聖保羅相提並論，並比較他們的言行，從中得到「中國孔子的話，比較合理」的結論。英國著名哲學家休謨曾說：「孔子的門徒，是天地間最純正的自然神論的學徒。」因此，中國哲學可以作為英國自然神論者的思想資料。

14　黑格爾：《歷史哲學》（北京市：三聯書店，1956年），頁178。

15　《伏爾泰小說選》（北京市：人民出版社，1980年），頁31-33。

16　黑格爾：《歷史哲學》（北京市：三聯書店，1956年）。

　　中國文化的倫理型傾向也引起歐洲某些思想家的注意，他們認為，「倫理與政治是相互關聯的，二者不可分離」。而在世界上，「把政治和倫理道德緊緊相連的國家只有中國」。直到法國大革命，中國哲學中的德治主義還對雅各賓黨人發生影響，羅伯斯庇爾起草的一七九三年《人權和公民權宣言》的第六條說：「自由是屬於所有的人做一切不損害他人權利的事的權利，其原則是自然，其規則為正義，其保障為法律，其道德界限則在下述格言之中：『己所不欲，勿施於人。』」

　　中國哲學對歐洲思想家的影響是經過他們自己的咀嚼和消化才發生作用的，他們所理想表述的中國文化，帶有明顯的理想化色彩。但是，中國哲學對於十八世紀歐洲啟蒙運動思想體系的完善確乎發生了不可忽視的作用。法國學者戴密微在《中國和歐洲最早在哲學方面的交流》一書中高度評價這一東方哲學流向西方的現象。他認為：「從十六世紀開始，歐洲就開始了文藝批評運動，而發現中國一舉又大大推動了這一運動的蓬勃的發展。」

　　中國哲學對於歐洲的影響並不局限於十八世紀，此後雖有各種不同的變化，但從十九世紀中葉開始，歐洲的一些學者又加速了同中國的文學、藝術、哲學交融的進程。第一次世界大戰後出現的歐洲文化危機，使不少知識分子再次把目光轉向東方，希望在東方文化，尤其是中國哲學、文學中找到克服歐洲文化危機的辦法。德國馳名全球的社會哲學戲劇家布萊希特，便專注於對中國古代哲學的研究。墨翟的「非攻」、「兼愛」等思想，老莊修身治國的哲學理論以及「柔弱勝剛強」的學說，均為布萊希特所特別關注。中國哲學不僅給布萊希特與德國表現主義戲劇家的哲學論爭提供了有力的論據，而且大大開拓了他的哲學眼界，推進了其哲學思想的深度和廣度，使他從一個歐洲學者變成了一個世界性的文化巨人。

　　中國傳統哲學在十九世紀的俄國也頗有影響。俄國文豪托爾斯泰對中國哲學便極感興趣，他研究過孔丘、墨翟、孟軻等中國古代哲學家的學說，而對老聃著作的學習和研究一直持續到暮年。他曾說：「我被中國聖賢極大地吸引住了……這些書給了我合乎道德的教益。」他認為，孔子和孟子對他的影響是「大的」，而老子的影響則是「巨大的」。托爾斯泰主義的核心──「勿以暴力抗惡」──在很大程度上受到老聃「無為」思想的啟迪。

　　在今天工業發達的西方世界，中國傳統文化對人們的吸引力非但未減弱而且日益增強。當東方的人們為西方科學技術的大量湧入而目不暇接之時，西方的一些思想家，則痛感西方工業社會弊病叢生，好像終日被一種無限的荒漠感所包圍，不知何處是邊際，何處是歸宿，看不透，沖不破，走不出。他們又一次把目光投向東方，企望到中國傳統文化中去尋找人生的意義和真諦，尋覓來自內心、來自精神世界的幸福，從而形成當今值得注意的一種文化動向。

參考文獻

費孝通　中華民族多元一體格局　北京市　中央民族學院出版社
　　　　1989年

田繼周　少數民族與中華文化　上海市　上海人民出版社　1996年

沈福偉　中西文化交流史　上海市　上海人民出版社　1996年

〔法〕艾田浦著，許鈞等譯　中國之歐洲　河南　河南人民出版社
　　　　1994年

武　斌　中華文化在海外的傳播　遼寧　遼寧教育出版社　1993年

思考題

1 文化交流與文化融合在中華文化的形成和壯大中起了什麼作用？
2 試析「西學東漸」和「東學西漸」的文化功能。

中編

第六章
中國語言文字

　　只有人類有真正的語言，語言文字是人類文化的重要特徵。語言文字既是人類文化的載體，同時又是人類文化的重要組成部分。漢語漢字與中國文化有著極為密切的關係，它們對中國文化的傳承、發展和傳播做出了重要貢獻，要想對中國文化有較全面的認識，就不能不瞭解漢語漢字的歷史、特點及其文化功能。

第一節　漢語的歷史與特點

一　漢語的歷史

　　自古以來，中國就是一個多民族、多語種的國家。漢語是跨民族、跨地區的國家通用語。

　　漢語有悠久的歷史。語言是隨著時代的發展而演變的，語言的各種要素——詞彙、語音、語法——在不同的歷史時期都有不同程度的變化。在語言的三要素中，語法的變化最慢，其次是語音，變化最快的是詞彙。經過一個相當時期的漸變，語言的總體即會產生較大的、階段性的演進。下邊我們從詞彙、語音、語法三個方面分別來看漢語發展歷史的概況。

　　漢語詞彙發展與其它語言一樣，是積纍式的。新詞不斷產生，少部分舊詞消失，隨著社會不斷發展，新事物不斷產生，各個歷史時期都在產生新詞，因此，總的詞彙量逐漸積纍增多。據郭寶均《中國青

銅器時代》統計，甲骨文中表達衣、食、住的字只有十五個，金文中累積到七十一個，漢代《說文解字》中增加到二百九十七個，幾乎是甲骨文的二十倍。字的增多在一定程度上說明了詞的增多。越是社會變革時期，詞彙積纍的速度越高，比如，中國在先秦百家爭鳴時期，近代城市文化發展時期，現代民主革命和社會主義革命時期，以及當代改革開放、社會轉型時期等等，都是詞彙積纍的高峰期。語言接觸也是漢語詞彙豐富的一個重要途徑。漢語不斷吸收外來詞豐富自己的詞彙。漢語遠在漢代就吸收了不少外來詞，例如「駱駝」、「琵琶」來自匈奴，「葡萄」、「苜蓿」來自西域，「和尚」、「袈裟」、「菩薩」來自梵語，二十世紀以來吸收的外來詞較以往任何時期都更多，如「吉他」、「幽默」、「法蘭絨」、「歇斯底里」等等。舊詞的消亡，有一些是反映了舊事物的消亡，如「耒」、「衰」、「司馬」等；有一些詞不再使用了，並不是因為這些詞表示的事物或概念不存在了，而是由於人們思維的發展及社會生活的變化，淘汰了那些概括性太差的詞，而代之以短語。今天稱「三齡馬」、「駣」，今天稱「淺黑色的馬」。當牧業發達時，需要並產生了「駣」、「驈」等單音詞，進入到農業社會以後，這些詞就不再需要了，當人們需要表達這些事物或概念時，可以用短語。雖然詞彙系統在不斷變化，但歷史上的基本詞彙卻保存至今，如「走」、「肉」、「魚」、「三」、「多」、「新」等都是有千百年歷史的基本詞彙，它們的穩固性使新詞的出現有了堅實的基礎。

漢語詞彙在語音形式上的發展規律是由以單派生為主，逐漸變為以雙音合成為主。古漢語裏，單音詞居多，現代漢語的單音詞基本是歷史上單音詞的傳承；復音詞則是歷史上存留的單音語素凝結而成。有些是原來的一部分單音詞向雙音詞靠攏，如「月—月亮」、「石—石頭」、「田—田畝」、「天—天空」等等；有些是把兩個意義相關的單音節合起來，如「禽獸」、「皮膚」、「道路」；有些是把多音節片語或詞

省減為雙音節，如「落花生－花生」、「彩色電視機－彩電」。現代漢語復音詞（兩個音節或兩個音節以上的詞）居多，其中占絕大多數的是雙音詞。雙音合成詞在先秦時期已經出現，例如「夭折」、「丘陵」、「君子」、「諸侯」等，漢唐以至現在，雙音合成詞一直在持續增長。漢語中還有一種連綿詞，例如「徘徊」、「猶豫」、「淋漓」、「窈窕」等，這些雙音詞或雙聲，或疊韻，帶有音樂美，一般用來描寫各種情狀，詩詞和韻文中更為常見，帶有濃厚的漢語特色。

　　漢語語音的變化在不同的方言區表現是不同的，這裏只介紹古今標準語（主流方言）的語音演變。漢語語音由聲母、韻母和聲調三方面組成。聲母方面，最主要的變化是濁音清化。發音時聲帶顫動的是濁音，聲帶不顫動的是清音，唐宋以前的濁音聲母到元代變成了清音。韻母方面，最主要的變化是入聲韻尾的消失。古代入聲有〔-p〕、〔-t〕、〔-k〕三種韻尾，今天的閩語、粵語方言還保留著這三種入聲韻尾。在北京話裏，韻尾逐漸脫落，大約到元代時，入聲韻尾已經徹底消失了。聲調方面，學者們對先秦時代的聲調有不同的看法，有人認為有四聲，只是與後來的四聲不同；有人認為只有平上入三聲，而無去聲，也有人認為只有平入兩聲。齊梁間有了平上去入四聲的運用。普通話的調類，即陰陽上去四聲，在元代已經形成。

　　漢語聲母、韻母系統發展的主要趨勢是經過一段繁化豐富時期後，逐步簡化。據音韻學家的研究，聲母在先秦兩漢時期有三十三個，隋唐時期三十三個，宋代二十一個，元代二十五個，明代二十一個，現代漢語普通話有聲母二十一個。韻母系統的發展，據兼綜南北古今之音的韻書以及古人用韻情況，韻母在先秦時期有一百五十一個，隋唐時期一百一十三個，宋代一百〇七個，元代四十八個，明清時期四十個，現代普通話中，韻母只有三十九個。

　　漢語語音的變化是有系統性的。一方面，聲韻調的變化互相影

響、互相制約，例如聲母的變化常常是由於韻母的不同，韻母的變化常常是因為聲母發音部位的不同。另一方面，語音的變化往往是整個系統中符合某一個條件的一律發生變化，例如原來的 -m 韻尾在北京話中全部變成了 -n 韻尾，沒有例外，如「甘」由 gam 變成了 gan，「三」由 sam 變成了 san，「念」由 niem 變成了 nian 等等。

　　語法具有很大的穩定性，在整個漢語史上，漢語句子的基本詞序是變化不大的。從古至今詞序基本保持了這樣的格局：主語在謂語之前，修飾語在被修飾語之前。只有動詞與賓語的語序情況略微複雜一些，但從先秦開始，動詞在賓語之前的格局也已經基本形成，漢語語法是逐步發展的，其總的發展趨勢是朝著不斷嚴密的方向發展。

　　虛詞是漢語非常重要的語法手段，也是語法發展過程中變動較大的部分，虛詞不斷豐富，每個虛詞功能的分工逐漸明確，增強了漢語語法的嚴密性。漢語虛詞中表示關係的連詞、介詞和一部分助詞，大多是實詞虛化造成的。例如，「以」最早是動詞，「小大之獄，雖不能察，必以情。」（《左傳‧莊公十年》）這句話中「以」的意思是「根據」。後來虛化為介詞，「君子不以言舉人，不以人廢言。」（《論語‧衛靈公》），這句話中「以」表「因為」義。再進一步虛化為連詞，如「發憤忘食，樂以忘憂。」（《論語‧述而》）有些虛詞在發展過程中復音化，如「假」、「設」、「使」組合為「假設」、「假使」、「設使」等。

　　句式日漸豐富，句子結構日益嚴密化，是漢語語法發展的又一趨勢。這種趨勢的形成一方面是因為虛詞增多，句法手段多樣化，表達同一意思就可以採取不同的手段以達到不同的傳意效果；另一方面也與受外來語的影響有關。如「把」字句的產生就豐富了漢語的表達手段。「把」字句是在謂語動詞前用介詞「把」引出受事，表示對受事進行處置。如「一定要把大氣污染治理好！」「他的誠意把在座的人都感動了。」這種句式強調賓語被「處置」的作用，是普通的句式所

不能達到的。動態助詞「著」、「了」、「過」的產生，補語的發展，量詞的發展，句子成分的複雜化，關聯詞語的使用等，都是漢語語法嚴密化的表現。

漢語發展史上有一種非常特殊的文化現象，就是在相當長的時期內言文是脫節的。從自然語言的發展看，漢語口語經過上古、中古、近古、現代四個階段，有一個漸變的過程。但是，在一九一九年「五四」運動以前，漢語正統的書面語一直用的是文言，也就是一種以先秦口語為基礎形成的泛時性書面語，這種書面語模仿先秦經史文獻，相當固化。一般人把文言稱作古代漢語。古代漢語（文言）和現代漢語（白話）是時代距離很遠的漢語不同階段的語言，兩者的差異是顯著的，但他們不但有縱向的傳承關係，而且有每個時代書面語與口語的橫向相互影響，所以，它們之間的關聯十分明顯，是彼此溝通的。古今漢語語法有一部分完全一樣或大同小異；另一部分雖有差異，但也可以看出演變的痕跡，找到歷史的淵源關係。至於詞彙和語義，雖然會隨著時代的發展而變化，但基本詞彙是相當穩定的，古今階段沒有鴻溝。例如，《論語‧子罕》：「子曰：『智者不惑，仁者不憂，勇者不懼。』」翻譯成現代漢語是：「孔子說：聰明的人不迷惑，仁德的人不憂愁，勇敢的人不畏懼。」這句話的詞語意義和語法結構與現代漢語大體一致，不同的地方只有兩點：第一，「知（智）、仁、勇」三個字加「者」後，組成名詞短語，指具有這三種不同品質的人；第二，單音詞到現代漢語中都能以雙音詞來對應：「惑」對應為「迷惑」，「憂」對應為「憂愁」，「懼」對應為「畏懼」。不過，我們可以看到，即使是這兩點相異之處，也是可以溝通的。「者」在古代漢語裏是一個代詞，可以和任意一個動詞或形容詞組成名詞性片語。在現代漢語裏,它雖已不是代詞,隨意組合的能量已經減弱了，但是，用它組成的名詞仍有不少，諸如「讀者」、「記者」、「學者」、「弱者」、「老

者」……這是在構詞法中保留著的古代漢語遺存。很多單音詞儘管已雙音化了，但原來的古漢語單音詞卻成了現代漢語的構詞語素，甚至還保留著原來的意思。這些都說明，古代漢語和現代漢語是有著歷史淵源關係而屬於不同歷史階段的同一民族的語言。可以說，漢語是世界上最具有悠久歷史又最富於穩固性的語言之一，古代漢語是現代漢語的源頭，對於學習、理解和研究現代漢語來說，古代漢語知識是不可缺少的。

二　漢語的特點及其在世界語言中的地位

世界語言大約有五千種左右，但使用人口超過一百萬的語言只有一百四十多種，其中漢語的使用人口最多，約占世界人口的五分之一。所以漢語是聯合國指定的七種工作語言之一，另外六種語言是英語、俄語、德語、法語、西班牙語和阿拉伯語。

我們可以從兩方面為漢語定位。按照語法結構，世界上的語言可以分成四種類型：孤立語、黏著語、屈折語、復綜語，漢語是孤立語的一個代表。按照語言的親屬關係，世界上的語言可以大致分為漢藏語系、印歐語系、烏拉爾語系、阿勒泰語系、閃—含語系、高加索語系、達羅毗荼語系、馬來—玻利尼西亞語系、南亞語系以及其它一些語群和語言，漢語屬於漢藏語系。漢語是漢藏語系中最古老的一種語言，歷史悠久，優美深邃，具有極其豐富的文化內涵。

與世界上的其它語言相比，漢語具有自己的特點。

按詞的構造特點來看，漢語的詞用在句子裏時，沒有表示語法關係的詞形變化。按句法結構的表達方式來看，漢語不通過詞的形態變化表示語法關係，而是借助於虛詞和詞序來表示，詞的次序很嚴格，不能隨便更動。如：《清稗類鈔‧詼諧類‧母配孟德》：「有以母壽設

宴受賀者，或贈以幛。其幛文曰『德配孟母』，蓋置於匣中之四金字也。懸時，顛倒其文，則為『母配孟德』矣。」「德配孟母」是由「德」、「配」、「孟母」三個詞構成的一個句子，語序調整後的「母配孟德」則成了「母」、「配」、「孟德」（曹操的字）三個詞的組合，其中有兩個詞與調整前完全不同，「配」雖詞形沒變，但原來的意義是「與……相稱」，調整後變為「婚配」，詞義完全不同，經過這一番語序重組，原來的頌贊之詞就轉成了令人尷尬的滑稽之語。漢語的這一特點與英語等通過詞的形態變化來表示詞與詞之間的語法關係是不同的。

　　漢語是有聲調的語言，古代漢語有「平、上、去、入」四聲，現代漢語普通話有「陰平、陽平、上聲、去聲」四個聲調。聲調是漢語構詞的一種手段，如「數」讀第三聲表示「查點數目」，讀第四聲表示「數目」的意思；「好」讀第三聲是「美好」的意思，讀第四聲表示「愛好」；「買煙」和「賣鹽」，「美化」和「梅花」，「簡短」和「間斷」等等都是聲調不同構成的不同詞語。

　　從音義對應的角度來看，漢語的特點是一個音節對應於多個詞（語素）。因為多詞同音，所以單憑語音會發生理解的歧義，在某些特殊的情況下，單憑聽到的語音無法領會語義。如趙元任在《語言問題》中曾舉過一則「漪姨的故事」：「漪姨倚椅，悒悒，疑異疫，宜詣醫，醫以宜以蟻胰醫姨。醫以億弋弋億蟻。億蟻殹，蟻胰溢。醫以億蟻溢胰醫姨，姨疫以醫。姨怡怡，以夷衣貽醫。醫衣夷衣，亦怡怡。噫！醫以蟻胰醫姨疫，亦異矣；姨以夷衣貽醫，亦益異已矣！」這則故事全篇只用了一個音節「yi」，如果不寫成書面形式，只靠口語表達是無法讓人理解的。

第二節　漢字的歷史與特點

一　漢字的歷史

　　中國不僅是一個多語種的國家，還是一個多文種的國家，漢字是中華民族的通用文字。

　　中國的文明在黃河流域誕生，它是獨立發展的。漢字——中華文明的重要標誌之一，也是獨立產生的，它和埃及聖書字、古代蘇美爾文字、原始埃蘭文字和克里特文字等，同是世界上最古老的文字。

　　一般認為漢字起源於圖畫，只是到目前為止，我們在已出土的文物中沒有看到作為漢字前身的傳遞信息的圖畫和圖畫文字，因此漢字起源的上限難以從實際上確定下來。歐洲和美洲的一些古老文字的這個過程，大約始於新石器時代而止於有史時期的開始。從所獲得的資料看，漢字的產生就其上下限而言，也正是在此時期內。現在能夠提出的根據，最早的是河南舞陽賈湖出土的刻在龜甲和個別石器上的二十多個刻符，時間是公元前六千年左右，屬新石器時期的早期，可以暫時把這一時期作為漢字起源的上限。從理論上說，漢字起源的上限也許比這還要早些，那要等發現新的考古證明時再向上推移了。至於漢字起源的下限，我們可以從小屯殷墟甲骨文往上推測。當圖畫文字和龜甲、石器刻符演變為記詞字元，漢字由零散的、個別的字元逐漸積纍，達到一定的數量後，再通過人為規範，就成為一種文字體系。小屯殷墟甲骨文已是能夠完整記錄漢語的文字體系，這個體系形成的開端應當在夏商之際。《尚書‧多士》記載西周初年周公的話說：「惟殷先人有冊有典：殷革夏命。」這就是說，商人在滅夏時，已經有了記事典冊。從古史文獻也可以看出，夏代是中國第一個有完整世系流傳下來的朝代。那麼，中文字元開始積纍的年代，似可估計為夏初，

也就是公元前二一〇〇年左右。這樣，漢字起源的過程就是從公元前六千年左右至公元前二一〇〇年左右。

今天所能見到的最早的漢字是殷商甲骨文，此後經歷了西周金文、春秋金文、戰國文字、秦代小篆、漢代隸書和魏晉以來的楷書。漢字的歷史變化主要表現在書寫和構造兩個方面。

殷商甲骨文是刻在龜甲獸骨上的文字，內容多為占卜記錄。甲骨文一般是用刀刻的，因此線條瘦硬，多有方折。從結構來看，甲骨文已是相當成熟的文字體系，傳統六書中的象形、指事、會意、形聲等結構方式在甲骨文中已經具備，這說明當時人們已經懂得用已有的字作構件構成新的字，這為漢字系統的進一步完善奠定了基礎。但是甲骨文畢竟還處在漢字發展的早期階段，有些方面還比較原始，比如，有些字在書寫時的置向還不固定，如「卜」字中的短線條或在左、或在右，或朝上、或朝下。有些字的構件還不固定，如「牢」字的字形，畫的是一個牢圈形，牢圈中可以是一頭牛、也可以是一隻羊，還可以是一匹馬。甲骨文的書寫行款還不很固定，有直書，有橫書，有右行，有左行，其中以直書左行為主。

金文是鑄在鍾鼎等青銅器上的文字。金文一般是先用毛筆書寫，再翻鑄在青銅器上的，因此線條肥厚粗壯、圓渾豐潤，字形莊重美觀，大小趨於一致，排列越來越整齊。金文中形聲字大量增加，異體字相對減少，結構趨於定型，這說明金文比甲骨文更成熟了。

戰國時期，諸侯紛爭，文字異形，離周王朝故地越遠的地方，字形變異越大。這一時期，不但國家之間字形歧異，一國之內，異體現象也很嚴重，書寫隨意性較強，簡化傾向十分明顯。但不管怎麼變異，七國文字都是上承西周春秋金文而來，萬變不離其宗，在內部構造上它們屬於統一的文字體系，構件數量、結構方式等都沒有明顯的差異，它們的歧異是外部書寫形態的不同。

　　小篆是秦始皇統一中國後推行「書同文」政策所採用的字體。小篆的書寫完全線條化，象形性減弱。從構造來看，已經形成了相當嚴密的文字體系：一方面，異體字大量減少，構件的寫法趨於一致，同一個構件在不同的字中、在一個字中的不同位置寫法基本一致；另一方面形聲字大量增加。這些都增強了字和字之間的聯繫，使漢字在總體上形成一個相互聯繫的網路。

　　隸書是在漢代成熟且通行的字體。隸書打散了小篆的線條，實現了書寫的筆劃化，從此漢字完全失去了象形性。為了書寫的快捷，隸書在結構上對小篆進行了全面調整，同一個構件為了佈局的需要而形成不同寫法，不同的構件因為形體變異而變得混同，許多字的構件被省減或合併。隸書對漢字形體的簡化是符合漢字發展規律的，但它對形義關係的破壞，使通過字形講解字義變得困難。

　　楷書流行於魏晉，成熟於隋唐，一直使用到今天。楷書吸收了行草書便於書寫的優勢，形成了相互配合的筆形系統。楷書的橫筆改為收鋒，「撇」改為尖斜向下。「點」是筆程最短的筆劃，楷書的「點」比以往任何字體都更豐富。「提」和「鉤」是在書寫便利這一要求的促動下，筆劃相互呼應而逐漸形成的。楷書結構嚴謹，便於識讀，同時又筆形配合，便於書寫，因此歷千年而不變。

　　漢字從歷史的演變出發，可以分成兩大階段：自甲骨文到秦代小篆，通稱古漢字；自秦漢隸書以後，通稱今漢字。古今漢字的重要區別是書寫單位筆劃的形成。在古文字階段漢字的書寫單位是各種各樣的線條，這些線條是隨著事物形體的變化而或曲或伸形成的，由這些線條構成的漢字，帶有較明顯的圖形性。而隸、楷階段的今文字的書寫單位，則是各種類型的筆劃。這些筆劃經過自然發展和人為規範，逐漸變得樣式固定、數量有限、書寫規範，由這些筆劃書寫出的漢字，原始的圖形性已經淡化了。當代正在使用的漢字，稱作現代漢字，現代漢字在形制上也屬於今漢字。

　　從舞陽賈湖刻符至今，漢字已經有八千年的發展歷史。在漫長的歲月和漢字所經歷的實際變化中，我們可以看到漢字發展的幾個規律和趨勢：

　　（一）漢字一直頑強地堅持表意特點，不斷採用新的方式，增強個體符形和整個符號系統的表意功能。例如，當漢字記錄的詞所指的事物發生變化後，漢字總是及時調整它的義符，以適應事物的特點。本是用石頭做進攻武器，所以義符從「石」。火藥發明後，形體改為從「火」的「炮」。「州」本像水中陸地的樣子，後來在書寫過程中變得不象形，就再加義符「水」來增加意義信息。這說明，漢字最終要最大限度地在符形上增加意義信息，來堅持自己的表意特點。

　　（二）漢字在易寫與易識的矛盾中，不斷對個體符形進行調整，以實現簡繁適度的優化造型。漢字職能的發揮由兩個不可缺少的環節組成，這就是書寫和識讀。就書寫而言，人們總是希望符號簡單易寫；而就識讀而言，人們又希望符號豐滿易識。然而越簡化，就越易丟掉信息，給識別帶來困難；追求信息量大、區別度大，又難免增加符形的繁度，給記錄增加負擔。二者的要求是矛盾的。漢字就在二者的矛盾中相互調節，以追求簡繁適度的造型。從甲骨文演變到小篆，隨時都可以看到這種矛盾與調節。例如，（「圍」的古字）畫四雙腳圍繞一個域邑，形象豐滿，表意度高，但書寫不便，於是改為兩腳作「韋」，意義又不很明確。最後加作「圍」，不失本義而簡繁適度。

　　（三）漢字在發展中不斷完善和簡化自己的構形體系。表意文字所遇到的最難解決的問題，是隨著詞彙不斷豐富、意義不斷增多，字形便會無限增加，致使符形量超過人們有限的記憶能力。為瞭解決這個問題，漢字必須在對構件進行規整的前提下，形成一個嚴密的構形系統。許慎的《說文解字》在人為調節的基礎上，第一次把這個構形系統整理和描寫出來。從小篆起，漢字就有了一批兼有意義和聲音的

成字構件作為構形的基礎，這樣的成字基礎構件共有四百多個。其它漢字都是由這四百多個構件充當義符或聲符按一定規律拼合而成的，這樣就產生了一大批義符和聲符相互制約的形聲字。凡同義的字，用聲符別詞，如「檀」、「榆」、「楓」、「柏」都是木名，義符從「木」，而用聲符來區別；「桐」、「銅」、「筒」、「洞」都從「同」聲，而用義符來區別。這種形聲字，大約占漢字總數的百分之八十七以上，成為漢字的主體，漢字便形成了以形聲系統為中心的構形體系。由於採用了基礎構件拼合生成的方法來增加新的字形，因此，不論字數如何增加，基礎構件的數目都能保持穩定，只在四百多個上下浮動。漢字的構形系統形成後，仍然不斷進行規整和簡化。漢字構形系統的嚴密與簡化是同時實現的，這是漢字發展的歷史趨勢中最重要的一點。

（四）漢字必須在自行發展的基礎上進行人為的規範。漢字的使用與發展都帶有社會性，每一個中文字元的創造與改變，一般都經過三個階段：個人使用、社會通行和權威規範。從個人使用到社會通行，這是漢字自行發展的階段；從社會通行到權威規範，這是人為規範的階段。沒有前一個階段，漢字的社會性能便要喪失，它記錄漢語的使用價值便會減弱；而沒有後一個階段，漢字構形系統的嚴密化就難以實現。所以，漢字需要人為規範，又必須在尊重漢字社會通行狀況的基礎上進行規範，在掌握漢字發展趨勢並因勢利導的前提下加以規範，這種規範才是具有社會性和科學性的。新中國成立以來所作的異體字規範和簡化漢字的工作，從總的方向看，是符合漢字歷史發展趨勢的，因此，它才能被廣大漢字的使用者所接受，收到最大限度的社會流通效果。

二　漢字的特點及其在世界文字中的地位

　　世界上的文字分為兩個大類型：表意文字和表音文字。這種分類是從文字形體直接顯示的信息是語義還是語音來確定的。例如，英語black直接拼出了意義為「黑」的這個詞的聲音而成為這個詞的載體。漢語「黑」則用火焰從煙囪冒出來意會煙熏致黑的意義而成為這個詞的載體。

　　文字是記錄語言的書寫符號系統，意義和聲音是語言的兩個屬性。世界文字大都起源於圖畫文字，表音和表意是圖畫文字發展的兩大趨勢。漢字和其它古老的文字一樣，都經過由圖畫文字到表意文字的階段；而它與其它古老文字不同的是，那些古文字在演變中有的停止使用而喪失了生命力，有的變成了拼音文字，有的甚至不可識讀，被外來文字取代，惟有漢字，從未間斷地被使用至今，並在數千年的歷史發展中，頑強地維護著自己的表意文字特點，成為世界上最古老、最有嚴密系統的表意文字，代表著世界文字的這一重要發展方向。

　　漢字的特點表現在以下幾個方面：

　　作為表意文字的代表，漢字的形體和意義之間關係十分密切。在古文字階段，漢字的構字方法主要有四種：象形、指事、會意、形聲。象形就是對事物的外部特徵進行描繪，如甲骨文的「象」突出其長鼻，「鹿」突出其雙角。指事是用抽象符號或者在象形字的基礎上加上抽象符號表示難以直接描繪的事物或位置，如「二」是用抽象符號傳達意義信息，「本」是在「木」的下部加上一橫指示樹根的位置。會意是把兩個或兩個以上的字合在一起表示一個新的意思，如「休」用「人」倚「木」表示「休息」義，「塵」用「小」和「土」會合出「塵土」義。形聲是用表示意義類別的構件和表示聲音的構件合起來表示一個詞義，如「湖」用「氵（水）」表示意義類別，用「胡」表示讀音，「袍」用「衤（衣）」表示義類，用「包」表示讀

音。在這四種構字方法中，前三種都沒有表音成分參與，字的形體直接跟詞的意義相聯繫；第四種雖然有表音成分參與，但起主要作用的仍然是表意構件。在漫長的發展過程中，漢字這種據意構形的特點一直沒有改變。

就漢字記錄漢語的單位而言，漢字屬於音節）語素文字。就是說，在一般情況下，一個漢字記錄一個音節，而一個音節又往往代表一個語素。例如「一」這個字記錄了「yi」這個音節，而這個音節代表「一」這個語素。比較而言，英語的情況則迥然不同，英文字母代表的是音位。例如 book 這個詞，b、oo、k 分別代表〔b〕、〔u〕、〔k〕三個音位，book 是三個音位拼合的詞。

就形體的特點而言，漢字是在一個二維平面上構形的。這個兩維度的空間為漢字構件的結合提供了許多區別的因素，除了不同的構件可以組合成不同的漢字以外，相同的構件也可以構成不同的漢字，如「木」、「林」、「森」是構件多少的差別造成的，「葉」與「古」、「杲」與「杳」是構件位置不同造成的，小篆「比」、「從」、「北」、「化」的差別是構件置向不同造成的。這些在兩維空間內造成的區別與拼音文字由字母線性排列而結合是不一樣的。

第三節　漢語漢字的文化功能

一　漢語漢字和中國文化的關係

漢語漢字與中國文化有著極為密切的關係，它們既是中國文化的重要文化事象之一，同時又是中國文化中其它文化項的載體。

一、漢語漢字是中國文化的重要文化事象，是中國文化的有機組成部分。

　　漢語是中國文化的重要內容。首先，漢語的誕生意味著中國文化的誕生。語言是人類區別於動物的主要特徵，有了語言，人類才可以相互交流，才可以進入有組織的社會生活，成為「文化」的人。從這個角度講，漢語這一文化事象在中國文化中的地位是相當重要的，漢語悠久的歷史說明中國文化是源遠流長的。其次，漢語是漢民族智慧的結晶，是漢民族創造的寶貴文化財富。不同民族有不同的語言，不同的語言代表的是不同的語言習俗，漢語以自身特殊的文化形式，構成了中國文化的重要特徵。例如，漢語同音詞多，因此而形成的諧音吉利、諧音避諱等語言習俗就成為中國文化的重要內容。

　　漢字也是重要的中國文化事象。首先，漢字的出現是中國文化從「史前時期」走向「有史時期」的界碑。在漢字產生以前，漢民族曾經歷了一個相當長的僅用口語進行交流的時期，後來，隨著思想交流的日益複雜，人們迫切需要有一種能夠將語言記錄下來的東西，經過契刻記事、結繩記事等方法的探索後，人們終於找到了漢字這種最適合記錄漢語的工具。有了漢字，漢民族才有書面的歷史記錄，從此進入了「有史時期」。其次，漢字本身就是中國文化的一部分。每個民族的文字都具有自己的特點，不同的文字構造反映著不同的文化內涵，並且各民族都會依據本民族的文字特點形成許多的文化事象。漢民族根據漢字可拆可合的形體特點，造成特有的字謎遊戲和姓氏避諱中的缺筆避諱；根據漢字二維構形的特點，形成了特有的漢字書法藝術和璽印藝術，這些由漢字直接衍生的文化事象，使漢字成為整個中國文化系統不可缺少的重要成分。

　　二、漢語漢字又是中國文化中其它文化項的主要載體，它記錄了中國文化，是中國文化的代碼，是中國文化傳播的媒介，對中國文化的發展起到了很大的促進作用。

　　漢語漢字可以傳達人們頭腦中的觀念，只有通過漢語漢字的傳

播，文化才能超越時間和空間，得到交流、發展和長存。我們說中國文化燦爛輝煌，從流傳下來的浩如煙海的古代文化典籍就足以證明，而這種功勞，是應歸屬於漢語漢字的。中國文化是世代發展的，這種發展相當大的一部分是靠漢語漢字的世代傳承來完成的，《淮南子‧本經訓》所說的「昔者倉頡作書而天雨粟，鬼夜哭」，就是對漢字產生後對農業生產、歷史記錄所產生的巨大影響的一種神化。如果沒有漢語漢字，中國文化的積澱和發展是不可想像的。中國歷代古書的失傳非常嚴重，歷史上曾有「六經」：《詩》、《書》、《禮》、《樂》、《易》、《春秋》，其中《樂》在戰國時代失傳了，於是「六經」變成了「五經」，我們今天已無法系統瞭解《樂》的內容，這證明了文字記載對文化傳播的重要性。中國文化行為的發生大都建立在漢語漢字的基礎上，漢語漢字的發展對人的思維和各種社會生活、文學藝術產生重要影響。比如，漢語方言眾多，這對以方言為基礎的地方曲藝的形成、發展和極大豐富提供了條件。漢語缺乏語法形態變化這一特點，為製作迴文提供了便利條件，所以中國的迴文詩特別豐富。

三、中國文化對漢語漢字的發展演變也產生了很大的影響。

中國文化對漢語的影響是多方面的。例如中國文化史上有一個重要的文化現象——言文脫節，即在中古近代歷史上，人們口頭說的是古白話，而書面上寫的是仿先秦的文言文。言文脫節對文化的傳播和發展是一種阻礙，近代興起的新文化運動直接提出了「廢除文言文，實行新白話」、「我手寫我口」等口號，從此中國的書面語改成了白話文，實現了言文一致，這是中國文化影響中國語言（主要是書面語）發展的一個典型例證。再如，把北京語音作為普通話的標準語音，是與北京作為中華人民共和國的首都、作為中國的政治文化中心的地位分不開的，這是文化對語音的影響；隨著近代中國文化對西方文化的吸收，漢語語法出現了某些歐化的傾向，這是文化對語法的影響。在

語言的各要素中，文化對詞彙的影響最明顯，詞彙常常會因社會生活和社會思想的變化而變化，如隨著封建社會的消亡，許多表示封建社會稱謂的詞語，像「聖上」、「宰相」等，隨著那個時代的消亡而不再出現在人們的日常生活中；隨著高新科技的發展，許多新詞語在社會上流傳開來，像「網吧」、「電子郵件」、「數碼相機」等。

中國文化對漢字的影響也十分顯著。中國文化的發展不斷對漢字提出新的要求，促進漢字不斷向前發展。漢字是為記錄漢語服務的，周秦時期漢語詞彙大量派生，原有的漢字不敷使用，於是引起了漢字的大量孳乳。隨著近代科技的發展，大量的化學元素被發現，為了記錄這些化學元素名稱，製造了很多新的漢字。漢字的每一次重大變革都是在一定文化背景下產生的。秦代統一天下以後，為了實現文化上的統一，實行「書同文」政策，廢除了六國文字中與秦國小篆不合的形體，對漢字形體進行了一次嚴格的規範。解放後，為暸解決繁體漢字難學、難記、難認、難讀的問題，推行了《簡化漢字方案》，對漢字進行了一次全面的改革和調整，這種改革對漢字發展和使用的影響是巨大的。

二　漢語漢字所承載的文化信息

漢語漢字除了作為中國文化的記錄工具以外，漢語漢字本身也承載著豐富的文化信息。漢語漢字所承載的文化信息主要是指漢語語音、詞彙、語法和漢字形體所承載的文化信息，與漢語漢字所記錄的文化內容不是一回事。如，甲骨文的「王」字除了記錄「王」這個詞以外，還以其像斧頭之形的構形告訴人們，古代統治者是靠武力統治天下的，這些信息，由於遠古文獻的貧乏，我們無法從「王」的詞義本身獲得。

在語言的各要素中，詞彙與文化的關係最為密切，詞語的發源、詞彙的發展、詞義的系統以及漢語的地域差異等都體現著豐厚的文化內涵。

漢語詞源意義包含了中國古人的傳統觀念。例如：「囪」、「蔥（葱）」、「窗」、「聰（聡）」是一組同源詞，「囪」是走煙的通道，「蔥」的特點是葉子中空，「窗」是牆上通空氣的洞，「聰」指接受外界事務通達。由此我們可以知道古人對聰明的認識，他們認為聰明是內心對外界的感受通達。這種解釋還可以得到一些旁證：「聰」與「靈」為同義詞。「靈」與「櫺」同源。「櫺」是窗戶格，也是通空氣的孔。「靈」的詞源意義也是通達，與「聰」不同的是，「靈」著重與鬼神相通，智慧來源於天上；「聰」著重在與自然、社會相通，智慧來源於地下。從「聰」、「靈」的詞源，可以證實古人衡量智愚的標準。

從某些詞的詞源裏，還可以反映出某一歷史時期意識形態的變化。且看以下一組同源詞：「龢」，音樂和諧，最美境界。「盉」，五味和，調味的最美境界。「和」，人和，事和，社會人際關係的美好狀態。「禾」是它們的源詞，《說文解字》：「禾，嘉穀也，二月始生，八月而熟，得時之中，故謂之禾」。古人認為，禾苗是天地萬物和諧的產物，冷暖中，剛柔適，陰陽調，內外平，上下通，始有禾的成熟，所以禾苗是自然協調的象徵。這是中國社會進入農耕時代所產生的觀念。這是崇尚自然、讚美天籟、尊重人與物的本性的審美心理，幾千年來，在中國的音樂、繪畫、詩詞曲中時有體現，這是文化的精華。然而，這種觀念的另一面，則是對變革、創造、更新的抗拒和反感。奴隸制晚期保守的政治思想，要求對舊秩序加以維護的思想，又可以從另一組派生詞中反映出來。表示「變化」、「創新」、「超越」等意義的詞，常常發展出貶義的派生詞來：「為」（作為）派生出「偽」（欺偽）；「化」（變化）派生出「訛」（訛誤）；「作」（初創）派生出「詐」（詭詐）。這是古代文化思想的另一面了。

　　文化的發展變化直接記載於各個時代的詞彙中。某一時代某一領域詞彙的密度反映了該領域與文化核心的密切程度，也反映出人類對這一領域的認識深度，設詞密度高就說明對這一領域的分析度高。各類詞的密度又是不斷發生變化的，每類詞的密度的變化反映了文化的變化。在畜牧業時代，表示「馬」、「牛」、「羊」的詞語很多，如《說文解字・牛部》有一系列為不同毛色的牛而造的詞：「犫，白黑雜毛牛。」「㹔，牛白脊也。」「犤（tú），黃牛虎文。」「犁（liè），牛白脊也。」「犖（luò），駁牛也。」「䎫（pēng），牛駁如星。」「犥（biao），牛黃白色。」「犉（chún），黃牛黑唇也。」「犠（yuè），白牛也。」古代為不同毛色的牛專門造詞，一方面由於放牧和役使的需要，更主要的是不同色的牛毛可以選作旌旗，以為部落的標誌。因而「物」字從「牛」從「勿」（「勿」是旗）。而祭祀時太牢（牛羊豕三牲具備的祭儀叫太牢）用牛則必須純色。《說文解字・牛部》：「牷，牛完全。」「牷，牛純色。」這些文化現象使牛的毛色格外重要以致需用不同的命名來分辨。今天那些不同毛色的牛依然存在，但隨著畜牧時代的逝去，畜牧業逐漸遠離了文化核心，人們對動物的關注程度降低，動物之間的細微差別失去了區分的必要，這些專名不再需要，多數成了「死詞」。即使偶而需要對這些事物進行區分，只要用一個偏正片語就可以表達了，不需要專門設詞。

　　漢語的地域差異，往往是地域文化差異的反映。如，同是表示「粉末」這一類物質，北方多用本義為「麥麵」的「麵」這個詞來派生其它詞，如：「胡椒麵兒」、「藥麵兒」、「白麵兒（海洛因）」等，而南方則用本義為「米粉」的「粉」這個詞來派生其它詞，如「胡椒粉」、「藥粉」、「白粉」等。我國南方以種水稻為主，北方以種植小麥

為主，「粉」和「麵」在構詞上的差別是兩地農業文化差別的反映。[1]

　　漢字的原始構形理據及形體發展演變的脈絡反映出濃厚的文化信息。

　　漢字是因為它所記錄的詞的意義而構形的，構形時，選擇什麼對象，採用哪些對象來組合，都要受到造字者和用字者文化環境和文化心理的影響。因而，漢字的原始構形理據中必然帶有一定的文化信息。例如，許多表示顏色的詞，在造字時字都用「係（細絲）」作義符，這就反映了漢民族特有的文化習俗。自古以來，中國因生產絲綢而著稱於世，許多事物與絲織業發生關係，其中人們對顏色的認識是與絲織染色的發展密切相關的，因此很多記錄顏色的字就用「係」作義符，如「紅」、「綠」、「紫」、「絳」、「緋」、「緗（帛赤色）」、「緹（帛丹黃色）」、「紺（帛深青揚赤色）」、「繰（帛如紺色）」、「緇（帛黑色）」、「縹（帛青白色）」、「紲（絳也）」，漢字形體所反映出的顏色與絲織的關係是其它民族不可能有的文化現象。

　　從字形構造還可以看到一些古代社會歷史狀況。如，「宰」在今天的常用義是宰相、主宰這一類的意思，而它的字形從「宀」從「辛」，《說文解字‧宀部》：「宰，罪人在屋下執事者。從宀從辛。辛，罪也。」這個說解反映了古代社會的實際情況。「宰」的字形應產生於奴隸社會，當時的奴隸，有從事手工業生產的，有從事農業生產的，還有從事於奴隸主家內勞動的。因為宰貼近奴隸主，又可能得到奴隸主的寵信，於是漸漸具有並擴大了職權，成為官僚，執掌國政。

　　漢字是記錄漢語的符號，又以詞義和意義所指對象作為自己的構形理據，因此，它的形體便會隨著記錄詞的音義變化和所指對象的變

---

[1] 劉丹青：〈科學精神：中國文化語言學的緊迫課題〉，載《文化語言學中國潮》，語文出版社，1995年。

化而發展變化，這種演變中，時時可以窺見某些文化因素。例如：在小篆裏，炊具中從「鬲」的很多。「䰜（guō）」、「䰝（fǔ）」都從「鬲」，因為它們既有陶制的，也有青銅製品，後來「䰜（guō）」寫成「鍋」，「䰝（fǔ）」寫成「釜」，字都從金，說明陶器已很少使用，以金屬製品為主了。再如，在甲骨文中，「屮」和「木」這兩個構件的分工還不是很嚴密，許多字從「屮」和從「木」沒有區別，如「蒿」、「春」、「叒」、「莫」、「枚」、「柵」等都既有從「屮」的字形，也有從「木」的字形。到小篆中「屮」和「木」已作了明確分工，說明到了周秦時期，人們對草本植物和木本植物的區分已很清楚。在小篆中，「言」和「口」這兩個構件有了明確的分工，說明同樣是唇齒動作，語言行為與非語言行為已經完全區分清楚。

　　除了這些反映人類認識進化的明顯信息外，從有些構件的構造意圖中還能反映出一些較深層次的文化信息。例如：甲骨文只有「又」（又，表示手），沒有「寸」字。金文始有「寸」字，用手腕寸脈處表示　寸的長度。到小篆中，有許多字用「寸」構成，「爵」、「封」、「尊」、「導」、「射」、「奪」等字都由甲骨、金文從「又」或「廾」改為從「寸」，小篆新造的「尋」、「耐」、「尉」、「辱」、「寺」等字也都從「寸」。可以看出，甲骨、金文中從「又」或「廾」的那些字，一般表示手的動作或可以握在手中的小型酒器。小篆改為「寸」則有了更深一層的意思，即標記法度：「封」、「尊」、「爵」等與分封爵位有關，「射」、「導」、「尋」與丈量有關，「耐」、「尉」、「辱」、「寺」與刑法、治獄有關。「寸」作為一個新的構件被大量使用，而且有了明確的造字意圖，這是周秦時代法制嚴密、繼承權與分封制確立、度量衡有了統一標準等社會狀況的反映。

三　漢語漢字與文化交流和傳播

　　中國的文化體系是長期延續發展而從未中斷過的，漢語漢字對中國文化的傳承、傳播和發展起了重要作用。

　　漢族的先民開始時人口很少，漢語的使用人數不多。後來隨著社會的發展，居民逐漸向四周擴展，再加上漢族人口在歷史上多次向遠方遷徙，並不斷與其它民族接觸，漢語的使用區域逐漸擴大。在漢語傳播的過程中，出現了方言分化，給交流造成了困難。存在方言的同時，也一直存在著共同語，漢語共同語形成的歷史很悠久，並且一直是以北方方言為基礎的。語言分口語和書面語，共同語的口語在春秋時代被稱為「雅言」，這個「雅言」就是在方言歧義的情況下用於官場、外交、禮儀等場合的交際語言。漢代把共同語稱為「通語」，元代稱為「天下通語」，明清稱為「官話」，辛亥革命以後稱為「國語」，現在稱為「普通話」。共同語的書面語在近代以前一直以先秦作品為典範，所以自秦代以來就一直是統一的。在這一漫長的歷史時期內，讀書人讀的是用先秦語言寫成的經典，接受的主要是儒家思想，語言的繼承為文化的繼承奠定了基礎。漢語使用區域的逐漸擴大和共同語的存在，在漢民族共同思想、文化的形成中扮演了重要角色。

　　漢語也為各民族語言和文化的發展做出了貢獻。春秋戰國時期，是中原華夏民族與西北和北部少數民族廣泛的語言接觸時期，據《左傳》記載，當時的戎人首領姜戎子駒支會說漢語，能賦《詩經》。戰國以後，北方及西域各民族統稱「胡人」，胡人與漢人交往，並且學說漢話，但因胡人的漢話生硬彆扭，故有「胡言漢語」之說。五胡亂華以後，漢人深受其害，改「胡言漢語」為「胡言亂語」，從這裏我們可以看到漢語對少數民族語言的影響。東漢以來，北方少數民族不斷入主中原，先後建立北朝、金、元、清，長達近八百年，他們的阿

勒泰語和阿勒泰文化跟漢語、漢文化的接觸交流是不可避免的。北魏
就非常重視對漢語漢字和儒家經典的學習，以加速漢化和封建化的進
程。漢語對其它民族語言的同化在中國歷史上也是常見的，北朝的鮮
卑語、唐代的西夏語、遼代的契丹語，近代的滿族語等，都曾先後被
漢語所同化。今天，漢語基本上已成為民族間相互交流的語言。漢語
在少數民族地區的傳播過程，漢語作為民族交際語言的運用過程，也
就是漢民族思想文化傳播的過程；漢語對其它民族語言的同化，往往
與對其它文化的同化有聯繫。這一切對於統一的中華民族的形成是非
常重要的，可以說，在中華民族大一統的進程中，漢語一直發揮著統
一工具的作用。

　　漢字是漢族文化的主要載體，隨著漢民族的遷徙，漢字承載著漢
文化向四周傳播。漢族居住地域廣闊，方言眾多，漢字表意文字的特
點使它在共同的地域傳播中能夠超越方言的局限，使各方言區的人能
夠順利交流，這對促進民族文化的發展、促進統一的漢族文化的形成
起了重要作用；古今語音有很大變化，漢字表意文字的特點也使它在
歷時傳承中超越語言的歷史音變，這樣商周的古文和由秦漢傳下來的
古書現在仍然能讀得懂，這對民族文化的傳承和積纍意義重大。

　　漢字在少數民族地區的傳播，對少數民族文化的傳播和發展做出
了貢獻。在我國悠久的文化史上，不少的兄弟民族在創制本民族的文
字之前，往往借用漢字作為交際工具同漢族和其它兄弟民族進行交
際，如古代的匈奴、鮮卑等民族都長期借用漢字作為交際工具。用漢
字記錄的少數民族文獻，如《越人歌》、《白狼歌》、《蒙古秘史》，以
及用漢字記錄的許多少數民族古地名、人名等，對古代某些民族語
言、民族史實的研究都有重要的參考價值。不同的民族有不同的語
言，漢字的借用受到漢字原來音義的干擾，很不方便。在不完全廢棄
借用漢字的情況下，仿造產生了。在歷史上，許多少數民族在漢字影

響下創制了本民族文字。我們現在所見到的仿造漢字，絕大多數是仿照進入楷書以後的漢字。仿造漢字的少數民族文字可分兩類：一、字形結構雖受漢字影響，但有自己的特點，借用漢字不太多。屬於這一類的有契丹大字、西夏文、女真文等。二、大量使用音讀漢字和訓讀漢字的方法表達自己的語言，也用形聲或其它方法創製表達本民族語詞的新字。方塊壯字、方塊白字和方塊瑤字，都屬於這一類。非漢語語言的民族借用漢字作為自己語言的書寫形式或仿照漢字創造本民族文字，對漢族文化的傳播，對中華文化的統一和中華民族凝聚力的形成都起到至關重要的作用。

漢語漢字在境外的傳播是中國文化向境外傳播的重要紐帶，同時漢語漢字也以自己的方式不斷吸收其它語言的營養來豐富自己。

漢民族創造了在東方地區遙遙領先的古代文化，漢字記載了先進的文明成果，周邊國家通過學習漢語漢字而使自己文化進步是理所當然的事情。在公元前或公元一世紀，漢字逐漸向境外傳播，北至朝鮮半島，南至越南，東至日本。在漢字傳入這幾個國家之前，他們都沒有創造自己的官方文字，漢字傳入以後，在很長的歷史時期內，他們就用漢字作為記錄語言的工具。例如，漢字在漢代傳入越南後，被確定為越南的官方文字，歷時一千餘年。文字的借用同時也帶來語言的吸收，朝鮮語、日本語、越南語這三種語言，曾受漢語的極大影響，他們的語言中都有大量的漢語藉詞，例如，日本直到明治維新前夕，很多與西方有關的表示新概念的詞語，還是從中國傳到日本的，如魏源的《海國圖志》中的一些詞語：「鐵路」、「新聞」、「公司」、「國會」等都在日本產生了廣泛的影響。越南語從漢語借去的詞，至少占整個越語詞匯的一半以上。朝鮮人直接學習用漢字寫成的《四書》、《五經》，朝鮮語中的漢語藉詞，約占朝鮮語詞匯的百分之六十。儘管三個國家的語言不同，但長期的漢字、漢語借用，必然對其文化精

神、思想方式、道德觀念、文學藝術趣味、風俗習尚等產生重要影響，從而形成東方文化的許多共同特點。

　　但因各國語言有不同特點，借用漢字來記錄總有諸多不便，後來日本、朝鮮、越南分別仿照漢字創造屬於自己的文字。日本起初借用整個漢字來記錄日語，或借用漢字的字形字義，讀音仍用日語；或形音義一起借入。公元九世紀日本人在漢字的基礎上自創字母，叫做假名，有片假名和平假名兩種。片假名是採用漢字、取其片斷的方式形成的；平假名是在盛行草書的平安時代，簡化草書形成的。這樣，日本文字就變成了漢字和假名混合的文字。朝鮮創制了諺文，諺文是音位文字，字母近似漢字的筆劃，每個音節拼成一個方塊，十九世紀後期，漢字諺文混合體成為正式文字，漢字寫詞根，諺文寫詞尾。現在朝鮮雖已不用漢字，但朝鮮語中存在大量漢語藉詞的事實並未改變。十三世紀，越南創造了自己的文字——字喃。字喃是用漢字偏旁和會意、形聲等漢字構造方式新造的字。近代，隨著中國政治科技的落後，西方文化在全球的傳播，漢語漢字在海外的影響受到很大衝擊。二十世紀八〇年代以來，隨著中國在世界經濟、政治地位的提高，在世界上又掀起了一股學習和研究漢語漢字漢文化的熱潮，漢語漢字必將再現昔日的輝煌。

參考文獻

王　力　漢語史稿，王力文集（第九卷）　山東　山東教育出版社
　　　　1988年

羅常培　語言與文化　北京市　語文出版社　1989年

王寧主編　漢字漢語基礎　北京市　科學出版社　1996年

王寧主編　漢字學概要　北京市　北京師範大學出版社　2001年

王　寧　漢語詞源的探求與闡釋　中國社會科學　1995年第2期

思考題

1 簡述漢語漢字的特點及其在世界語言文字中的地位。

2 舉例說明漢語漢字所承載的文化信息。

3 簡述漢語漢字對中國文化發展和傳播的貢獻。

第七章
中國古代科學技術

　　科學通常是指人們關於自然現象和規律的知識體系，包括數學、物理、化學、天學、地學、生物學、農學、醫學等學科。技術一般被理解為關於工具、物質產品以及它們被用來達到實用目的的方式的知識，分為紡織、建築、機械、冶金、車船、兵器、陶瓷、造紙、印刷等部門。中國古代在科學技術的各個領域和部門中，都創造了輝煌的歷史和卓越的成就，對整個人類文明做出了不可估量的貢獻。

第一節　中國古代科學的偉大成就

一　天學

（一）天象記錄

　　中國在天象記錄方面的連續性、完備性和準確性，世界上沒有任何其它國家可以相比。

　　目前世界公認最早的太陽黑子記錄，是西漢成帝河平元年（公元前28年）「日出黃，有黑氣大如錢，居日中央」（《漢書・五行志》）。實際上，中國關於太陽黑子的記載遠比這早得多：甲骨文「日」作「☉」，上古時代日中有鳥的傳說，都是對太陽黑子的形象描述。《漢書・五行志》記載漢元帝永光元年（公元前43年）「日黑居仄，大如彈丸」，也比河平元年早十五年。歐洲記錄黑子最早的一次是公元八

○七年，比世界公認的中國記錄晚八百多年。關於太陽黑子的記錄也以中國為最豐富。據雲南天文臺一九七五年統計，從公元前四十三年到公元一六三八年，中國共有關於太陽黑子文字記錄一○六條。如此豐富的記錄對當代天文學研究具有重大的科學價值，德國科學家弗立茨利根據它探索太陽黑子與地磁感應的周期性，英國科學家蕭夫根據它探索太陽黑子與極光的關係，日本科學家神田茂還根據它編制了太陽黑子表。

對彗星的最早記錄在周昭王十九年（公元前1034年）：「有星孛於紫微」（《竹書記年》）。世界公認的最早一次哈雷彗星記錄，是公元前六一三年「有星孛入於北斗」（《春秋‧文公十四年》）。歐洲最早記錄彗星在公元前十一年，最早記錄哈雷彗星在公元六十六年，分別比中國晚一千多年和六百七十多年。自春秋至清末，中國記錄慧星不下五百次，記錄哈雷彗星三十一次。公元七世紀學者李淳風所作《晉書‧天文志》總結的彗尾總是背向太陽這一規律，比歐洲一五三二年皮特爾‧阿華安的發現早約九百年。二十世紀五○年代，法國巴爾代在研究了一千四百二十八顆彗星的《彗星軌道總表》以後斷言：「彗星記載最好的（除極少數例外），當推中國的記載。」

對現代天文學貢獻最大的，要數新星與超新星的記錄。公元前一三四年夏曆六月，「客星見於房」（《漢書‧天文志》），是中國文獻最早記錄的新星。西方也於同年記載了這顆星，稱為「依巴谷新星」，但所記沒有月份和方位，遠不如中國的記載簡明、準確。因而十九世紀法國比奧編《新星彙編》時，就把中國的發現列為世界上的第一顆。其實，中國早在公元前十四世紀殷代的甲骨文中就有了新星的記載。從那時到公元一七○○年的三千多年中，中國共記錄新星九十顆，其中超新星十顆。而古希臘、羅馬和巴比倫卻沒有任何新星和超新星的記錄，在中世紀歐洲編年史中也極為罕見。中國這方面的豐富

記錄，是古代恒星觀測上的一項偉大成就，對現代天文學探索新星、超新星與銀河係射電源的對應關係具有重要意義。

此外，中國對日月食的記載，也是世界上最早、最豐富的。《尚書‧胤征》記載公元前二一三七年掌管天文的羲和因荒酒失職沒有預測出當年發生的日食而受到夏王的征伐，這是世界上最早的日食記錄。已發現的殷商甲骨文中有五次日食記錄；《春秋》一書中有三十七次，其中最早的一次是公元前七二〇年二月二十二日的日全食，比希臘塞利斯記錄的日食早一百三十五年。伏爾泰曾高度評價中國人說：「全世界各民族中，惟有他們的史籍，持續不斷地記錄下日蝕和月球的交會，我們的天文科學家在驗證他們的計算後，驚奇地發現，幾乎所有的記錄都真實可信。」[1]

（二）天體測量

天體測量是天文學中最古老、最基本的一個分支，任務是確定天體的位置和天體到達某個位置的時間。很多文獻記載表明，中國遠在五六千年以前的葛天氏、黃帝、堯、舜時代，就在長期觀察日月星辰方位與四季變化的基礎上，創制了世界上最早的測天儀器——渾儀。原始的渾儀經過漢唐時代的不斷改進，發展成為具有六合儀、三辰儀、四遊儀三重結構、多種功能的複雜儀器。宋代天文學家蘇頌設計建造的水運儀象臺尤其受到國際高度評價，認為它「很可能是後來歐洲中世紀天文鐘的直接祖先」。宋代沈括簡化結構，改綜合型為分工型，開闢了渾儀發展的新途徑。元代郭守敬於一二七六年在此基礎上製成簡化的渾儀——簡儀，領先世界三百多年，直到一五九八年丹麥天文學家第谷所發明的儀器才能和它相比。

1　伏爾泰：《風俗論》。

　　與先進的測天儀器伴生的，是輝煌的測天成就。早在五六千年以前，中國先民就開始把天體黃道、赤道附近的恒星分為二十八個星區，每個星區各取一星為主，稱為二十八宿。中國、印度、阿拉伯、埃及、巴比倫的古天文學中都有二十八宿，而形成最早的是中國。大約在春秋以後，中國二十八宿經中亞傳入印度，再傳入波斯、阿拉伯等地[2]。

　　二十八宿之外，中國對其它恒星的觀測也對世界天文學有很多重大貢獻。戰國天文學家石申著《天文》八卷（後世尊稱為《石氏星經》），除二十八宿距星之外，還記錄了一百二十一顆恒星的赤道座標位置。這是世界上最古老的星表，比希臘天文學家依巴谷於公元前二世紀測編的西方最早的星表早二百年。石申用的赤道坐標系，歐洲直到公元一五九八年，才在第谷所制渾儀中首次採用，並「被公認為文藝復興時期天文學上最偉大的技術進步之一」[3]。秦漢以前，中國就有了星圖。三國陳卓畫的星圖已有恒星二百八十三組、一千四百六十四顆。今存著名的蘇州石刻天文圖，為一一九〇年據宋元豐年間（1078-1085）的觀測結果所繪，上有恒星伊千四百三十四顆。歐洲在文藝復興之前觀測的恒星數僅為一千〇二十二顆。

　　唐代最有成就的天文學家一行和尚創制黃道游儀以觀測日、月、五星的位置和運動情況，最早發現了恒星位置移動的現象，比英國天文學家哈雷一七一八年提出恒星自行的觀點早近一千年。他發起在全國二十四個地方測量北極高度和冬夏二至、春秋二分的日影長度，並設計了一種名為「復矩圖」的儀器，這是世界上用科學方法進行的第一次子午線實測。一二七六年，郭守敬更在「東至高麗，西至滇池，南逾朱子崖，北盡鐵勒」（《元史》卷164《郭守敬傳》）的廣袤地域內

2　參見〔日〕新城新藏：《二十八宿起源論》。
3　李約瑟：《中國科學技術史》，卷4，第1分冊。

設立了二十六個觀測所，進行了一次空前規模的天文觀測，其中測定黃赤交角和二十八宿距度的資料精確度，都代表了當時世界最先進的水準。

（三）曆法

據載，中國遠在一萬年前氏族公社初期的「人皇氏」時期，就發明了用十天干和十二地支迭相搭配以計日的方法，這是人類曆法的開端。殷代開始使用四分曆，歲實為三六五點二五日，這是當時世界上最精密的數值。希臘的卡利巴斯歷和中國的四分曆相當，但比中國晚一千多年。殷曆所確立的十九年七置閏的原則，西方直到公元前四三三年才由希臘天文學家默冬在奧林比亞競技會上宣佈（西方稱為「默冬章」）；殷曆以七十六年為周期安排大小月的方法，西方直到公元前三三四年才由希臘卡利巴斯提出同一規律（西方稱為「卡利巴斯法」）。它們都比中國晚一千多年。現在越來越多的人認為，希臘的默冬章可能是由東方傳過去的。

殷周以後，曆法不斷改進，各項數值不斷精確化。據統計，自春秋末年至太平天國，前後一共出現了一○二種曆法。一一九九年，南宋楊忠輔在《統天曆》中將歲實精確到三六五點二四二五日，尤為世界曆法史上一項驚人成就。元代郭守敬集曆法之大成，於一二八○年編定《授時曆》，就採用了這一數值。這個數值比地球繞太陽公轉一周的實際時間只差二十六秒，三三二○年才相差一日，與現代世界通用的西曆——格裏歷完全相同。格裏歷制定於一五八二年，晚於《統天曆》近四百年，晚於《授時曆》三百年。明朝末年，邢雲路把圭表加高到二十米，進一步測得歲實為三六五點二四一九日，僅比現代理論推算的當時應有數值小○點○○○二七日，其精確度之高遠遠超過了當時歐洲的水準。

二　數學

　　數學是一切科學技術發展的基礎，素有「科學之王」的美譽。中華民族以非凡的勤勞和智慧，在古代數學王國裏耕耘拼搏，創造了世界第一流的研究成果。

（一）十進位值制

　　中國古代數學對世界文化的貢獻，首推十進位值制。史載「黃帝為法，數有十等」（徐岳：《數學記遺》）。《尚書》中每見「億兆」、「兆民」（十萬為億，十億為兆）之文，商代甲骨文中用一、二、三、四、五、六、七、八、九、十、百、千、萬等十三個數字記數，足見中國遠在四五千年以前就已使用了十進位值制。這種記數法與現行的阿拉伯數字，除符號不同外，沒有任何差異。歐洲使用的羅馬累計法，既不利於思維過程的表達，加減運算也非常困難。這種笨拙的方法在歐洲一直盛行到十二世紀，不難想見其數學的落後。古巴比倫人和中美洲的瑪雅人雖然採用位值制，但巴比倫是六十進位，瑪雅人是二十進位。印度到公元六世紀末才開始使用十進位值制，而且很可能是受到中國的影響。所以李約瑟指出：「西方後來所習見的『印度數字』的背後，位元值制早已在中國存在兩千年了。」他高度評價說：「如果沒有這種十進位制，就幾乎不可能出現我們現在這個統一化的世界。」[4]

（二）《九章算術》與魏晉南北朝算學

　　如同歐幾里得《幾何原本》影響了整個歐洲數學一樣，公元一世

4　李約瑟：《中國科學技術史》，卷3，頁323、333。

紀成書的《九章算術》也對中國古代數學產生了非常深刻的影響。該書九章二四六個數學問題，記載了當時世界上最先進的分數四則運算和比例算法，對面積和體積的各種算法以及應用畢氏定理進行測量，也是古代世界長期未能圓滿解決的問題。書中運用的開平方、開立方和在此基礎上求解一元二次方程、聯立一次方程的方法，引入的負數概念和正負數的加減運算法則，要比歐洲早一千五百多年。《九章算術》不僅在中國數學史上有重要地位，對世界數學的發展也有很大影響，朝鮮和日本都曾用它作教科書。歐洲中世紀的某些算法，例如，分數和比例就可能是經印度、阿拉伯傳入的。在阿拉伯和歐洲的早期數學著作中，「盈不足」（類似於現代的行列式解法）被稱為「中國算法」。

魏晉南北朝時期，數學界升起了兩顆巨星──劉徽、祖沖之。劉徽在《九章算術》注中第一次提出了極限思想，並創用割圓術，由圓內接正一九二邊形計算出圓周率為三點一四一六，指出圓內接正多邊形的邊數無限增加，其周長就愈逼近圓周長。祖沖之繼續前進，確定 π 真值在三點一四一五九二六與三點一四一五九二七之間，精確到小數點後七位。一千多年以後，阿拉伯數學家阿爾·凱西於公元一四二七年、法國數學家維也特於公元一五四〇至一六〇三年間，才打破祖氏記錄，求出更準確的資料。祖沖之還求得圓周率的密率為三五五分之一一三，這是分子、分母在一千以內的最佳值。歐洲直到十六世紀才由德國人奧托和荷蘭人安托尼茲求得這一資料，也在祖氏一千多年之後。

（三）宋元算學

宋元是中國古代數學高度發展的時期，湧現了一大批卓有成就的數學家，做出了許多世界第一流的貢獻。十一世紀上半葉，賈憲在

《黃帝九章算法細草》中提出指數為正整數的二項式定理系數表（賈憲三角），可以求出任意高次方程的數值解，比歐洲阿皮納斯的系數表早四百年。一二四七年秦九韶在《數學九章》中提出的「大衍求一術」（一次同餘式解法）和「正負開方術」（高次方程的求正根法），都遙遙領先於世界。他的「大衍求一術」被後人譽為「中國剩餘定理」。歐洲數學家歐拉和高斯的同類研究比秦九韶晚了五百多年。南宋李冶的《測圓海鏡》也是一部驚世之作，它系統論述的「天元術」（一元高次方程）比歐洲的研究提前了三個世紀。元代朱世傑進一步推廣天元術，在《四元玉鑒》中創「四元術」（四元高次方程組），提出了與現代基本一致的消元解法。歐洲直到一七七五年才由法國數學家別朱系統敘述了高次方程組的消元法問題。朱世傑把計算近似值的招差術運用於高等級數計算的高次招差法，則比英國牛頓等人早近四百年。秦九韶、李冶、楊輝、朱世傑連續出現在十三世紀中葉至十四世紀初年的五〇年中，被稱為「宋元四大數學家」。

三　醫學

（一）中醫學

　　中醫學是至今依然屹立於現代世界科學之林的惟一傳統學科。它以完整系統、博大精深的理論體系，高超的醫療技術和豐富的典籍著稱於世。早在春秋戰國時期成書的《黃帝內經》，就已全面奠定了中醫理論的基礎。中醫學五大核心理論——陰陽五行學說、髒象學說、經絡學說、形神學說和天人學說，均肇始於此書。

　　陰陽五行學說貫穿於中醫理論體系的一切方面。陰陽學說確定人體臟腑組織部位的上下、前後、內外、表裏，說明人體功能活動與物

質基礎之間對立制約、互根互用、消長平衡和相互轉化的關係。五行學說揭示人體內部各重要臟器、組織之間以及人體內環境與外環境各重要因素之間遞相滋生、遞相剋制的功能結構。髒象學說闡述人體臟腑活動規律。經絡學說研究經脈和絡脈的循行部位、生理功能、病理變化及其與臟腑之間的聯繫。形神學說研究心理與生理、病理的關係。天人學說探究天地四時對人體機能的影響，總結氣候的陰晴變化，四季的寒暑迴圈，日夜的晦明更替，地理區域的燥濕寒溫，生活環境的幽曠雅噪，以及稍遠的月亮圓缺、太陽黑子活動，更遠的星係星象變化，作用於人體腠理開闔、氣血趨向、陰陽消長、脈象沉浮的規律。這一學說實際上已具備了現代新興的環境醫學和時間醫學的雛形。

　　西方近代醫學在人體生理病理的研究方面取得了一系列劃時代的巨大成就，但在整體系統思維方面卻遠不及中國。十六至十七世紀新興的西方近代科學把人看做是一臺機器，複雜的生命活動最終被簡單歸結為機械運動或物理、化學的變化。伴隨十九世紀的三大發現，開始出現了生物醫學模式，即從生理、病理的角度看待人的健康與疾病，然而依舊把人體的各個系統、器官看做是各自獨立、各司其職的機器部件。直到一九四八年世界衛生組織通過憲章，確認健康乃是一種在身體上、精神上和社會上的完滿狀態，這才建立了當前世界所公認的生物—心理—社會醫學模式。而這種整體和系統的醫學理論，中國早在二千多年前的《黃帝內經》中就已得到了系統、深入的闡述，並且在以後幾乎所有的醫學和養生著作中，都不斷得到發揮和發展。而且，中國醫學不僅認為健康需要身、心、社會三者的統一，還特別強調天人之際即機體與整個宇宙大系統之間的和諧，尤其表現出中國先人認識能力的卓絕與系統理論的博大精微。

　　在系統理論的指導下，中醫學在診斷學和內、外、婦、兒、針灸

等各臨床學科都取得了輝煌的成就。東漢張仲景撰著的《傷寒雜病論》，提出「四診」、「六經辯證」、「八綱辯證」等原則和方法，闡述了汗、吐、下、和、溫、清、補、消等治療「八法」，奠定了中醫臨床醫學的基礎。此書經後人整理成《傷寒論》和《金匱要略》二書，與《黃帝內經》、《神農本草經》並稱為「中醫學四大經典」。東漢名醫華佗發明全身麻醉劑「麻沸散」，能成功地實施外科大手術。獨特的針灸療法適應症廣泛，可用於內、外、婦、兒、五官等多種疾病的治療和預防，療效迅速、顯著，操作簡便，費用經濟，沒有或極少副作用，並可協同其它療法進行綜合治療，幾千年間為中國人民的醫療保健事業作出了巨大貢獻。秦漢以後，針灸方法開始傳到朝鮮、日本、東南亞和中亞各國。公元五五〇年，吳人知聰攜帶大批中國醫書和針灸圖去日本。公元五五二年，梁文帝贈送日本政府《針經》一部，此後日本不斷有人來華學醫，鑽研針灸學。公元七〇一年，日本《大寶律令》明確規定用《黃帝明堂經》、《針灸甲乙經》等作為學習醫學和針灸學的必修課目，並定出措施，使針灸療法在日本得到很大的發展，出現了不少著名的針灸家、著作和專門學校。公元一一三六年，高麗政府也正式規定以中國的《針經》、《黃帝明堂經》、《針灸甲乙經》等作為學習醫學、針灸的必修課程。宋元以後，隨著海路航運事業的發展，針灸療法逐漸被介紹到歐洲，英、法、德、荷、奧等國的一些醫學家都開始把針灸應用於臨床和研究，同時也翻譯了一些中醫針灸著作。至今，針灸治療仍為歐、亞許多國家所採用。

（二）中藥學

與中醫學密切相關的中藥學同樣有舉世矚目的成就。漢代的《神農本草經》是中國第一部藥物學專著，書中收錄各類藥物三六五種，對每種藥物的主治疾病、性味、產地和採集都有詳細記述。公元六五

九年，由唐政府組織蘇敬等人修成並頒行的《新修本草》，載藥九類八四四種，是中國古代第一部、也是世界上最早的藥典。比外國最早的藥典——一四九四年成書的意大利佛羅倫斯藥典早八三五年。書成不久，來中國學習的日本人就將其傳到日本，日本政府把它列為醫學生必修課本之一。中國古代藥物學的最高成就，是明代李時珍於一五七八年完成的不朽世著《本草綱目》。全書五十二卷，一九〇萬字，共收藥物一八九二種、醫方一一〇九六首，插圖一一六二幅，全面系統地總結了十六世紀以前中國的藥物學成就，涉及動物、植物、礦物、化學、地質、農學、天文、地理等許多科學領域，不僅對中國醫藥學和自然科學作出了重大貢獻，在海外也產生了巨大影響。一六四七年，《本草綱目》第一次被譯成拉丁文，以後又被譯成英、日、德、俄等多種文字，其中英文譯本就有十餘種，流傳於世界，被譽為「東方醫學巨典」，達爾文高度評價它是「中國古代的百科全書」。

第二節　四大發明——中國古代技術的偉大成就

中國素以四大發明飲譽世界。火藥、指南針、造紙術和印刷術，這四大發明是中華民族奉獻給人類文明並改變了整個世界歷史進程的偉大的技術成就，反映了中國人民的偉大創造力。

一　火藥

早在商周時期，中國就已經在冶金中廣泛使用木炭，春秋戰國時期又認識了硝石和硫磺的性能。經過煉丹術的長期實踐，至遲在唐代便開始發現了火藥。唐初著名醫學家孫思邈和唐中期煉丹家清虛子，曾分別採用「伏硫磺法」和「伏火礬法」，有意識地對硝、硫、炭混

合物的劇烈燃燒實施控制。唐中期的丹書《真元妙道要略》中載，以硫磺、硝石、木炭混合燃燒，會爆發烈焰，燒壞人的面部，乃至使房舍化為灰燼。

火藥發明以後，首先被用在軍事上。十一世紀初，唐福、石普先後製成火箭、火球、火蒺藜獻給宋朝廷。火藥武器的出現直接推動了火藥的研究和大規模生產。一〇四四年，由曾公亮、丁度編成的《武經總要》中，第一次載錄了毒藥煙球、蒺藜火球和火炮等三種火器的火藥配方。宋代宏大的軍器監下共設十一作，而以火藥作居首，每天生產弩火藥箭七千枝，弓火藥箭一千枝，蒺藜炮三千枝，皮火炮二萬枝，足見生產規模之大。

火藥在武器上的應用，是武器史上的一大革命。火藥武器在戰爭中顯示了前所未有的威力。北宋末年，在抗金戰爭中宋軍進一步將燃燒性火器發展成爆炸性火器，創造了「霹靂炮」。一二三二年，金人在抗擊蒙古人進攻中使用的「震天雷」，「炮起火發，其聲如雷，聞百里外，火　圍半畝之上，火點著甲鐵皆透」（《金史》卷113〈赤盞合喜傳〉），具有很大的爆炸殺傷力。南宋時期還出現了近代槍炮雛形的管形火器──火槍。元代開始出現銅或鐵鑄成的筒式火炮──「火銃」，因其威力巨大，當時稱為「銅將軍」。現保存在中國歷史博物館的最早的「銅將軍」為元至順三年（公元1332年）所造，是目前發現的世界上最古的銅炮。

宋元之際，還出現一種利用火箭燃燒噴射氣體產生反作用力而把箭頭射向敵方的火藥箭，和現代火箭的發射原理一致。明代這類火藥箭得到迅速的發展，著名軍事著作《武備志》中就有不少這樣的火箭圖，如同時發射十枝箭的「火弩流星箭」，發射三十二枝箭的「一窩蜂」，發射四十九枝箭的「飛鐮箭」，發射一百枝箭的「百矢弧」、「百虎齊奔」等。明代還創造了自動爆炸的地雷、水雷和定時炸彈。其中

一種名叫「火龍出水」的火箭尤其值得注意。它利用四個大火箭筒燃燒噴射的反作用力把龍形筒射出，當四枝火箭筒裏的火藥燒完以後，又引燃龍腹內的神機火箭，把它們射向敵方。這實際上是一種雛形的兩極火箭。這些在當時都是世界上最先進的火藥武器。

二　指南針

　　指南針是把人類無力感知的地磁信息轉換為視覺可見的空間形式的一項偉大的發明。

　　春秋戰國時代的《管子·地數篇》中說：「上有慈（磁）石者，下有銅金。」《呂氏春秋·經通篇》說：「慈（磁）石召鐵，或引之也。」這是世界上關於磁石性能的最早論述。大約就在這個時期，中國開始發明了指南針。《韓非子·有度篇》中說：「先王立司南以端朝夕。」據東漢學者王充介紹，司南是用天然磁石磨製而成的，其形如勺，底圓，放在平滑的地盤上，勺柄就會自動轉向南方（《論衡·是應篇》）。這就是世界上最早的指南針。

　　戰國秦漢時期的司南到宋代開始發展為指南魚、指南龜和指南針。這一變化不僅包含著指南針的形狀、製作技術和裝置方法的重大改進，同時其間也實現了由直接採用天然磁石到利用人工磁化技術製作更高一級磁性指向儀器的突破。

　　指南針的改進給航海業帶來了劃時代的影響。北宋朱彧《萍洲可談》記述一〇九八至一一〇六年間廣州航海業的興盛和海船在海上航行的情形時說：「舟師識地理，夜則觀星，晝則觀日，陰晦觀指南針。」南宋創制羅盤以後，指南針在航海中的地位更加重要。吳自牧《夢粱錄》說：「風雨晦冥時，惟憑針盤（羅盤）而行……毫釐不敢差誤，蓋一舟人命所繫也。」這是世界航海史上最早使用指南針的記

錄。到元代，航海已完全依靠羅盤指向引航並且有了專為海上航行而編制的由針位標示的航線——羅盤針路。

宋代中國的航海業高度發達，中國商船在南洋、印度洋、西至波斯灣一帶極為活躍，阿拉伯人不久就從中國人這裏學會了使用指南針來指導航向，一一八〇年左右，指南針又「從阿拉伯人傳到歐洲人手中」[5]。

磁鍼羅盤的使用，為遠洋航行創造了有利條件。十五六世紀時，葡萄牙人達‧伽馬環繞非洲到達印度的航行，哥倫布發現美洲新大陸的航行，麥哲倫的環行全球，若是沒有磁鍼羅盤，都是不可思議的。新航線的開闢，殖民地的建立，導致了世界市場的出現，刺激了歐洲的工業生產。這一切又都促進了新興資產階級的成長壯大和封建貴族的沒落衰亡。

三　造紙術

紙的發明是人類文字載體的一次革命。在植物纖維紙出現之前，人們書面交流思想，傳播知識信息，只能採用各種原始粗重的書寫材料。例如，蘇美爾人使用泥板，迦勒底人使用磚刻，巴比倫人使用石刻，古羅馬人使用銅板，古埃及人使用紙草，古印度人使用貝多葉，柏加曼人使用羊皮，中國殷商時期使用龜甲，獸骨、金石，戰國秦漢時期使用竹、木、縑帛等等。這些材料或失之不堅，或失之笨重，或失之昂貴，都不是理想的書寫佳品。

一九五七年西安灞橋出土的西漢初期的麻紙，是現存世界上最早的植物纖維紙。在此前後，新疆羅布淖爾、甘肅居延、陝西扶風、敦煌馬圈灣、天水放馬灘等地也都有西漢麻紙的發現。這些發現確鑿表

5　恩格斯：《自然辯證法》（北京市：人民出版社，1971年），頁171。

明，中國早在公元前二世紀就已發明了造紙術。公元一○五年，東漢宦官蔡倫完成了造紙技術的重大革新，他採用樹皮、麻頭、破布、漁網作原料，不僅大大擴充了造紙的原料來源，降低了成本，而且大大提高了紙的品質。這種紙，有紙草之便而不似其易於破損，有竹木簡牘之廉而不似其庸贅，有甲骨金石之堅而不似其笨重，有縑帛羊皮之柔而不似其昂貴。由此紙張得到迅速推廣，人們都稱它為「蔡侯紙」。後世因此公認蔡倫為紙的發明者。唐、宋兩代造紙業又有重大發展，宣紙、蜀紙、歙紙、蘇紙、池紙、蠲紙，競相媲美，成為譽滿天下的名紙。清代宣紙又有很大的發展和提高，不僅紙色潔白光豔，久不變色，而且韌性極強，久折不斷，有「紙壽千年」的盛譽。

　　中國造紙技術大約在三世紀首先傳入越南，四世紀傳入朝鮮，五世紀傳入日本，七世紀傳入印度，八世紀從中亞傳入阿拉伯，而後到達敘利亞、埃及和摩洛哥，十二世紀傳到歐洲。一一五○年，西班牙建立了歐洲第一家造紙廠，這時上距蔡倫造紙已有一千多年。此後，法、意、德、荷、英、俄、美等國也先後建廠造紙，中國的造紙術終於傳遍全世界。

　　造紙術的發明是古代技術的一項重大成就，為人類的文化傳播、思想交流和科學發展，提供了至今也不可缺少的信息存貯和傳遞手段。誠如美國學者德克・卜德所說：「紙對後來西方文明整個進程的影響無論怎樣估計都不會過分。」中世紀歐洲印製一部《聖經》，至少需要三百多張羊皮。這種狀況如果繼續下去，那麼除了少數富有的人以外，沒有人可以買得起書，文化信息的傳播就會受到極大限制。中國的造紙技術從根本上改變了這一狀況。在這個意義上可以說，「世界受蔡侯的恩惠要比受許多更知名的人的恩惠更大」[6]。

6　德克・卜德：〈中國物品西傳考〉，《中國文化》第2輯，頁358。

四　印刷術

　　有了紙，就有了現代意義上的書籍。但開始書籍在很長一段時間裏都靠手抄，一部書如要製成一百部，就要抄上一百次。如遇卷帙浩繁的著作，就得抄寫幾年甚至更長的時間。並且相互傳抄，常會抄錯抄漏。這就大大限制了書籍傳播信息的職能。

　　印刷術的發明，開創了書籍的歷史新紀元。晉人借鑒古代印璽和石刻的經驗，發明了墨拓技術。隋代在墨拓的基礎上發明了真正的印刷術──雕版印刷。唐懿宗咸通九年（公元868年）印刷的《金剛經》，雕刻精美，圖文渾樸凝重，墨色濃厚勻稱，清晰顯明，表明當時的刊印技術已經達到高度純熟的程度。這件珍品一直保存至今，是目前世界上最早的、有明確日期記載的印刷物。歐洲現存最早的、有確切日期的雕版印刷品，是德國南部一四二三年的《聖克利斯托菲爾》畫像，晚於我國近六百年。宋代雕版印刷更加發達，技術更趨完善。宋太祖開寶四年（公元971年），張徒信在成都雕印全部《大藏經》，計一〇七六部，五〇四八卷，費時十二年，雕版達十三萬塊之多。宋代以後，還出現了銅板印刷和更為複雜的、高度精密的彩色套印技術。這種套印技術與版畫技術相結合，便產生了光輝燦爛的套色版畫。明清時代許多優秀版畫已經成為世界藝術的珍品。

　　隨著印刷術的興盛，雕版數量劇增，雕版印刷的缺點也日趨顯露出來。每印一部書就要雕一次版，不僅費力，而且耗時。於是，就在雕版印刷全盛的宋代，平民畢終於在一〇四一至一〇四八年間發明了活字印刷術：用膠泥刻成單字燒硬，再拼版印刷。這一發明大大節省了雕版人力，縮短了出書周期，既方便，又經濟。這是印刷史上又一次重要的技術革命。元代繼泥活字以後，又出現了木活字、錫活字和銅活字，併發明了轉輪排字架，採用以字就人的科學方法，既提高了

排字效率，又減輕了排字工人的體力消耗。元代發明的錫活字和銅活字，是世界上最早的金屬活字。後來明代又在世界上最早使用了鉛活字。

中國的雕版印刷術在公元八世紀傳到日本，八世紀後期日本完成了木版《陀羅尼經》。十世紀末傳到朝鮮，十一世紀初，朝鮮花六七十年時間雕成了共約六千卷的整部《大藏經》。十三世紀中葉傳到越南，十三世紀末從土耳其傳到伊朗，十四世紀從伊朗傳到埃及和歐洲。

中國的活字印刷術大約在十四世紀傳到朝鮮和日本，十五世紀傳到歐洲。公元一四五六年在德國古登堡出版的《聖經》，是歐洲人用活字印刷的第一部重要作品，比畢晚四百多年。自此，雕版與活字印刷即流行於歐洲。一四六〇年意大利建立了歐洲第一家印刷廠，此後歐洲各國的印刷廠便如雨後春筍般建立起來。

印刷術在歐洲的出現，根本改變了歐洲的社會文化環境。恩格斯指出：「印刷術的發明以及商業發展的迫切需要，不僅改變了只有僧侶才能讀書寫字的狀況，而且也改變了只有僧侶才能受較高級的教育的狀況。」[7]從此，歐洲的學術中心由修道院轉到各地的大學。這就為當時歐洲的宗教改革和文藝復興運動提供了極有力的武器，從而為近代科學從中世紀歐洲的漫長黑夜中騰飛，為資產階級的興起和思想文化傳播，起了巨大的推動作用。

中國的四大發明一向以其深遠的意義而在世界科技史上享受著殊榮。著名英國哲學家弗蘭西斯‧培根曾經指出：「印刷術、火藥和指南針這三種東西已經改變了世界的面貌。第一種在文學上，第二種在戰爭上，第三種在航海上。由此又引起了無數的變化。這種變化如此之大，以至沒有一個帝國、沒有一個宗教教派、沒有一個赫赫有名的

7　《馬克思恩格斯全集》，卷7，頁391。

人物，能比這三種發明在人類的事業中產生更大的力量和影響。」[8]

第三節　中國古代科技的特點和近代落後的原因

一　中國古代科技的特點

中國古代科技的眾多領域雖然內容各異，但卻存在著幾乎完全相同的思維定式和精神特質。正是這種相同的思維定式和精神特質，使它們具備了統一的走向、特徵和形態。

（一）實用性

注重實際是中國人傳統的行為取向。表現在古代科技領域中的第一個特點，就是鮮明的實用性，其中又「絕對地以國家的『實用』為主」[9]。

中國古代天學所以高度發達，首先是由於帝王們認為天象直接聯繫著皇家的命運。《易》曰「天垂象，見吉凶」（《繫辭傳上》），所以「自古有國家者，未有不致謹於斯者也」（《元史‧天文志》）。曆法的準確與否，被看做一姓王朝是否順應天意的標誌。所以司馬遷說：「王者異姓受命，必慎始初，改正朔，易服色，推本天元，順承厥意。」（《史記‧曆書》）這是中國古代天學尤重曆法的緣故。其次，中國古代以農立國，農業是國家財富的根本。歷代統治者重視天文曆法，「敬授民時」，也是出於對全國農業生產實施宏觀控制以維護封建國家利益的考慮。

8　弗‧培根：《新工具》。
9　黑格爾：《歷史哲學》，頁177。

　　要制定精確的曆法，就要準確地測天，就得精於計算。於是，數
學亦伴隨天學而發達起來。《周髀算經》相當一部分內容就是解決天
文學中的計算問題。《孫子算經》的剩餘定理，唐一行和尚的不等間
距二次內插公式，南宋秦九韶的數論——大衍求一術，郭守敬的招差
法等，都是在解決天文曆法計算問題中產生的。

　　地理學也是這樣。中國幅員遼闊，人口眾多，高度集權的中央政
府為了有效地管理國家，歷來非常注意掌握地方的疆域沿革、山川形
勢、城邑關津、戶口貢賦、民俗物產等情形。官修二十六史中十八史
有《地理志》，意義就在於供「王者司牧黎元，方制天下，列井田而
底職貢，分縣道以控華夷」（《舊唐書·地理志》）。唐代李吉甫以宰相
之身，親撰《元和郡縣圖志》，自稱此書的「切要」目的就是「佐明
王扼天下之亢，制群生之命，收地保勢勝之利，示形束壤制之端」
（《元和郡縣志·序》）。明清之際力倡「經世致用」的顧炎武著成
《天下郡國利病書》、《肇域志》兩部地理著作，梁啟超評論說：「其
著述動機，全在致用；其方法則廣搜資料，研究各地狀況，實一種政
治地理學也。」（《近三百年來中國之學術》）

（二）整體觀

　　西方科學注重分析，在研究一個具體事物或事物的某一局部時，
總要把它從錯綜複雜的聯繫中分離出來，獨立地考察它的實體和屬
性。中國傳統科技則截然不同，它重綜合，重從整體上把握事物，重
事物的結構、功能和聯繫。它在研究任何具體事物時，總是居高臨
下，俯視鳥瞰，把它放到一個包容著它的更大的環境系統之中。

　　中國古代認為天的運動法則規範著世間的一切變化，人類的一切
活動只有效法於天，才能達到理想的目的。因此天文學家們在密切觀
察種種天象變化的同時，一面又密切注視著年成的豐歉、災疫的起

落、社會的治亂以及人事的沉浮。連續、豐富的天象記錄，只是探尋天人之間聯繫奧秘的資料。數學的尖端成就始終與天文學高度發達的測天技術和大規模的測天活動為伍，最終服務於曆法的改進，以至形成一門綜合性的「曆算之學」。

農學從很早的古代起，就把一切農事置於天地人的宇宙大系統內，將天時、地宜、人力作為三項主要因素相參互輔，摸索發展農業生產的途徑。正是從這種整體觀出發，中國先人很早就發展了非常完備的保護生態環境、資源的觀念。從商湯「網開三面」（《史記・殷本紀》），到先秦諸子大量關於保護山林川澤的論述，《周禮》、《禮記》中對於漁獵、砍伐的種種限制，充分表現了中國早在二三千年前對保護環境、保護資源與人類生存之間的關係的認識和高度重視，並且在政府中設置了專門機構和官員實施管理，形成了嚴格的制度。這是中國農學在整體思維下的一項極富特色的貢獻。

最能集中體現中國科技整體觀的，還是中醫學。中醫學認為，人體是一個有機的整體。具有各自不同生理功能的臟器、器官和組織，通過經絡系統的聯結作用，並涌渦氣、血、津液等迴圈不息的周身運行，使人體的內臟和軀殼、五官九竅與四肢百骸、形與神構成一個統一的系統。它們在結構上不可分割，在生理功能活動中相互協調、相互為用，在病理變化中相互影響。中醫學研究病理變化的病因病機，首先著眼於整體，著眼於局部病變所引起的整體情況，將局部病變與整體情況統一起來，既重視局部病變的生理功能狀態，又不忽視它對其它臟腑、經絡以及全身所產生的影響。例如腎與耳在解剖學上至今未發現有什麼直接聯繫，但中醫認為「腎氣通於耳」。臨床證明，腎功能減退或異常，確實會引起耳功能的變化，反之亦然。建立在整體觀念基礎上的中醫診斷學認為，局部的病變，必然影響到全身的氣血運行狀態和陰陽平衡關係，因此，機體每一部位的外部表現都帶著全

身生理、病理的信息。中醫學的耳診、目診、鼻診、舌診、面診、手診、足診、脈診等方法與現代全息理論完全吻合，已經受到國際醫學界的高度重視和大力推廣應用。

中醫學不僅把人體看做是一個整體，而且把人和宇宙也看做是一個整體。《內經》說：「人以天地之氣生，四時之法成。」（《素問・寶命全形》）自然界不僅用自己的物質材料產生出人，而且把自身的基本屬性也傳輸給了人；人的生命功能來源於天，同時也受制於天。中醫學全面深入地探討了人體五臟、六腑、五官等與自然界五行、五季、五方、五氣、五色、五味等之間的對應關係，建立了一套完整的理論體系。其中關於人體生命活動時間節律（年節律、月節律、日節律、甲子節律）的研究，如金元時期所形成的系統時辰針灸學說——「子午流注法」、「靈龜八法」和「飛騰八法」，尤令世界歎為觀止。當二十世紀六七十年代時間生物學和時間醫學迅速興起之時，中國古代的時間醫學理論引起了西方學者的極大興趣，他們稱「子午流注法」為「中國式生物鐘」，紛紛來到中國學習時間針灸學。

素樸的整體觀念，集中反映了中國人宏觀把握世界的高度智慧，構成了中國傳統科學技術獨特的理論模式，反射出中國文化的卓異光輝。當現代中國積極引入西方科技成果的同時，中國的整體思維也正在受到西方文化的珍視和借鑒。耗散結構理論的創始人普裏高津曾引用李約瑟的觀點高度評價中國傳統文化的現代意義說：「西方科學向來是強調實體（如原子、分子、基本粒子、生物分子等），而中國的自然觀則以『關係』為基礎，因而是以關於物理世界的更為『有組織的』觀點為基礎的。」他指出：「中國傳統的學術思想是首重於研究整體性和自然性，研究協調與協和，現代新科學的發展，近十年物理和數學的研究，如托姆的突變理論，重正化群，分支點理論等，都更符合中國的哲學思想。」由此，他得出結論說：「中國思想對於西方

科學家來說始終是個啟迪的源泉。」「我相信我們已經走向一個新的
綜合，一個新的歸納，它將把強調實驗及定量表述的西方傳統和以
『自發的自組織世界』這一觀點為中心的中國傳統結合起來。」[10]

二　中國近代科技發展遲滯的原因

中國古代科學技術曾經在世界文明史上寫下了光輝燦爛的篇章，
但當西方經過文藝復興的洗禮，近代科技開始生機勃勃迅速發展之
際，它卻反而進展遲緩，越來越落到了西方的後頭。認真總結中國科
技近幾百年發展遲滯的原因，對於發展中國現代科技文明可以有許多
啟示。

（一）傳統科技思維的局限

重實際應用曾經是一種巨大的推動力，促進了中國古代科技的發
展。但是，過於講究實用而輕視理論的探討，則使科技在經歷一定的
發展之後很難躍入新的水準。中國古代除了醫學建立了博大的理論體
系因而至今仍然有著強大的生命力之外，其它各個領域均缺乏系統的
科學基礎理論建樹。天學豐富的天象觀察，精密的天體測量，頻頻改
進的曆法，終因陷入應用政治學的軌道而未能進入哲理推理與科學抽
象的殿堂。傳統數學以實用為前提，成了天文、農業、賦稅、商業的
附庸，重計算、輕邏輯，始終沒有形成嚴密的演繹體系，未能進一步
以抽象的符號形式來表示各種量的關係、量的變化，以及在量之間進
行推導和運算，長期滯留在借助文字敘述各種運算的階段上，妨礙了
數學發展成為純理論性的獨立科學，傳統農學局限於經驗，農業基礎

10 轉引自顏澤賢：《耗散結構與系統演化》，頁107-108。

理論科學始終沒有得到健康的發展，無法完成自身體系的完整性。至於各個技術領域中的一系列發明、創造，更往往「言其所當然而不復求其所以然」（阮元：《疇人傳》卷46），「詳於法而不著其理」（王錫闡：《曉庵遺書·雜著》），大大影響了技術的進步。

當然，科學技術的存在與發展不可能完全離開理性思維，中國古代的科學中也的確形成了一些傑出的理論，如天人學說、元氣學說、陰陽學說、五行學說等，但這些理論是功能普適型的理論，普適於天地萬物以至人事和人身。這種高度普適性的理論，雖也可以用來籠統地、模糊地解釋一些自然現象，可當它一旦成為一種以不變應萬變的律條時，也就成了人們對自然界進行具體的、有分析的探討的束縛力量，最終成為人們深刻認識事物本質、形成科學性專門理論的障礙。

中國傳統科學擅長綜合，處處從總體、從聯繫、從動態功能去把握事物，充滿了樸素的辯證法。但是它由此而忽略對個別物質實體、物質內部深層結構的獨立研究，因而往往不能深入事物實體，滿足於用樸素的對立統一觀念泛論宇宙的一般法則，容忍思想的朦朧性和認識的不精確性。西方近代科學技術的產生和發展是分析研究的勝利。科學研究不僅需要一定的邏輯推導，還需要相應的實證和分析手段。實證和分析是科學研究的基本方法。中國古代科技未能在高度發達的基礎上進一步踏上這一途徑，仍舊習慣於整體的、定性的綜合，沒有實驗分析，也沒有定量研究，因而始終保持著學科分類粗疏的狀況，不僅自然科學與社會科學渾然為一，錯綜雜糅，而且自然科學各學科之間也是你中有我，我中有你，始終沒有形成獨立的分門別類的各種自然科學。

重實際應用、輕理論探討，重整體綜合、輕個案分析的研究方法和思維方式，限制了中國科技從傳統形態向近代形態的創造性轉化。

（二）重政輕技、重道輕器等傳統觀念的束縛

中國是一個文化政治化傾向非常強烈的國家。在國家全部事務中，政治體制的建立、健全和鞏固，始終是最重要的事情。在政府機構中做官，被看成是（實際上也是）最有發展前途、最受人尊敬的人生道路選擇。各種與軍國重務無直接關係的學問統統被封建國家，也被一般文化人視為「無用之辨，不急之察」，被「棄而不治」（《荀子‧天論》）。在漫長的封建時代中，推崇政治，鄙薄技藝，成為整個國家的時尚。很多重要的科學著作往往無人問津，以至絕版。中國古代最早的數學專著《九章算術》在世界數學史上也是極寶貴的古典文獻，但北宋以後，其術已不傳，至明已經無人知曉。祖沖之的數學名著《綴術》唐代還在傳習，後因「明理之儒土苴天下之實事」，「數學衰竭，是書遂亡」（徐光啟語）。明末科學家宋應星的《天工開物》因與功名進取無關而長期失傳，直到二十世紀才被重新發現。李時珍的《本草綱目》獻給朝廷後，明神宗只批了「書留覽，禮部知道」數字，就把它束之高閣。由此可見，崇政輕技這種傳統觀念形態已經成了阻礙甚至破壞科技進步的巨大社會力量。

中國古代學術思想又有重「道」輕「器」的傳統。就整個理論學術而言，重視人文科學輕視自然科學；就自然科學而言，重視宏觀規律的探求，重視事物總體特質、事物與環境關係的探求，而輕視一事一物具體形質的研究，輕視社會生產領域具體器物、具體技能的研究。對於具體事物的研究只有在從中發掘出總體精神時才具有意義。因此，中國古代賢哲大量對於自然界的敏銳觀察和新穎見解，結果總是一致地導向對人心的啟迪，落腳到告訴人們某種社會人生的哲理。否則，就被認為是「玩物喪志」。儒家這種崇尚政治人倫之「道」、崇尚天地萬物通「理」而輕賤具體科學知識和生產技藝的趨向，將千千

萬萬儒門學者永遠隔在了自然科學的門外。道家雖不同於儒家的重人道而重天道，重自然之道，但主張保持原始的勞作方式，反對任何技術革新，同樣不利於科學技術的發展。

中國傳統倫理思想對科技發展的限制和束縛也是不言而喻的。「利用」、「厚生」的科技活動自然不能違背「正德」的宗旨，以儒家倫理教條來限制科技發展的事例亦屢見不鮮，在「身體髮膚，受之父母，不敢傷毀」觀念的束縛下，人體解剖學在中國很難發展就是一個顯例。

（三）封建制度的扼制

中國古代若干消極觀念之成為傳統並成為束縛、障礙科技發展的巨大社會力量，可以說完全是封建統治者思想灌輸和輿論導向的結果。除此之外，封建專制制度還有一些直接扼制科技進步的方面，亦不可忽視。

首先是科技人員社會地位低下。商鞅提出，管理國家必使利出一孔。中國歷代統治者都不約而同地採取了這一治國要求，一方面壟斷全國的土地、資源，控制各行各業的生產，獨佔天下之利並獨佔一切獲利之途；一方面通過選舉制和科舉制操縱天下人的榮辱沉浮。知識分子舍入仕即無進身的階梯，科學技術非直接服務於朝廷即無應有的地位。因此，中國歷史上一個獨特的現象就是，與國家政務無關的學科斷難生存，農、醫、天、算、地這些比較發達的部門都在政府的直接控制之下。科學事業和科技人員依附於封建專制制度，缺乏獨立的社會地位，這是中國未能形成探索大自然奧秘的獨立的科學思想和科學精神的根本原因。

同時，科技人員在政府機構中不僅所佔比例極小，而且待遇十分低微。以唐為例，醫官最高不過正五品下階，陰陽、卜筮、工巧、造

食、天文等最高不過七品。陸羽著《茶經》被後世尊為「茶聖」，而在當時，御史大夫李季卿召見他卻不以士人之禮相待。陸羽深感慚愧，另著《毀茶論》以誡後人。隋代庾質世代研習天文，竟以直言下獄死。其子庾儉深以為戒，「又恥以數術進」，不肯久任太史令職（《舊唐書》卷79《傅奕傳》）。知識分子普遍以從事科學技術工作為恥，在這樣的社會背景下，怎望科技有長足的進步！

其次，始終沒有形成科技產品的市場機制。中國古代高品位的科技產品，高水準的技師工匠，幾乎全部為統治階級所支配、所佔有。在統治階級內部，封建等級制度嚴格地限制著各類科技產品的使用。一切豪華消費都按官階的高下通過政府的計劃進行調節。在十六至十七世紀歐洲所發生的工業革命和伴隨這場革命而誕生的科學技術，是當時歐洲時代需求呼喚出來的產物，是新型的生產關係、經濟關係發展壯大的產物。而在中國，這樣的生產關係、經濟關係，這樣的社會需求，在封建專制制度的束縛之下卻無法生長起來。中國沒有真正意義的市場，沒有產品更新換代的觀念和大幅度提高生產效率的迫切要求。總之，沒有任何重大的能夠刺激工業和科學技術爆發革命的因素。

再次，封建統治者為了維護統治，還經常直接限制科技的發展。中國封建專制制度的基礎是世世代代老死不出鄉里的個體小農經濟和千百年沿襲不變的倫理道德傳統。而科學技術則意味著自由獨立思想的充分發展和勞動工具、生產生活方式的不斷更新。因此，封建統治者對一切非官方科學技術存有天生的恐懼心理是必然的。相傳周初「齊肱氏作飛車，周公毀之」（《淮南子‧氾論訓》）。《禮記‧王制》說：「作淫聲、異服、奇技、奇器以疑眾，殺。」漢儒鄭玄在詮釋這一段話時，把戰國著名工匠公輸般（魯班）即列為「作奇技、奇器」應殺的典型人物。特別是被認為密切關係著封建王朝氣運興衰的天文之學，更被歷代統治者嚴格控制，屬禁民間私習。唐律規定天文圖書

私家不得有，違者徒二年，私習天文者同（《唐律疏義》卷9）。明律也有類似條文。這種保守、封閉、專制的學術氛圍，對科學技術的發展無疑有著極大的扼製作用。

參考文獻

〔英〕李約瑟　中國科學技術史（第1-5卷）　北京市　科學出版社
　　　1975-1978年
杜石然等　中國科學技術史稿（上、下）　北京市　科學出版社
　　　1983年
中國科學院自然科學史研究所　中國古代科技成就　北京市　中國青
　　　年出版社　1978年

思考題

1 中國古代科學技術有哪些偉大成就？

2 試論中國古代科學技術的特點。

3 近幾百年中國科技發展遲滯的原因是什麼？

第八章
中國古代教育

第一節　中國古代文化是靠教育傳遞下來的

中國古代教育是燦爛輝煌的中國古代文化的一部分，是中國古代文化賴以延續和發展的基礎，是中國古代文化不斷創新的動力。因為燦爛輝煌的中國古代文化是靠中國古代教育一代一代地傳遞下來的。中國古代的學校教育、社會教育、家庭教育、百工技藝教育是中國古代各種文化薪火相傳、繼往開來的保證，沒有中國古代教育，中國古代的物質文明和精神文明是難以創造、延續和發展的。

一　中國古代十分重視教育

古代中國，視教育為民族生存的命脈。由於我們的祖先很早便知道教育的重要，所以遠在四五千年以前就開始了有組織的教育活動。根據歷史文獻記載，中國古代教育的起源，可以追溯到夏以前。傳說中的伏羲、神農、黃帝、堯、舜等，都十分重視教育。據《尚書·舜典》記載，虞時即設有學官，管理教育事務，如命契為司徒「敬敷五教」，即負責對人民進行父義、母慈、兄友、弟恭、子孝五種倫理道德的教育；命夔「典樂」，即負責對人民進行音樂和詩歌教育。由於中華民族具有重視教育的悠久優良傳統，所以四五千年來，中國古代燦爛輝煌的文化不僅能一脈相承，歷久彌新，而且其內涵也較世界上其它古老民族更加充實而輝煌。

　　商周時代，中國文化已有相當的積累，知識大體具備規模，這就為中國古代學校教育的興盛創造了條件。西周時不僅有國學，還有鄉學；不僅有大學，還有小學；不僅有宮廷教育，還注意幼兒家庭教育，逐漸形成了一個以禮、樂、射、御、書、數為主體的「六藝」教育體制。到春秋戰國時期，「私學」作為一種新興的教育組織形式開始發展起來，出現了一批閃爍著智慧光芒的民間私學大師，如孔子、墨子、孟子、荀子等。他們在教育思想上都有所建樹，這是私人自由講學帶來的成果。不僅《論語》、《墨子》、《孟子》、《荀子》、《管子》《呂氏春秋》等典籍中記載了大量的教育資料，而且還出現了像《禮記‧學記》、《禮記‧大學》、《荀子‧勸學》、《管子‧弟子職》等教育專著。《學記》與《大學》就是這一時代豐富的教育經驗與教育理論的總結，成為世界上最早出現的自成體系的古典教育學專著，奠定了中國古代教育思想的基礎。

　　到西漢，中國已有專門傳授知識、研究學問的太學。漢武帝元朔五年（公元前124年）開創太學，設在京師長安的西北城郊，規模相當可觀。它作為中國當時的最高學府，與西方的雅典大學、亞歷山大尼亞大學等同為世界上最古老的高等學校。太學選聘學優德劭者任教授，稱為「博士」；招收學生，隨教授學習，稱為「博士弟子」。太學的課程以通經致用為主，學生分經受業，經考試及格，任用為政府官吏。政府給予「博士弟子」以極優厚的待遇。西漢平帝元始四年（公元4年）為太學學生始建校舍，能容納萬人，規模巨大。東漢太學學生增達三萬多人，京師形成了太學區。東漢太學有內外講堂，講堂長十丈、寬三丈，同時聽講的人數在數百人以上，出現了「大都授」——集體講授的教學形式。漢代的學校，是官學與私學並舉。官學除中央政府所辦太學之外，地方政府所辦的學校，郡國曰「學」，縣曰「校」，鄉曰「庠」，聚曰「序」。私學則分兩種，小學程度的稱

為「書館」；而由著名經師設帳聚徒講學的，一般具有大學程度。班固讚頌漢代「學校如林，庠序盈門」，可以想見當時學校教育發達的盛況。

　　兩漢教育以儒學經典為教材，雖然經師們因派別和師法不同，講授內容大相逕庭，但對於教育的主張，卻在「明經修行」這一點達成共識。東漢靈帝時，為了正定五經文字，在熹平四年（公元175年），由蔡邕等以隸書書寫《易》、《書》、《詩》、《儀禮》、《春秋》、《公羊傳》和《論語》，刻於碑石上，作為官方教材，立於太學，史稱「熹平石經」，又稱「一字石經」或「一體石經」。後魏齊正正始二年（公元241年），在修補壞缺的漢舊石經基礎上，又兼用古文、篆、隸三種字體刊刻《尚書》、《春秋》、《左傳》（未刻全），立於太學，稱「正始石經」或「三體石經」。

　　漢代的教育設施、教育思想和漢代的選舉（選士）制度是互相配合的。漢高祖以來即有選士的舉措，目的在於招納賢良，共安天下。漢文帝二年，下詔舉賢良方正、直言極諫之士，對各地選上來的士人，經過測試，然後加以任用。漢武帝時，除賢良方正的選考外，又有孝廉茂才的察舉，甚至規定郡國人口二十萬人以上，每年察舉孝廉一人，四十萬人以上二人，如此類推。考察賢良方正，注重上層的政務及文學水準；察舉孝廉則偏重於德行。孝廉每年察舉一次，中選以後，不必考試，就可以被委任為官。在西漢，茂才與賢良方正，察舉的次數較少。到東漢，孝廉專以察吏，茂才專以選民。漢代選士制度，比較重視道德，被察舉之士，大都學行並茂，有不少傑出人才由布衣而任公卿。但到東漢末年，這種制度也產生了弊端，出現了假冒作偽等現象。

　　晉代中央學制分為兩種，一為國子學，一為太學。前者限五品以上的貴族子弟入學，內設祭酒一人，博士一人，助教十餘人。後者為

平民子弟而設，立博士員十九人。太學的規模很大，晉武帝時，太學生曾超過七千人。北方少數民族所建十六國中，不乏仰慕漢族文化而興學者，如前趙劉曜、後趙石勒都建立了太學及小學。南北朝時期，學校教育以北朝為盛。北魏太學亦設五經博士，學生為州郡選派，多達三千人。南朝宋文帝時，在京師設立四學：儒學、史學、玄學、文學，稱為「四學制」，打破了儒家一統教育的狀況。到梁時，學校教育漸漸有了合儒、佛、道於一堂的做法。魏晉南北朝的選士制度，除了察舉孝廉、秀士仍沿兩漢舊制外，又新增一種旨在匡正兩漢選舉制度之流弊的「九品中正制」。這一制度意在設立銓敘、考選的專門官員，以代替鄉里的毀譽。各州、郡、縣等地方政府，都設置大大小小的「中正」，由當地人在諸府公卿及臺省郎吏之德充才盛者擔任。大小「中正」定為九等。「中正」的品評，以言行道義決定陞進與黜退。這一制度實行了近四百年。由於銓敘、考選操諸一人，以一人之好惡，評全邑人之高下；而「中正」的評論又決定著官員的選拔任用，所以不能不發生流弊。更由於門閥世族社會總格局的制約，便造成所謂「上品無寒門，下品無世族」的負面效應。

　　唐代復興漢代教育的傳統，同時又繼承魏晉南北朝以來教育的成果，全面地加以發展，使學校教育達到了新的發展高峰。隋唐時期針對「九品中正制」的流弊，建立健全了科舉考試制度。這是我國古代教育史和官制史上一件十分重要的事情。學校教育、社會教育、官員的陞擢任用，均服從或從屬於科舉考試。選拔人才與培育人才的標準和要求一致起來，不僅促進了唐代學校教育和社會教育的發展，而且也使寒門庶士有了學優從政的可能，在一定程度上促進了當時的政治革新。唐代取士之法，大略有「生徒法」、「貢舉法」、「制舉法」。從京師之六學二館及州縣之諸學校的學生中，選其成績優良者，送入京師尚書禮部受試，叫做「生徒法」。非在校學生，先試於州縣，及格

後再送至京師復試的，叫做「貢舉法」。唐代科舉考試在不同的時期，其科目設置也不盡相同。其中常見的有秀才（試方略五道）、進士（試時務策五道，帖一大經）、明經（先帖文，然後口試經問大義十條，答時務策三道）、明法（試律令七條）等，又設有書法、算學、諸史、三傳、童子等科，有時亦設道舉科，考試道家經典。所謂「制舉法」係特種考試，以待非常之才，試於殿廷。不久又興「武舉」。

　　唐代建立了從中央到地方完備的學制體系。中央設國子監總轄各學。國子監具有雙重性質，既是大學，又是教育行政管理機構。下設國子學、太學、四門學、書學、算學、律學等，此外還有弘文館、崇文館。地方官學——府州縣學和專門學校也很發達。唐文奈大和七年（公元833年），始以楷書刊刻《周易》、《尚書》、《毛詩》、《周禮》、《儀禮》、《禮記》、《左傳》、《公羊傳》、《梁傳》、《孝經》、《論語》、《爾雅》十二經，成於開成二年（公元837年），史稱「開成石經」，立於長安太學講論堂兩廊（後清康熙七年（公元1668年）賈漢復補刻《孟子》附其後，構成十三經）。唐代出現了律學、書學、算學、醫藥學、獸醫學、天文學、音樂學等門類多、範圍廣的實科專門學校。醫學又分醫、針、按摩三個專業。醫學專業包括五科：體療（相當於內科，七年制）；瘡腫（相當於外科，五年制）；少小（相當於兒科，五年制）；耳目口齒（相當於五官科，二年制）；角法（拔火罐等療法，二年制）。針學專業教學生瞭解經脈和穴位，熟識各科症候，掌握九種針法的運用。按摩專業教學生消息導引的方法，學會治療風寒暑濕饑飽勞逸等八項疾病，還兼習正骨術。藥學與藥園設在一處，教學生識別各種藥物，掌握藥材的種植和收採貯存製造等項技術，教學結合實際，注重實習以培養動手能力，並根據學習與實習成績和治療效果來決定工作分配。這是一種優良的教育傳統，說明中國早在七、

八世紀就已建立了實科學校教育制度，而西方這類實科學校的出現，是在資本主義已經相當發達的十七八世紀之際。

唐代周邊各國先後派來留學生，以日本、新羅、百濟、高麗等國派來留學生的數量最多，到中國來學習經史、法律、禮制、文學和科技等中國文化。日本隨正式遣唐使來過十三批留學生，每批少則一二十人，多則幾十人，他們都進入國學學習，有的留學數年，有的甚至留學二三十年。當時的國都長安成為東西方各國文化教育交流的中心。中國文化通過留學生的來往而傳播到東西方各國，留學生在發展中國與各國的友好關係、開展文化教育交流方面起了積極的橋樑作用。

唐宋以後，又出現了一種新的教育機構——書院。書院原為藏書、校書之地，或私人治學、隱居之地。宋代書院將教育、教學和學術研究結合起來，成為著名學者授徒講學、培養人才的地方。當時著名的有江西廬山的白鹿洞書院，湖南長沙的嶽麓書院，衡陽的石鼓書院，河南商丘的應天府書院，登封的嵩陽書院，江蘇江寧的茅山書院等。元代政府也大力扶植書院。書院院址多選於山林名勝之地，主持人稱「洞主」或「山長」。建制有民辦、官辦、民辦官助等多種形式。科舉制度盛行之後，士子都以獵取功名為讀書目的。書院講學，以義理修養為核心，頗能矯正科舉之弊。書院教學注重講明義理、躬行實踐；允許不同學派互相講學，學者亦可往來問學，並建立「講會」制度，成為學術交流的重要形式；教學方法採取個人自學、集中講解和質疑問難相結合，尤重讀書指導。師生以道相交，切磋學問，砥礪品格，把做人與做學問統一起來。教師學識淵博，品德高尚，獻身教席，熱心育人；學生慕師而來，虛心求教，立志成人，尊重師長。書院不僅對形成各種思想流派起了重要作用，而且代表社會良知，擔當著社會道義，成為批判現實社會黑暗腐朽勢力的一股力量，如明代無錫的東林書院就是其中的典型。書院的這一特點，集中地體

現在顧憲成為其題寫的一副對聯上：「風聲、雨聲、讀書聲，聲聲入耳；家事、國事、天下事，事事關心。」明熹宗天啟年間，閹黨魏忠賢矯旨盡毀國中書院，此後書院由盛而衰。明的東林上承漢的清流、下啟清末的公車上書，是我國知識分子的優良傳統，曾一再地為魯迅等中國先進的文化人所稱道。

明代學校，中央有國子監及宗學（貴族學校），地方有府學、州學、縣學，邊疆及特殊地方則有衛學（軍事學校）。地方學校規模雖有大小，但彼此不相統屬，學生皆有送至中央國子監資格。此外，地方性專科學校還有軍事、醫學、陰陽學等。清代學制，大抵沿襲明制。地方府、州、縣學計有一千七百餘所，學生二萬七千餘人。明清科舉制沿襲宋元，分鄉試、會試、殿試三種。考試內容，第一類為經義，出題限於五經四書，文體多為八股；第二類為詔誥律令；第三類為經史時務策。清代科舉除常科外，又有特科，如出林隱逸、博學鴻詞等，以網羅不願應試的學者；還有翻譯科，鼓勵滿人翻譯漢文；還有武舉之設。科舉制自隋唐至清光緒三十一年（公元1905年）廢止，在我國實行了一千三百多年。其優點，較之漢代選舉制和魏晉九品中正制，雖然要客觀公正，嚴格認真，不易發生舞弊，參加科考者確實普及到下民百姓。但科舉考試亦有不少流弊，且愈到後期愈為腐朽。其缺點主要是：考試偏重經籍文辭，忽略德行才能；束縛知識分子思想的自由發展；把受教育與仕進、利祿直接掛鈎，考試合格者不乏思想僵化、毫無能力的庸才和利祿之徒；學校教育和社會教育變成科舉的附庸。

清末以降，我國學校教育和社會教育發生了巨大變化，吸收西學成為第一要務，學校建制、教育思想大不同於古代。百多年前，就開始有了近代化的大、中、小學。從此，中國教育走向了全新的發展階段。

二　中國古代教育思想的特色

　　中國古代產生了無數著名的教育家，從孔子到朱熹到黃宗羲、顏元，有如群星燦爛。他們各自體現了時代的精神面貌，代表著教育實踐和教育思想發展中的各個階段。他們為傳播燦爛輝煌的中國文化、形成中華民族的共同文化心理作出了歷史性的貢獻。

　　中國古代教育是人文主義的教育。它以做人為教育的惟一目的，注重教人以德行與智慧，而不只是單純的知識。它尤其重視道德教育和德性培養，注重氣節、操守和崇高的精神境界，提倡發奮「立志」，強調道德責任感與歷史使命感，弘揚那種孜孜不倦、臨事不懼，不計成敗利鈍、不問安危榮辱，以天下為己任的精神氣概與寬廣胸懷，把個人擔當的社會責任與個人道德的自我完成統一起來。我國逐漸形成了一個長遠而深厚的教育傳統，上起孔孟老莊，中經佛教禪宗，下迄宋明理學，都特別注重道德教育與自我修養，重視啟發學生的自覺性、主動性，立志有恆、克己內省，改過遷善、身體力行，潛移默化、防微杜漸……逐漸形成了一系列具有獨特風格的道德教育與道德修養的原則和方法。中國古代教育家重視德性培養，樹立道德風範，其影響力是不可低估的。他們曾在漫長的中國歷史上教育、感染、薰陶了一代又一代仁人志士，推動了中國社會的進步，促進了中華文明的繁榮，陶冶了我們民族的精神與智慧。中國古代教育家不僅重視道統與學統的建樹，而且重視教育方法的改進。格物致知，讀書進學，溫故知新，學思並重，循序漸進，由博返約，啟發誘導，因材施教，長善救失，教學相長，言傳身教，尊師愛生……形成了一系列具有獨特風格的知識教育和教學的手段，形成了比較系統，深刻的知識論、教學論、教師論、自學深造與人才成長的理論。此外在社會教育、家庭教育、子女教育、幼稚教育、科技教育、藝術教育等方面，

也積纍了豐富的經驗。這些都是地地道道的中國模式、中國氣派，其中許多優秀的教育遺產，至今仍具有不衰的魅力。

總的說來，中國古代教育思想，大致有以下幾個鮮明特色：

一是綜合觀，即大教育觀。中國古代教育家很早就認識到教育是整個社會大系統中的一個子系統，許多教育問題實質上是社會問題，必須把它置於整個社會系統中加以考察和解決。而教育問題的解決，又必然促進整個社會的發展和進步。如孔子十分重視教育，把人口、財富、教育當成「立國」的三大要素，認為在發展生產使人民富裕之後，惟一的大事就是「教之」，即發展教育事業。他從「國之本在家」（《論語・子路》）的思想出發，重視家庭倫理和社會道德──「孝悌忠信」的教育。他看到了教育對於治理國家、安定社會秩序所產生的重要作用。這種把教育放在治國治民的首要地位，把個人的道德修養和提高社會道德水準看成是治國安邦的基礎的思想，是十分深刻的。《禮記・學記》把教育的作用概括為十六個字：「建國君民，教學為先」，「化民成俗，其必由學」。教育的作用包涵相互聯繫的兩個方面：一是培養國家所需要的各種人才，一是形成良好的社會道德風尚。這是中國先哲關於教育功能的概括和總結，至今仍有借鑒意義。

二是辯證觀，即對立統一觀。中國古代教育家強調要把道德教育放在首位，同時也不忽視知識教育的作用。如孔子說：「君子務本，本立而道生」，「行有餘力，則以學文」（《論語・學而》）；同時他又說：「好仁不好學，其蔽也愚」（《論語・陽貨》），「未知，焉得仁？」（《論語・公冶長》）董仲舒也說過：「仁而不智，則愛而不別也；智而不仁，則智而不為也。」（《春秋繁露・必仁且智》）這就是中國古代的德智統一觀：首先是道德教育及其實踐，其次才是知識教育；德育要通過智育來進行，智育主要的是為德育服務；德育與智育之間、「行己有恥」與「博學於文」之間存在著相互依存、相互滲透的關

係。道德教育也是這樣，道德觀念的認識與道德信念的建立以及道德行為的實踐之間也存在著對立統一的關係。如孔子說：「知及之，仁不能守之，雖得之，必失之。」（《論語‧衛靈公》）這即是說，道德觀念如果只停留在認識階段，而不能轉化為道德信念和道德行為，那麼道德就失去了規範的作用。知識與才能之間也存在既矛盾又統一的關係。唐人劉知幾說，一個人如果有學問而無才能，就好比擁有巨大的財富卻不會經營它；如果有才能而無學問，則像本領高超的工匠，沒有刀斧和木材，也無法建造宮室（《舊唐書‧劉子玄傳》）。明人徐光啟說：「昔人云：『鴛鴦繡出從君看，不把金針度與人』。吾輩言幾何之學，正與此異，因反其語曰：『金針度去從君用，未把鴛鴦繡與人』。」（《幾何原本雜議》）徐光啟強調培養才能的重要，認為教學不只是教一些現成的知識，而且還要培養學生的思辨能力，讓學生掌握治學方法。教與學、師與生之間也存在著既矛盾又統一的關係，從《學記》到韓愈的《師說》，都揭示了這些深刻的教育辯證法。

三是內在觀，即強調啟發主體的內在道德功能和自覺性。中國古代教育啟發每一個人的內心自覺，提出了一套「做人」的道理，「做人」的要求，「做人」的方法，讓人從中得到「做人」的樂趣，表現出人的崇高的精神追求。與西方基督教和印度佛教不同，中國古代教育不是「罪感教育」，而是「樂感教育」；不需要依靠宗教信仰和祈禱，不主張離開社會和家庭，而是強調在學校、家庭及日常生活中積累道德善行，加強自我修養，即此岸即彼岸，「極高明而道中庸」；不用到上帝和佛主那裏而是在自己心中尋找美醜、善惡的標準，追求道德的「自律」。中國古代教育思想強調人心中具有一種價值自覺的能力，自省、自反、慎獨，自我修養，自我完善，自我求取在人倫秩序與宇宙秩序中的和諧。其追求價值之源的努力是向內而不是向外，不是傾聽上帝的召喚，亦不是等待佛的啟示。重視啟發內心的覺悟，相信主體內在的力量，這是一個非常重要的特色。

　　與外國教育相比，中國古代教育還有一些特點：它不是機械的呆板的，而是靈活的因人因時而異的；不是分科細密的，而是整體綜合的；不是單純傳授知識技術的，而是德智合一的；不是師生脫離、教育與人生實踐脫節的，而是教學相長、寓教育於生活實踐之中的；不是以知識系統為樞紐，而是以人生為樞紐，以一代一代人風的建樹和培育為目的。

　　中國古代，從鄉村到朝廷，都十分重視教育。教育具有非常顯赫的地位。在一定意義上，說教育為中國的立國之本，亦不為過。與此相適應，中國古代教師的社會地位很高，無論是中央官學、地方官學的教師，還是私學、書院的教師，包括鄉塾裏的塾師，都受到全社會的普遍尊重。中國歷來有尊師重道、尊師重教的優良傳統。

第二節　中國古代的教學思想

　　中國古代教育家們積纍和總結了豐富的教學經驗，對教學理論、教學原則和方法，以及對教師的要求，提出了許多有價值的思想見解。這些思想不但產生於千百年前的古代是難能可貴的，而且在今天仍然閃爍著智慧的光芒，富有啟迪教育意義。它是我國傳統教育思想中的精華，也是對世界教育思想寶庫的重大貢獻。

一　因材施教啟發誘導

　　「因材施教」是公認的優秀傳統教學思想之一。孔子注意觀察瞭解學生，「視其所以，觀其所由，察其所安」（《論語・為政》），即看學生的所作所為，瞭解學生的經歷，以及學生的興趣愛好。對於學生不僅要「聽其言而觀其行」，而且還「退而省其私」（《論語・為

政》），即考查學生課後私下的言行舉止，全面掌握學生的特點和實際情況。他對學生的性格特點瞭若指掌，有時從其優點方面分析，有時從其缺點方面分析，有時對不同學生作比較分析。他針對學生不同的性格特點，有的放矢，循循善誘，而不是千篇一律地說教。有時學生問同一個問題，他卻做出不同的回答。據《論語·先進》載：「子路問：『聞斯行諸？』子曰：『有父兄在，如之何其聞斯行之？』冉有問：『聞斯行諸？』子曰：『聞斯行之』。公西華曰：『由也問聞斯行諸，子曰有父兄在，求也問聞斯行諸。子曰聞斯行之。赤也惑，敢問。』子曰：『求也退，故進之；由也兼人，故退之。』」這就是因材施教。孔子還主張針對學生智慧的高低進行不同的教學：「中人以上，可以語上也；中人以下，不可以語上也。」（《論語·雍也》）

孟子繼承發揮了孔子因材施教的思想，強調教學方式的變化。他說：「有如時雨化之者，有成德者，有達財（材）者，有答問者，有私淑之者」（《孟子·盡心上》）；「教亦多術矣，予不屑之教誨也者，是亦教誨之而已矣」（《孟子·告子下》）。宋代張載主張教學應顧及學生的內心要求，使學生的智力才能得到充分發展，他說：「教人至難，必盡人之材，乃不誤人。」若教人「不盡材，不顧安，不由誠，皆是施之妄也」（《語錄抄》）。朱熹在《四書集注》中，對孔孟的因材施教思想讚不絕口：「聖賢施教，各因其材。」王守仁認為教學要注意學生的年齡特點：「大抵童子之情，樂嬉遊而憚拘檢，如草木之始萌芽，舒暢之則條達，摧撓之則衰痿。今教童子，必使其趨向鼓舞，中心喜悅，則其進自不能已。譬之時雨春風，沾被卉木，莫不萌動發越，自然日長月化。若冰霜剝落，則生意蕭索，日就枯槁矣。」（〈訓蒙大意示教讀劉伯頌等〉）他認為人的資質是不同的，施教須「隨人分限所及」（〈答黃以方向〉），因人而異，不可躐等。「中人以下的人，便與他說性說命他也不省得，也須慢慢琢磨他起來」（〈與劉源道

書〉)。教學應注意各人長短優劣的特點，譬如治病，要因病發藥，教學亦與治病一樣，要因人施教。

　　總之，中國古代教育家認為學生的個性是存在差異的，每個學生的自然稟賦也不一樣，所以教學方法也應因人而殊。他們反對用一個模式去束縛學生，而主張通過教育發展每個學生的個性。在教學方法上，中國古代教育家特別重視啟發誘導，去開發每一個學生的智力潛能。孔子有一句名言：「不憤不啟，不悱不發，舉一隅不以三隅反，則不復也。」(《論語・述而》)朱熹《四書集注》注曰：「憤者，心求通而未得之意。悱者，口欲言而未能之貌。啟，謂開其意。發，謂達其辭。」孔子經常運用啟發式來教學，有一次他的學生子夏讀到一首詩：「巧笑倩兮，美目盼兮，素以為絢兮」，問孔子這詩的含義，孔子回答說：「繪事後素。」子夏領悟到老師的意思是說，作畫須先有素潔的底子，以此比喻「禮樂」須建立在「仁義」的思想基礎之上。但子夏對這一想法還不能十分肯定，於是進一步問：「禮後乎？」孔子聽後高興地說：「起予者商也！始可與言詩已矣。」(《論語・八佾》)這首詩的原意如何，且不去究論。從教學法的角度看，孔子在這裏避免用簡單的道德說教，而是利用形象思維的作用，由生動具體的畫面，引向抽象的道德觀念，以便使學生留下深刻的印象，主動地去認識「仁義」的意義，從而自覺地接受「禮樂」的教育和約束。這可以說是一次啟發式教學的範例。

　　孟子也有一句名言：「君子引而不發，躍如也。」(《孟子・盡心上》)意思是說，教師如同射手，張滿了弓卻不發箭，作出躍躍欲試的姿勢，以啟發和誘導學生，激發學生有進無退的學習積極性。《學記》對孔孟的啟發式教學作了進一步發揮：「君子之教，喻也。道而弗牽，強而弗抑，開而弗達。道而弗牽則和，強而弗抑則易，開而弗達則思。和易以思，可謂善喻矣。」意思是說，教師要善於啟發誘導

學生，讓學生自己思考求得理解。進行的途徑應當是：引導學生而不是給以牽掣；激勵學生而不是強制使之順從；啟發學生而不是一下把結論告訴他們。引導而不是牽掣，就能處理好教與學之間的矛盾，使之和諧融洽；激勵而不是強制，學生就感到學習輕快安易；啟發而不代替學生得出結論，就可培養學生獨立思考的能力。做到這些，就可以說是善於啟發誘導了。

所謂「道」（引導），就是在教學中給學生指引一條正確的思維理絡，引導學生思維活動「上路」，促使他們進行分析綜合，找尋探索知識結論的方向。所謂「強」（激勵），就是在教學中激發學生的自動性，使之產生探求知識的強烈願望，激勵他們開動思維機器，自覺地把探索知識結論的思維活動堅持到底。所謂「開」（開啟），就是在教學中點明問題的關鍵，啟發學生運用各種思維活動去解決問題，促進他們思維能力的發展。兩千多年前中國古代教育家關於啟發式教學思想的論述是十分深刻的。

二　溫故知新學思並重

《論語》第一句話便是孔子說的：「學而時習之，不亦說（悅）乎！」（《論語・學而》）他還說：「溫故而知新，可以為師矣。」（《論語・為政》）朱熹在《四書集注》中解釋道：「故者，舊所聞；新者，今所得。言學能時習舊聞，而每有新得。」他對孔子學而時習、溫故知新思想進一步發揮說：「人而不學，則無以知其所當知之理，無以能其所當為之事。學而不習，則雖知其理，能其事，然亦生澀危殆，而不能以自安。習而不時，雖曰習之而其功夫間斷，一暴十寒，終不足以成其習之功矣。」（《朱子全書》卷十）還說：「時時溫習，覺滋味深長，自有新得。」（《朱子語類》卷二十四）「須是溫故方能知

新，若不溫故便要求知新，則新不可得而知，亦不可得而求矣。」（《語類》卷一）朱熹認為「故」是「新」的基礎，「新」是「故」的發展；而「時習」集中體現了二者相互之間的聯繫，並含有轉化的意思。「時習」能使其所學融會貫通，轉化為技能並應用無窮。他認為那種只知機械地重複舊聞而不能觸類旁通的人，是不夠資格當教師的。所以說：「溫故又要知新。惟溫故而不知新，故不足以為人師。」（《朱子全書・論語一》）

溫故知新反映了這樣一條教學規律：學習本身是不斷實踐的過程，只有反覆地學習實踐，才能牢固地掌握所學的知識；只有對所學的知識熟練了，融會貫通了，才可舉一反三，告諸往而知來者，由已知探求未知。這種既重視時習溫故，又不忽視探索新知的思想，在今天仍有啟發意義。

在處理學習和思考的關係問題上，中國古代教育家多主張學思結合、學思並重。孔子說：「學而不思則罔，思而不學則殆。」（《論語・為政》）他主張學思並重，但應以學習為基礎：「吾嘗終日不食，終夜不寢，以思無益，不如學也。」（《論語・衛靈公》）他也強調必須在學習的基礎上思考：「不曰『如之何、如之何』者，吾末如之何也已矣」（《論語・衛靈公》）。荀子繼承了孔子的這一思想。他也說：「吾嘗終日而思矣，不如須臾之所學也。」並要求在學習的基礎上「思索以通之」（《荀子・勸學》），即通過思維活動把所學的知識融會貫通。

《禮記・中庸》把孔子學思並重的思想發展為「博學之、審問之、慎思之、明辨之、篤行之」五個學習步驟，其中肯定了學思並重，又強調思維的重要地位，「審問之、慎思之、明辨之」都是思維活動的具體化。《中庸》還說：「有弗學，學之弗能，弗措也；有弗問，問之弗知，弗措也；有弗思，思之弗得，弗措也；有弗辨，辨之

弗明，弗措也；有弗行，行之弗篤，弗措也。人一能之，己百之；人十能之，己千之；果能此道矣，雖愚必明，雖柔必強。」這裏明確地指出，一個人的聰明與堅強是在不斷地學思結合的過程中培養出來的，決定的因素是個人頑強的努力而不是他的天資。

朱熹說：「學便是讀，讀了又思，思了又讀，自然有意。若讀而不思，必不知其意味；思而不讀，縱使曉得，終是杲兀不安。一似請得人來守屋相似，不是自家人，終不屬自家使喚。若讀得熟而又思得精，自然心與理一，永遠不忘。」（《學規類編》引）。王夫之說得更透徹：「學非有礙於思，而學愈博則思愈遠；思正有功於學，而思之困則學必勤。」（《四書訓義》卷六）這些都是他們在教育和治學實踐中對學思關係辯證法的深切體驗和精闢總結。

三　循序漸進由博返約

中國古代教育家普遍重視循序漸進的教學原則。孔子的學生讚揚孔子「循循然善誘人」（《論語・子罕》）。孟子認為教學是一個自然發展的過程，一方面應自強不息，不可鬆懈或間斷；一方面也不應流於急躁或躐等。他說：「君子之志於道也，不成章不達。」他把進學的次第比作流水，「不盈科不行」，「其進銳者，其退速」（《孟子・盡心上》）。孟子還以禾苗的自然生長來譬喻人受教育的過程，一方面主張盡力耕耘，反對放任自流；另一方面又反對揠苗助長，急於求成。

《學記》提出的「進學之道」也反對「躐等」。它說：「善問者如攻堅木，先其易者後其節目，及其久也，相說（脫）以解。不善問者反此。善待問者如撞鐘，叩之以小者則小鳴，叩之以大者則大鳴，待其從容，然後盡其聲。不善答問者反此。此皆進學之道也。」這就是教學中的循序漸進原則。

　　張載認為教學過程「雖不可緩，又不欲急迫，在人固須求之有
漸」（《理窟・學大原下》）。因為教材的難易先後和學生身心的發展都
是「有漸」的，這就要求教學也須堅持「有漸」的原則，不可躐等而
教。朱熹更明確地提出「循序而漸進，熟讀而精思」的教學思想。他
說：「君子教人有序，先傳以小者近者，而後教以遠者大者」，「譬如
登山，人多要至高處，不知自低處不理會，終無至高處之理」（《朱子
語類》卷八）。他強調教學要堅持由近及遠，由易到難，由淺至深，
由具體到抽象，由已知到未知。朱熹還說：「聖賢教人，下學上達，
循循有序，故從事其間者，博而有要，約而不孤，無妄意凌躐之弊。
今之言學者多反此，故其高者淪於空幻，卑者溺於聞見，悵悵然未知
其將安所歸宿也。」（《續近思錄》卷二）他認為不先從事於下學而妄
想上達，就是躐等，便淪於空幻；專從事於下學而不求上達，則沉溺
於聞見。前者是不循序而躁進，後者是雖循序而不進，都會浪費精力
而不能達到目的。他認為只有循序而漸進，量力而學習，才有踏實的
進步。

　　總之，中國古代教育家已認識到，知識的積纍，智力的增長，是
一個循序漸進的過程，不可能畢其功於一役。他們強調教學要注意階
段性和節奏感，要順其自然，這是符合客觀規律的。

　　孔子說：「博學於文，約之以禮」（《論語・雍也》），「予一以貫
之」（《論語・衛靈公》）。毛奇齡在《論語稽求篇》解釋道：「此之博
約是以禮約文，以約約博也。博在文，約文又在禮也。」孟子繼承了
孔子的這一思想，他說：「博學而詳說之，將以反說約也。」（《孟
子・離婁下》）指出學習深造的正確途徑，不僅要博學，而且還要善
於由博返約。荀子提出「兼陳萬物而中懸衡焉」（《荀子・解蔽》），教
人去掉十蔽，中正地來權衡事物。他說：「多知而無親，博學而無
方，好多而無定者，君子不與。」（《荀子・大略》）「誦數以貫之，思

索以通之」，「若挈裘領，詘五指而頓之。」（《荀子‧勸學》）這些都是講由博返約、以約馭博的道理。韓愈在〈進學解〉中，一方面強調博學，提倡「貪多務得，細大不捐」，「俱收並蓄，待用無遺」。另一方面，他又強調精約，要求「提其要」、「鉤其玄」，反對「學雖勤而不由其統，言雖多而不要其中」。認為只有這樣進學，才可達到「沉浸鬱，含英咀華」的教學效果。

中國古代教育家重視「博學」，同時又要求用「一貫之道」去駕馭廣博的知識。博是約的基礎，在博的基礎上求約，即根據一定的原則去歸納、簡約或精要各種知識成果，得出簡明扼要的結論。這是一種重要的思維方法與學習方法，也是一種教學方法。作為教師，要把一個道理講明白，如果沒有關於這個道理的廣博知識並能融會貫通，就很難把這個道理的重點、難點與關鍵之處嚮學生講清楚。由博返約，以簡馭繁，這是古人留給我們的重要教學思想，值得我們細心體會。

四　長善救失教學相長

長善救失的教學思想是《禮記‧學記》提出來的。〈學記〉說：「學者有四失，教者必知之。人之學也，或失則多，或失則寡，或失則易，或失則止。此四者，心之莫同也。知其心，然後能救其失也。教也者，長善而救其失者也。」這是說，在學習過程中，有的學生表現為貪多務得，過於龐雜而不求甚解；有的學生表現為知識面太窄，抱殘守闕；有的學生表現為學不專一，淺嘗輒止；有的學生表現為固步自封，畏難而退。這四種類型的毛病反映了學生對待學習不同的心理狀態，教師只有瞭解這些心理狀態，才能有針對性地幫助學生剋服這些毛病。教師必須掌握具體情況，因勢利導，既要善於發揚學生的優點，又要善於克服學生的缺點。

　　多與寡、易與難並非固定不變，得與失也可以相互轉化。王夫之在《禮記章句》卷十八中說：「多、寡、易、止雖各有失，而多者便於博，寡者易以專，易者勇於行，止者安其序，亦各有善焉；救其失，則擅長矣。」多、寡、易、止雖各有毛病，但其中也包含有一定的積極因素。教師應全面觀察學生，懂得教學的辯證法，針對不同類型的學生，依據他們「至學之難易」和「資質」之「美惡」，挖掘、培養、發揚積極因素，克服消極因素，這就是揚長補短、長善而救其失。這裏既包含有重視正面教育、因勢利導的含義，又包含有因材施教的思想。

　　中國古代教育思想中富有樸素的辯證觀點，善於運用矛盾轉化規律，特別強調要看到學生身上的優點和積極因素，即使是次要的、隱蔽著的也要看到，以便鞏固、發揚積極因素以克服消極因素，依靠優點克服缺點。應該說，這是中國人文主義教育思想的精華。

　　《禮記·學記》還明確地提出了教學相長的思想。它說：「雖有嘉肴，弗食不知其旨也。雖有至道，弗學不知其善也。是故學然後知不足，教然後知困。知不足，然後能自反也；知困，然後能自強也。故曰：教學相長也。〈兌命〉曰：學學半。其此之謂乎！」這裏深刻地闡述了「教」與「學」之間的矛盾對立和相互依存、相互促進的關係。教因學而得益，學因教而日進。教能助長學，反過來，學也能助長教，這就叫做「教學相長」。「教學相長」不僅意味著教與學之間的對立統一關係，而且還意味著教師與學生之間平等的相互促進、相得益彰的關係。

　　從教師方面說，教的過程也是學的過程，教也要學，教即是學，教與學互相促進，才能提高教的水準。從學生方面說，學生從教師的教學中獲得知識，但仍需要自己努力學習，才能有所提高，不限於師雲亦云。一個循循善誘的教師，只有通過教學實踐才能體會到教學的

效果和困難，教學經驗越豐富越能摸到教學的規律，並發現自己的弱點與困惑之處，「教然後知困」。「知困」可促使教者「自強」。一個積極好學的學生，只有通過學習的實踐才能體會到學習的好處和困難，越學習越感到自己的學識淺薄與不足，「學然後知不足」。「不足」可促使學者「自反」，即進一步嚴格要求自己，努力學習以補充自己的不足。

韓愈繼承和發展了〈學記〉的「教學相長」思想，進而提出「相互為師」的觀點。他一方面肯定教師的主導作用；另一方面又提出了「弟子不必不如師，師不必賢於弟子」的新思想。他教人要嚮學有專長的人學習，誰在某一方面比自己強就拜他為師，樹立「能者為師」的觀念。他還肯定了聞「道」在先，以「先覺覺後覺」；攻有專「業」，以「知」教「不知」這一教學過程的客觀規律。這些深刻的教學辯證法思想，就是在現代世界教育學專著中亦屬罕見，是中國古代教育家對世界教育思想寶庫的卓越貢獻。

五　言傳身教尊師愛生

中國古代教育家根據自己教育實踐的經驗，對教師提出了多方面的要求，以身作則，言傳身教，就是其中重要的一項。

孔子說：「其身正，不令而行；其身不正，雖令不從。」「不能正其身，如正人何？」（《論語‧子路》）這裏強調了以身作則、正己正人的「身教」的重要意義。他又說：「可與言，而不與之言，失人；不可與言，而與之言，失言。知者不失人亦不失言。」（《論語‧衛靈公》）他主張同時採用「有言之教」與「無言之教」兩種方式進行教學，可以用「有言之教」的就用「有言之教」，如不可以用「有言之教」的，即通過暗示或自己的日常行為去影響、教育學生。這裏有

一定的心理學依據的。孔子稱「予欲無言」，他相信「無言之教」的威力。

　　荀子提出：「師術有四，而博習不與焉。嚴師而憚，可以為師；耆艾而信，可以為師；誦說而不陵不犯，可以為師；知微而論，可以為師。」（《荀子・致士》）他認為教師必須具備四個條件（而且具有廣博知識這一條還不包括在內）：一、教師要有尊嚴，能使人敬服；二、教師要有崇高的威信和豐富的教學經驗；三、教師需具備有條理有系統地傳授知識的能力而且不違反師說；四、瞭解精微的理論而且能解說清楚。〈學記〉也對教師提出了嚴格的要求，把教師品德高尚和學業精進看做是教書育人的必要條件，而且要掌握正確的教學方法和原則。

　　晉人袁宏《後漢記・靈帝紀上》說：「經師易遇，人師難遭。」可見「人師」的標準不僅只是傳授知識，更要求為人師表。這是中國古代優秀的傳統教育思想。

　　中國古代教育家還提倡學生尊敬教師，教師熱愛學生，建立良好的師生關係。孔子熱愛學生，關心學生品德和學業的增進，也關心學生的生活與健康狀況。他看到學生的進步，感到由衷的高興；學生家貧，他常接濟；學生有病，他去看望；學生死了，他十分傷感。他與學生建立了深厚的情誼。孔子說：「愛之，能勿勞乎？忠焉，能勿誨乎？」（《論語・憲問》）還說：「二三子以我為隱乎？吾無隱乎爾。吾無行而不與二三子者，是丘也。」（《論語・述而》）孔子對學生做到了「無私無隱」，並寄予無限期望：「後生可畏，焉知來者之不如今也？」（《論語・子罕》）。他還認為當一種正義事業需要人去承擔時，年輕一代要敢於勇往直前，責無旁貸，即使在自己的老師面前也不必謙讓，「當仁不讓於師」（《論語・衛靈公》）。孔子的學生敬佩孔子道德高尚，學識淵博，教人得法。顏淵說：「仰之彌高，鑽之彌堅。瞻

之在前，忽焉在後。夫子循循然善誘人，博我以文，約我以禮，欲罷不能。既竭吾才，如有所立卓爾。雖欲從之，末由也已。」（《論語‧子罕》）孔子死後，學生們在孔子墓旁搭起草房，守喪三年，分別時痛哭難捨。子貢不忍離開，獨自又住了三年。子貢說：「夫子之不可及，猶天之不可階而登也。」（《論語‧子罕》）表達了學生對孔子無限的懷念和敬仰。

墨子在教育實踐中也強調尊師愛生，墨家師生之間能生死相依，患難與共。墨子和他的學生們「以裘褐為衣，以為服，日夜不休，以自苦為極」（《莊子‧天下》）。學生追隨墨子「赴火蹈刃，死不旋踵」，這種師生關係是在同生死、共患難中逐步建立起來的。

荀子把是否「貴師重傅」提到國家興衰的高度來認識，並提倡學生超過老師。他說：「國將興，必貴師而重傅；……國將衰，必賤師而輕傅。」（《荀子‧大略》）他認為學生對於老師不僅有知識學問的承襲關係，而且還擔負著超越前人已有智慧、推進學術水準的責任。他以形象的語言說：「學不可以已。青，取之於藍而青於藍；冰，水為之而寒於水。」這說明學問是沒有止境的，「青出於藍而勝於藍」是學術發展的規律。

西漢韓嬰《韓詩外傳‧卷五》上有一句話：「智如泉源，行可以為表儀者，人師也。」揚雄《法言‧學行》上有一句話：「師哉！師哉！童子之命也。務學不如務求師。師者，人之模範也。」

宋代一些教育家也是尊師愛生的典範。胡瑗一方面提倡「嚴師弟子之禮」；另一方面也宣導師生之間感情深厚、關係融洽。他平日視諸生如子弟，諸生也敬他如父兄。程顥和善可親，學生們和他相處，常感到「如坐春風和氣中」。程頤則威嚴剛毅，有的學生見他瞑目靜坐而不敢驚動，立於門內等候至雪深尺餘，留下了「程門立雪」的佳話。朱熹曾批評過官學師生關係淡漠的缺點，「師生相見，漠然如行

路之人」。他發揚孔子「誨人不倦」的精神，循循善誘，孜孜不倦，對學生有深厚的感情。他的學生黃在其編撰的〈朱子行狀〉中說：「朱子講論經典，通貫古今，率至夜半。雖疾病支離，至諸生問辨，則脫然沉疴之去體，一日不講學，則惕然常以為憂。」反映了一個偉大教師的情操。朱熹對學生的要求是嚴格的，但不是消極的防範，而是積極的引導，不重形式的條文規定，而重在啟發學生自覺遵守。熱心教人，方法得當，才能加深師生情誼，密切師生關係。朱熹的這些經驗，包含了普遍的規律，體現了中國古代教育史上尊師愛生的優良傳統，常為後人所稱道和借鑒。

參考文獻

毛禮銳、沈灌群主編　中國教育通史　山東　山東教育出版社　1985-
　　　　1988年

孫培青主編　中國教育史　上海市　華東師大出版社　1992年

王炳照、郭齊家、劉德華、何曉夏、高奇　簡明中國教育史（修訂
　　　　本）　北京市　北京師範大學出版社　1994年

郭齊家　中國古代學校　北京市　商務印書館　1998年

思考題

1 中國古代重視教育的傳統對中國文化的傳承和發展起了什麼重要作
　用？

2 中國古代教育思想有何特色？怎樣繼承其積極因素和發揮其現代價
　值？

3 中國古代有些什麼對今天仍極富啟發性的教學思想？

第九章
中國古代文學

　　中國古代文學是世界上歷史最悠久的文學之一，它經歷了長達三千多年的沒有中斷的發展歷程，以其輝煌成就而成為全人類文化遺產中的瑰寶。中國古代文學是中國傳統文化中最重要、最具活力的一個部分，深刻而且生動地體現著中國文化的基本精神。

第一節　中國古代文學在中國文化中的地位

一　文學作品在古代典籍中比重最大

　　由於中華民族先民們的世界觀和人生觀都具有特別鮮明的審美觀照的意味，所以當他們創造自己的燦爛文化時，文學就始終是一個極為重要的組成部分。早在商代的甲骨卜辭中，就已經出現了富有詩意的詞句：「今日雨。其自西來雨？其自東來雨？其自北來雨？其自南來雨？」（《卜辭通纂》375）至於在《易經》的卦爻辭中，那種描寫古代生活的優美歌謠更是屢見不鮮。如：「屯如，如，乘馬班如。匪寇，婚媾。」（《屯》六二）在春秋時期，諸侯貴族在會盟、聘問等外交活動及祭祀宴饗等國事活動中都把「賦詩」作為重要的政治手段。而以孔子為代表的原始儒家，更把「詩教」看成最重要的政治教化活動之一。這些史實都說明即使在文學尚未取得獨立地位的上古時期，它在先民們的文化活動中已經佔有很大的比重。到了魏晉時代，在文學已經覺醒且被視為「經國之大業，不朽之盛事」（曹丕《典論·論

文》）以後，文學在古代文化中的地位就越來越重要了。魏晉以後的士大夫幾乎無人不寫文學作品。在某些文學特別發達的時代（例如唐代），作家人數之多、身份之雜是世界文化史上所罕見的。在傳統文化的主要載體——古代典籍中，文學所佔的比重是首屈一指的。古代集部圖書遠遠超過了經、史、子各類。

由此可見，中國古代文學的確是古代文化中極為重要的一個組成部分。

二　漫長的發展歷程

中國文學在文字誕生之前就已經產生了，即使從有文字記載的歷史來看，中國古代文學也走過了三千多年的歷程。在如此漫長的不中斷的發展歷程中，高峰迭起，瑰麗璀璨，堪稱人類文化史上僅有之奇觀。正如前人所說，中國古代文學「一代有一代之所勝」（焦循《易餘籥錄》卷15）。與此同時，中國古代文學又具有很強的穩定性和連續性，其中有些文體（例如散文）更是綿延二千年之久。下面從詩歌、散文和敘事文學三個方面簡單介紹中國古代文學的發展歷程。

至遲在公元前六世紀，中國最早的詩歌總集《詩經》就基本編定了。《詩經》中的詩歌主要是四言詩。到公元前四世紀，在中國南方興起了另一類詩歌——楚辭。它的形式是雜言體，句末多以感歎詞「兮」字結尾。到了漢代，五言詩和七言詩開始興起，經過魏晉南北朝詩人的不斷努力，在聲律和麗辭兩方面取得了長足的進步。到了唐代，五、七言律詩的格律成熟了，這種格律主要著眼於以漢字四聲來諧調詩歌的韻律，堪稱中國詩歌在形式上的最大特徵。唐以後又有詞、曲等詩歌樣式的發展，但五、七言古體詩和律詩一直最受詩人的重視。中國詩歌的主要功能是抒情，在藝術上則以情景交融的意境為追求目標。

　　中國古代散文的淵源可以追溯到商代的甲骨卜辭與稍後的銅器銘文。隨著巫官文化向史官文化的轉變，出現了專門記錄商周時代王公的言辭、政令的《尚書》，標誌著散文的形式。《尚書》之後，散文分別向偏重於記述的歷史散文和偏重於論說的諸子散文兩個方向發展，形成了蔚為壯觀的先秦散文。秦漢以後的散文在形式上發展為古文和駢文兩大類。前一類以散行的單句為主，後一類以駢偶的對句為主，但也有互相交融的情形。古文與駢文的發展是不平衡的。大體說來，魏晉六朝是駢文形成並逐漸佔據文壇主導地位的時期，而自中唐古文運動以後，古文又漸漸地確立了它的統治地位，直至近代白話文興起為止。秦漢以後的散文除了敘事、論說之外，又增加了抒情的功能。在一些優秀的作家（例如「唐宋八大家」）手中，散文的三大功能都得到了很好的體現並有機地結合在一起。

　　中國敘事文學的源頭可推至上古神話和史傳作品，但真正的文學創作則始於魏晉小說。魏晉及南北朝的小說有志怪小說和軼事小說兩大類。它們對後代的筆記小說有深遠的影響，直到清代蒲松齡的《聊齋誌異》，仍可視為它們的流風餘韻。到了唐代，傳奇小說奇峰突起，作家們開始有意識地虛構作品。唐代傳奇小說在情節結構、人物描寫等方面已達到很高的成就。與此同時，民間的說話藝術也開始發展，到宋代就產生了成熟的話本小說。經過上述發展階段，在明清時代出現了許多優秀的長篇章回小說，標誌著古典小說達到了高峰。敘事文學的另一門類是戲曲。它萌芽於漢代百戲，經過唐戲和宋金雜劇的階段，到元雜劇而臻於成熟。湧現出關漢卿、王實甫等戲劇大師，以後又進一步演變為明清傳奇與近代戲曲。唐代傳奇小說比西方最早的短篇小說作家薄伽丘（1313-1375）和喬叟（1340-1400）早五個世紀，而關漢卿、王實甫則比莎士比亞（1564-1616）早三個世紀，說明中國的小說、戲劇是世界上最早進入成熟階段的。

三　中國古代文學的現代意義

　　傑出的文學作品都具有永久的魅力。中國古代文學由於存在著「一代有一代之所勝」的特殊情況，當它的某種樣式在某個時代達到巔峰狀態後，其藝術成就很難被後人所超越，從而成為後代作家永久性的藝術典範，並成為後代讀者永久性的審美對象。唐詩宋詞中的名篇警句至今膾炙人口，元雜劇、明清小說中的故事、人物至今家喻戶曉，就是最有力的證明。由於中國古代文學以生動而具象的方式體現了中國文化的基本精神和中華民族的文化心理特徵，又由於它廣泛、深刻地反映著傳統文化其它部分的內容（例如唐詩對唐代書畫、舞蹈藝術的描繪和宋詩對禪宗思想的表述都極為成功），所以它的審美功能及認識功能歷久彌新。中國古代文學是傳統文化中最容易為現代人理解、接受的一種形態，是溝通現代人與傳統文化的最直接的橋樑，也是世界其它文化背景中的人民瞭解中國傳統文化的最佳視窗。

第二節　中國古代文學的輝煌成就

　　《詩經》是中國最早的一部詩歌總集，它至遲在孔子出生以前就已基本編定了。編者可能是周王朝的樂官太師。《詩經》共收入自西周初年至春秋中葉（公元前11世紀-公元前6世紀）的詩歌共三〇五篇，根據音樂的類別分成三個部分：一是〈國風〉，共一六〇篇，是從十五個地區採集的民間歌謠；二是〈大雅〉、〈小雅〉，共一〇五篇，大多是宮廷宴飲的樂歌；三是〈周頌〉、〈魯頌〉、〈商頌〉，分別為西周王室和春秋前期魯國、宋國用於宗廟祭祀的樂歌。《詩經》的內容非常豐富，三百多首詩從各個角度反映了五六百年間廣闊的社會生活。具體地說，《詩經》描寫了下列五方面的內容：一是周部族的

歷史，這些詩以歌頌周室祖先的功德為主，但客觀上較生動地記載了周族歷史上的一些重要片斷。例如，〈大雅・公劉〉敘述周的遠祖公劉率領部族從有邰遷徙到幽的經歷；〈大雅・綿〉敘述周文王的祖父古公　父率周人自幽遷岐的經歷。二是描寫古代田獵、畜牧和農業生產的情景，如〈豳風・七月〉敘述農夫一年四季辛勤勞動的過程以及「無衣無褐，何以卒歲」的貧困處境，宛如當時農村的一幅風俗畫。三是描寫戰爭和徭役的情形，如〈小雅・何草不黃〉、〈豳風・東山〉等詩刻畫征夫久役於外的辛苦及征夫、思婦之間的相思，控訴了戰爭對人民和平生活的破壞。也有少量詩歌反映了人民抵抗侵略的決心，例如〈秦風・無衣〉。四是控訴統治者對人民的殘酷剝削，如〈魏風〉中的〈伐檀〉、〈碩鼠〉等，對那些不勞而獲的貴族進行了辛辣的揭露和嘲諷。五是敘述愛情和婚姻，例如〈鄭風〉中的〈溱洧〉、〈將仲子〉等描寫青年男女的戀愛經歷，又如〈衛風・氓〉敘述一個棄婦從戀愛、結婚到被遺棄的全過程，是一首完整、優美的敘事詩。總之，《詩經》在整體上體現了「饑者歌其食，勞者歌其事」的寫實傾向，表現了干預人生、反映社會的批判意識（即所謂「美刺」）。詩人的目光對準著國家和人民的命運，對民生疾苦等社會現實尤為關切。

　　《詩經》的藝術特徵也值得注意，古代學者把《詩經》的藝術手法歸納為「賦」、「比」、「興」三類。簡單地說，「賦」是指直接的敘述和抒寫，「比」是比喻或比擬，「興」則是從意義、聲音等方面的類比關係來引發詩歌。「賦」、「比」、「興」的手法都對後代詩歌產生了深遠的影響。而就《詩經》自身來說，「賦」的手法運用得最多，這顯然是與《詩經》的寫實傾向密切相關的。

　　中國古代另一部著名的詩歌總集是《楚辭》。「楚辭」本是戰國時期興起於楚國的一種詩歌樣式，漢代也有不少作家模仿這種樣式進行寫作，經過劉向、王逸等學者的收集整理，編成《楚辭》，「楚辭」就

成了此類作品的通稱。《楚辭》的主要作者是屈原（約公元前339年-前278年）。他是楚國的貴族，曾官居要職，參與內政外交等重要政治活動，後來被讒、放逐，因報國無門而自沉於汨羅江。屈原的作品有〈離騷〉、〈九歌〉、〈九章〉、〈天問〉等，其中最主要的是長達二千四百多字的〈離騷〉。「楚辭」因此又名「騷」。〈離騷〉是屈原「發憤以抒情」的一首政治抒情詩，它首先敘述了詩人自己的世系、天賦、修養和抱負，回顧了自己輔佐楚懷王革除弊政的過程及受讒被逐的遭遇，表明了自己決不與邪惡勢力同流合污的決心。然後借與女、重華的對話，總結了歷史上國家盛衰的經驗教訓，闡明了「舉賢授能」的政治主張，並以神遊天地、上下求索的幻想境界表示自己對理想的執著追求。最後寫自己因苦悶而求神問卜，尋求出路，傾訴了遠遊他方與眷戀故國的內心衝突，並決心以死殉志。〈離騷〉是屈原用他的整個生命鎔鑄成的偉大詩篇，強烈的愛國思想和執著的人生追求融會成激越的精神力量，奇特的想像和瑰麗的語言產生了巨大的藝術魅力。詩中大量運用的「美人芳草」的比興手法也對後代詩歌產生了深遠的影響。屈原的作品閃耀著偉大人格的光輝和南方楚文化的奇麗色彩，《楚辭》的其它作者宋玉、賈誼等人的作品都繼承了屈原的傳統。楚辭成了一種源遠流長的獨特文體。

　　《詩經》與《楚辭》歷來合稱「風騷」，是中國古代詩歌的兩大源頭，二千多年來一直被歷代詩人尊為學習的典範。

一　先秦散文與漢賦

　　中國古代很早就有史官的建制，傳說「左史記言，右史記事」（《漢書‧藝文志》）。史官的記錄成為史書，也就是所謂的歷史散文。先秦史書內容豐富，形式多樣，主要有編年體的《左傳》，國別

體的《國語》、《戰國策》，專記個人言行的《晏子春秋》等。《左傳》
是「春秋三傳」中文學價值最高的一種，相傳為魯國左丘明傳孔子
《春秋》而作。《左傳》基本上以《春秋》所載大事為綱，記載了春
秋時代二百五十多年間各國的政治、外交和軍事活動，包括聘問、會
盟、征伐、篡弒、婚喪、出亡等內容，除了記錄諸侯、卿大夫的活動
之外，也涉及商賈、卜者、樂師、妾媵、百工、皂隸等社會階層，敘
寫了廣闊的社會生活畫面，深刻地反映了當時諸侯角逐、社會急劇變
革的歷史進程。《左傳》善於條理井然地敘述頭緒紛繁、錯綜複雜的
戰爭，其中晉楚城濮之戰、秦晉之戰、晉楚之戰、齊晉之戰、晉楚鄢
陵之戰寫得尤其出色。《左傳》也善於刻畫人物，尤其是在具體事件
的敘述中展開人物形象與性格，書中如重耳、鄭伯、楚靈王、蹇叔、
子產等人物都寫得栩栩如生。《左傳》中的人物雖然都是真實的歷史
人物，但也以其生動的形象列入了傳記文學中的人物畫廊。

　　從春秋末年開始，隨著社會的急劇變動，「士」的階層興起、壯
大，成為最活躍的社會力量。他們針對當時的社會現實，提出了各種
不同的政治主張，展開論辯，形成了思想史上百家爭鳴的局面，於是
產生了以論說為主的諸子散文。諸子散文的發展可分為三個時期：第
一個時期是春秋末年到戰國初期，此時的散文主要是語錄體，代表作
是《論語》。第二個時期是戰國中葉，散文已由語錄體向對話體、論
辯體過渡，代表作是《孟子》、《莊子》。第三個時期是戰國後期，散
文發展成專題論著，代表作是《荀子》、《韓非子》。

　　《論語》主要記錄了孔子及其弟子的言行，語言簡練明白，說理
深入淺出，有些篇章描寫人物對話、舉止，相當生動，體現出人物個
性。《孟子》和《莊子》的內容大多是論辯之辭，是爭鳴風氣盛行時
典型的散文形式。《孟子》是孟軻及其門人所作，其中心內容是宣揚
儒家的「仁政」說，抨擊暴政，主張「民貴君輕」。其散文以雄辯著

稱。由於孟子以捍衛儒家學說、排斥其它學派為己任，所以他的文章
感情激越，氣勢磅礴，筆帶鋒芒，富於鼓動性。他善於運用先縱後
擒、引人入彀等論辯技巧來折服論敵，也善於用巧妙確切的比喻、寓
言來說理，所以既理直氣壯又循循善誘，具有很強的邏輯說服力和藝
術感染力。《莊子》是道家的經典著作，是莊周及其後學所作。《莊
子》的主要內容是主張順應自然，反對禮樂制度，希望人類社會返璞
歸真，回到清靜無為的原始社會去。《莊子》散文具有變幻詭奇、汪
洋恣肆的風格特徵，在論說時大量運用「謬悠之說，荒唐之言，無端
崖之詞」（《莊子・天下》），即寓言和幻想，具有濃鬱的詩意和抒情色
彩。尤其是內篇中《逍遙遊》等篇，想像奇特，筆力酣暢，描寫生動
傳神，語言恢鉅集瑰奇，具有很高的文學價值。《荀子》和《韓非
子》都是比較嚴謹的學術論文集，它們中心明確，條理清晰，邏輯嚴
密，論證充分，具有很強的說服力。《荀子》中比喻和辭藻豐富多
彩，《韓非子》中的寓言生動精闢，具有較強的文學意味。

　　賦是中國特有的一種文學樣式，它兼有散文和韻文的性質，其主
要特點是鋪陳描寫，不歌而誦。賦的形成和發展經歷了很長的時間，
它產生於戰國後期，接受了縱橫家遊說之辭及楚辭的巨大影響，到漢
代達到鼎盛階段。漢以後，賦仍然有所發展，出現了六朝的駢賦、唐
代的律賦和宋以後的文賦，而且代有作者，不乏名篇，但總體成就最
高的仍推漢賦。

　　漢賦按題材取向可分為兩大類。一類是抒情述志的短賦，如漢初
賈誼〈鳥賦〉、〈弔屈原賦〉，東漢張衡〈歸田賦〉，漢末趙壹〈刺世疾
邪賦〉等。另一類則是以鋪陳排比為主要手法的「體物」大賦。後者
是漢賦的主流。漢代大賦濫觴於漢初枚乘的〈七發〉，此賦假設楚太
子與吳客的問答，以七大段文字鋪陳了音樂、飲食、漫遊、田獵等盛
況，辭采富麗，氣勢宏闊。〈七發〉的影響很大，擬作者很多，以致

形成了稱作「七」的一類文體。到了西漢中葉，經濟發達，國勢強盛，武帝等君主又好大喜功，雅好文藝，於是以「潤色鴻業」即歌功頌德為主要目的的大賦就應運而生了。漢代大賦的代表作家首推司馬相如，其代表作是〈子虛賦〉和〈上林賦〉。這兩篇賦假託子虛、烏有先生、亡是公三人的對話，對天子、諸侯的田獵盛況與宮苑之豪華壯麗作了極其誇張的描寫，並歸結到歌頌漢帝國的強盛和漢天子的威嚴。作者在賦的末尾委婉地表示了懲奢勸儉的用意，但由於賦的主要篇幅與精彩部分是鋪陳描寫，這種「曲終奏雅」的諷諫方式只得到了「勸百諷一」的實際效果。所以司馬相如〈大人賦〉本欲諷諫武帝喜好神仙，但武帝讀後反而飄飄然有淩雲之氣。大賦的另一位重要作家是西漢末年的揚雄，其代表作有〈甘泉賦〉、〈羽獵賦〉、〈長楊賦〉。這些作品在題材、思想傾向和結構寫法上都與司馬相如的大賦很相似，不同的是賦中的諷諫成分有所增加，鋪陳描寫也更加沉博絕麗。揚雄與司馬相如並稱「揚馬」，成為後人心目中大賦的典範作家。此外，東漢班固的〈兩都賦〉、張衡的〈二京賦〉等「京都大賦」也是漢代大賦的代表作，這些作品在描寫時更注意實際的地理形勢及物產民俗等內容，與以虛擬想像為主要寫法的早期大賦有所不同，但鋪張揚厲、曲終奏雅的基本體制仍同於「揚馬」。

　　漢賦（主要指大賦）產生於中國歷史上第一個空前強大的統一帝國——漢，漢賦的恢宏氣度正是自強不息的民族性格和積極樂觀的時代精神的藝術體現。漢賦對漢帝國的國土之廣闊、水陸物產之豐盛、宮苑建築之壯麗、京城都邑之繁華以及文治武功之隆盛進行了全面的描述和歌頌，表現了中華民族對自身力量的高度自信，對自己所創造的物質文明和精神文明的高度肯定，也表現了對現實世界的熱愛。漢賦鋪彩文的表現形式雖然有呆滯堆砌的缺點，但那種重視客觀世界的整體性、重視審美對象的對稱性的特徵，事實上體現了中華民族對世界進行整體把握的思維特徵。

二　唐詩宋詞

　　中國是一個詩的國度，唐詩是詩國中最為輝煌的高峰。自從漢代以來，五、七言詩經過了長期的發展階段，在題材走向、格律形式、藝術手段、風格傾向等各個方面都取得了巨大的成就，積纍了豐富的經驗。隨著強盛繁榮的唐代的到來，中國詩歌也進入了巔峰時期，產生了古代文學中最為光輝的唐詩。

　　唐詩篇什繁富，名家輩出，流傳至今的作品有五萬五千多首，家使戶誦的名篇數以千計，堪稱古代詩歌的寶庫，也是人類文化史上的一大奇觀。唐詩的發展過程大致可分四期，即初唐、盛唐、中唐、晚唐。其中尤以盛唐、中唐兩個時期的詩壇最為光輝奪目。

　　盛唐是指唐玄宗開元、天寶時期的五十年，唐詩在此期間出現了全面繁榮的高潮。由於國家繁榮，社會安定，詩人們可以由多種途徑實現人生的追求。有些詩人以俠少的面目出現，成為熱情的進取者，希望通過從軍立功等道路施展抱負。另有一些詩人則以隱士的面目出現，成為恬靜的退守者，希望幽居山林以獲得生活與心境的寧靜。當然，也有一些詩人身兼上述兩種身份，或因時變化。這兩種人生態度是盛唐詩題材取向的基礎，從而形成了以王維、孟浩然為首的山水田園詩派和以高適、岑參為首的邊塞詩派。王、孟等人的主要作品以清新秀麗的語言描繪了幽美的山水景色和寧靜的田園生活，詩人的心靈沉浸在美麗自然的懷抱之中，濾去了現實生活中的名利雜念，從而構成了靜穆空靈的境界。王維詩中的輞川田園，孟浩然詩中的襄陽山水，實際上都已昇華為一種審美意境，是中華民族熱愛自然、重視人與自然的和諧關係的民族心理的藝術積澱。高、岑等人的主要作品則以唐帝國的邊境戰爭為表現對象。詩人們描繪了塞外大漠的奇異風光，塑造了邊關健兒的英雄形象，同時也表達了保衛祖國、建立功勳

的人生理想。盛唐邊塞詩的思想傾向與情感內蘊都比較複雜，詩人們既歌頌反對侵略的自衛戰爭，又譴責意在拓展疆土的開邊戰爭，同時還控訴了戰爭對人民和平生活的干擾與破壞。邊塞詩交織著英雄氣概與兒女衷腸，交織著激昂慷慨的豪氣與纏綿婉轉的柔情。相對而言，邊塞詩更鮮明地體現了盛唐積極進取的時代精神，同時也集中體現了中華民族熱愛和平、反對侵略、不畏強暴的民族性格。

　　富於浪漫氣息和理想色彩的精神面貌在詩歌中的體現就是盛唐氣象，盛唐氣象最傑出的代表首推李白。李白以複雜的思想、豐富的情感和多元的人生追求涵蓋了王、孟與高、岑兩大詩派的內容取向，又以驚人的天才融會超越了他們的藝術造詣，從而成為盛唐詩壇上最耀眼的明星。李白熱情地謳歌現實世界中一切美好的事物，而對其中不合理的現象毫無顧忌地投之以輕蔑。這種追求解放，追求自由，雖然受到現實的限制卻一心要征服現實的態度，乃是中華民族反抗黑暗勢力與庸俗風習的一股強大精神力量的典型體現。所以，以浪漫想像為主要外貌特徵的李白詩歌事實上蘊涵著深刻的現實意義，想落天外的精神漫遊仍以對人世的熱愛為歸宿。笑傲王侯、桀驁不馴的「詩仙」李白受到中國人民的熱愛，原因就在於此。與李白齊名的偉大詩人杜甫，在青年時代也受到盛唐詩壇浪漫氛圍的深刻影響，但他很快就從那個浪漫主義詩人群體中游離出來了。杜甫以清醒的洞察力和積極的入世精神，深刻而全面地反映現實生活。杜詩為安史之亂前後唐帝國由盛轉衰的那個時代提供了生動的歷史畫卷，對「朱門酒肉臭，路有凍死骨」的黑暗現實進行了入木三分的揭露和批判，因而被後人譽為「詩史」。當然杜詩的意義決不僅僅在於記錄歷史，而在於記錄了動盪時代的疾風驟雨在詩人心中激起的跳動思緒和情感波瀾。杜詩中充滿著憂國憂民的憂患意識和熱愛天地萬物的仁愛精神，是儒家思想核心精神的藝術表現，也是中華民族文化性格的形象凸現。在藝術風格

上，李白詩飄逸奔放，杜甫詩沉鬱頓挫，既具有鮮明的個性特徵，又具有豐富的內涵，從而對後代詩歌的審美趣向產生了深遠的影響。

　　中唐詩壇有兩個主要流派。一個以白居易為首，元稹、張籍、王建、李紳等人為羽翼，他們主要繼承了杜甫正視現實、抨擊黑暗的精神，強化了詩歌的諷諫美刺功能；在藝術上則以語言通俗流暢、風格平易近人為特徵。另一個流派以韓愈為首，孟郊、賈島、盧仝、李賀等人為羽翼，他們主要繼承了杜甫在藝術上刻意求新、勇於創造的精神，特別致力於在杜詩中稍露端倪、尚未開拓的藝術境界。韓派詩人善於刻畫平凡、瑣屑乃至苦澀的生活和雄奇險怪乃至幽僻陰森的景象，藝術特徵是語言戛戛獨造，風格或雄奇，或幽豔，或怪誕。就詩歌風格的多樣性和詩人藝術個性的獨特性而言，中唐詩壇有如百花齊放，比之盛唐詩有過之而無不及。

　　唐詩確實是一座光華璀璨的藝術寶庫，是中國傳統文化最瑰麗光輝的閃光點。中華民族為人類文化貢獻了如此美麗的瑰寶，永遠值得我們驕傲。

　　詞這種特殊的詩體產生於初盛唐，到晚唐五代時已取得相當高的成就，出現了溫庭筠、韋莊、李煜、馮延巳等著名詞人，但尚未能與五、七言詩相抗衡。真正成為一代文學之聖，並在古代詩歌史上堪與唐詩交相輝映的是宋代的詞。

　　宋詞名家輩出，流派眾多，後人往往把宋詞劃分為婉約詞派與豪放詞派兩大流派，但事實上這兩種詞風在宋代並不是始終平分秋色的。從晚唐溫庭筠以來，詞在題材走向和風格傾向上都形成了自己的獨特傳統，因而被稱為「豔科」。詞的主要功用是在宴樂場合供伶工歌女歌唱，是一種音樂歌詞，它的題材主要是描寫婦女的容貌、心理、生活情景，尤以男女愛情為主。伴隨著這種題材走向和輕柔靡曼的音樂，其風格傾向也自然而然地以婉約為主。宋代統治者推行優待

士大夫官僚的政策，加上社會經濟的發展與城市的高度繁榮，為士大夫寄情聲色、歌舞宴樂提供了優裕的物質條件，具有上述傳統的詞便在這種社會氛圍中得到長足的發展。北宋的詞壇幾乎是婉約詞的一統天下，當然詞人們在題材走向、風格傾向等方面仍是爭奇鬥豔、各呈異彩的。例如晏殊、歐陽修等人的詞反映了士大夫的雅致生活，而柳永詞卻更多地迎合了市民階層的情趣，以青樓歌妓為主要描寫對象。又如晏幾道、秦觀的詞以清麗的白描語氣見長，而周邦彥詞的風格則趨於典雅凝重。南北宋之交的女詞人李清照與南宋詞人姜夔、吳文英也分別以清新、清空和深密的藝術風格豐富了婉約詞的詞風。

　　相對而言，豪放詞的興起要晚得多。宋初詞壇上偶而有內容不屬「豔科」、風格豪放的詞作出現（如范仲淹〈漁家傲〉），但數量極少，不足以影響詞壇風氣。到北宋中葉，蘇軾首先對革新詞風作了巨大貢獻。他一方面打破了詞為豔科的題材領域，不但大量寫作抒情述志、詠史懷古等題材，而且在描寫女性的傳統題材中一掃脂粉香澤，從而完成了使詞從伶工歌女之歌詞向士大夫抒情詩的轉變。另一方面他在以柔聲曼調為主的傳統詞樂中增添了高昂雄壯的因素，並且使詞的語言風格出現了豪放、高妙、飄逸的新因素。蘇軾詞中無疑已出現了豪放詞，如《念奴嬌・赤壁懷古》等，但為數不多，在北宋詞壇上的影響也不大。靖康事變發生後，侵略者的金戈鐵馬使婉約詞賴以生存的社會環境不復存在，國破家亡的慘痛經歷也使文人們無心再沉湎於輕歌曼舞，時代的動盪引起了南北宋之際詞壇風氣的巨大變化。張元幹在北宋時的詞作純屬婉約風格，而南渡後的詞風卻變為慷慨悲涼。傑出的女詞人李清照的詞作也鮮明地體現著時代的影響，其前期詞抒寫少女、少婦的情懷，纏綿委婉，後期詞則融入了家國之恨，風格變為淒惻哀怨。以辛棄疾為首的愛國詞人更把愛國主義的主題變成當時詞壇的主旋律，他們繼承、發揚了蘇軾詞中始露端倪的豪放詞

風，並以慷慨激昂和沉鬱悲涼兩種傾向充實、豐富了豪放風格。辛派詞人在藝術上從蘇軾的以詩為詞進而以文為詞，從而全面實現了與婉約詞的分道揚鑣，形成了豪放詞派。從那時起，豪放詞與婉約詞雙峰並峙，平分秋色，這種局面不但持續到宋亡，而且也成為元、明、清歷代詞壇的基本格局。

綜上所述，宋詞的題材內容和藝術風格都出現了異彩紛呈的景象，但是相對於詩而言，宋詞自有其獨特的傳統。首先，婉約詞的傳統是源遠流長的，在全部宋詞中，婉約詞在數量上占絕對優勢。宋代有許多與豪放詞風毫無關係的婉約詞人，卻很少有完全不寫婉約詞的豪放詞人。蘇、辛歷來被看做豪放詞人，但他們都善於寫婉約詞，有些代表作完全可與秦觀、周邦彥相媲美。所以宋詞在總體上具有以下特徵：題材走向上注重個人的生活而不是社會現實，表現功能上長於抒情而短於敘事，風格傾向上偏嗜陰柔和婉而不是陽剛雄豪。雖然辛棄疾等豪放派詞人的創作部分地改變了這些傳統，但只要把辛詞與同時陸游的詩相比，就可看出辛詞更側重於心曲的傾吐。宋詞委婉含蓄的美學特徵是中華民族傳統審美思想的典型體現。宋詞雖然不如西方愛情詩那樣熱情奔放，但自有深情綿邈、低回往復的特殊魅力，因為那是一代詞人心曲深處的沉吟。

三　元雜劇與明清小說

廣義的「元曲」包括元代雜劇和元代散曲，但元雜劇也可單獨稱為「元曲」，它是元代文學中的精華，歷來與唐詩、宋詞並稱。

元雜劇是融合了歌唱、舞蹈、說白、雜技等多種藝術形式的綜合藝術，是中國獨特的戲劇形式──戲曲的第一種成熟形態。元雜劇的劇本主要有唱詞、對白、動作三個部分，一般分為四折，「一折」就

是一場，每折的時空背景有所轉換，但場面緊湊，表現一個完整的故事。雜劇在元代極為隆盛，在不足百年的時期內，有姓名可考的雜劇作家有二百人，見於記載的劇碼有七百多種，湧現了被後人稱為「元曲四大家」的關漢卿、馬致遠、白樸、鄭光祖和以《西廂記》「天下奪魁」的王實甫等著名劇作家，流傳至今的劇本尚有二百餘種（包括部分作於元明之際的作品）。

　　元雜劇反映了廣闊的社會生活，內容極其豐富，主要題材有以下五類：一、愛情劇。它們主要描寫青年男女對愛情與婚姻自主的追求，鮮明地體現了反對封建制度及封建道德規範的傾向，代表作有王實甫的《西廂記》、白樸的《牆頭馬上》等。有些用人神的戀愛故事來影射現實的雜劇如尚仲賢的《柳毅傳書》、李好古的《張生煮海》也屬此類。二、公案劇。它們一般通過刑事案件的審判，揭露貪官污吏貪贓枉法、草菅人命的罪惡，歌頌人民群眾的不屈鬥爭，同時也表彰廉潔公正的清官（主要是包公），代表作有關漢卿的《竇娥冤》、《魯齋郎》及無名氏的《陳州糶米》等。三、水滸劇。它們主要描寫梁山英雄除暴安良、解民倒懸的俠義行動，其中尤以歌頌梁山好漢李逵的戲為多，代表作有康進之的《李逵負荊》等。四、世情劇。它們主要揭露社會上形形色色的醜惡現象，批判矛頭尤其集中於統治階級對婦女朝三暮四的行徑以及守財奴、敗家子、偽君子之類人物，代表作有關漢卿的《救風塵》、鄭廷玉的《看錢奴》、秦簡夫的《東堂老》等。五、歷史劇。它們主要表現歷史上重大的政治鬥爭和民族鬥爭，歌頌忠臣義士，譴責姦臣賊子，表彰民族英雄，批判異族侵略者和賣國賊。一般說來，這些歷史劇都有借古諷今的含義，曲折地表達了元代人民的政治、道德觀念，代表作有紀君祥的《趙氏孤兒》、關漢卿的《單刀會》、馬致遠的《漢宮秋》等。元雜劇在藝術上取得了輝煌的成功，塑造了形象鮮明、面目各異的舞臺形象。它善於組織矛盾衝

突，場面緊湊，高潮迭起。元雜劇的語言大多質樸自然，洋溢著濃鬱的生活氣息。

　　元雜劇在中國文學史上有著劃時代的意義。在此之前，佔據文壇統治地位的是以抒情為主要功能的詩歌散文，而元雜劇則以敘事為主，這就使文學更貼近人民的生活，更直接地表現人民的喜怒哀樂，更廣泛地反映社會現實。元雜劇的成功宣告了戲劇、小說等敘事文學開始成為中國文學的主流。元雜劇的作者多為社會地位低下的文人、演員等，觀眾更是遍及各個社會階層，它的興盛意味著文學在作者和讀者兩個方面都進一步走向民間。

　　作為一代文學之代表的元雜劇具有深刻的文化意義。首先，元雜劇高揚了反抗精神，抨擊黑暗勢力、落後觀念與醜陋風習，歌頌了不畏強暴、反抗壓迫、爭取自由的叛逆形象。例如《竇娥冤》中的竇娥，身為一個無依無靠的弱女子，遭受到高利貸盤剝、惡霸地痞橫行、貪官污吏枉法的重重迫害，最終含冤被殺。但她沒有逆來順受，而是不屈不撓地與無比強大的邪惡勢力進行鬥爭，直到走上刑場後還指斥天地，詛咒日月鬼神，以生命對黑暗社會作了最後的控訴和批判。雖然竇娥的力量不足以戰勝黑暗勢力，作者關漢卿只能用幻想的方式為她死後伸冤，但正因為這是弱者在力量懸殊的情形下進行的堅決反抗，才更具有震撼人心的力量。又如《西廂記》中的張琪和崔鶯鶯，他們是出身於封建官僚家庭的青年男女，在追求愛情自由的過程中不僅面對著封建勢力的直接壓迫，而且面對著門閥觀念、禮教規範和功名意識等種種封建思想的無形桎梏，但是他們以堅韌的鬥爭衝破了重重束縛，勇敢地實現了自由戀愛。紅娘是崔家的婢女，身份卑微，但她堅決地同情、支持崔張愛情，熱心為他們出謀劃策，面對崔母的拷打威脅也毫不氣餒，據理力爭。強烈的正義感和勇敢機智的性格使紅娘的形象光彩奪人。《西廂記》把戀愛雙方之外的紅娘寫成主

要人物（全劇三分之一的折次由她主唱），閃現出民主思想的光輝。
其次，元雜劇褒貶分明，劇中人物的忠奸美惡判若涇渭，這種體現著
多數人意志的價值判斷是具有民主傾向和進步意義的。例如《趙氏孤
兒》寫春秋時晉國奸臣屠岸賈誣陷忠臣趙盾，將趙門三百餘人斬盡殺
絕，還千方百計要搜殺趙氏孤兒以斬草除根。而一批志士仁人則想方
設法保護孤兒，當屠岸賈為誅殺趙氏孤兒下令將晉國所有的同齡嬰兒
全部殺戮時，程嬰、公孫杵臼二人合謀定計，分別以舍子、獻身的壯
烈舉動制止了這場浩劫，從而保全了孤兒，最後伸張正義，復仇除
奸。《趙氏孤兒》體現了震撼人心的道德力量，程嬰等人所以能見義
勇為乃至捨生取義，支持著他們的正是堅定的道德信念。由於這種信
念完全符合中國人民助善懲惡、抗暴除奸的價值判斷，所以此劇歷來
受到人民的喜愛。《趙氏孤兒》在十八世紀傳入歐洲，經翻譯、改編
後多次上演，產生了巨大的影響。西方觀眾為之傾倒的正是此劇所體
現的中國文化精神中的道德光輝。第三，元雜劇體現了中國戲劇文學
的一個特徵：以浪漫的理想化方式處理現實主義的題材。應該指出，
這種方式在藝術上是有弊病的，它往往使元雜劇具有「大團圓」的結
局，並成為俗套，有時還嚴重地削弱了劇本的思想意義。例如楊顯之
《瀟湘雨》中的張翠鸞遭到丈夫的遺棄、謀害，但最後卻仍與他妥
協、重婚。然而這種方式體現了中國人民「善有善報、惡有惡報」的
信念，體現了正義戰勝邪惡、幸福普降人間的美好願望。所以元雜劇
中的正面人物往往被賦予大智大勇的品質，而且常常取得鬥爭的勝
利，例如公案劇中的包公，不但明察秋毫，斷案如神，而且總能嚴懲
那些作惡多端的「權豪勢要」，這顯然並不是社會現實的真實反映，
而是對人民願望的藝術處理。

　　中國的小說經歷了先唐筆記小說、唐代傳奇小說和宋元話本小說
三個發展階段後，到明清時代臻於極盛，湧現出《三國演義》、《水滸

傳》、《西遊記》、《金瓶梅》和、《儒林外史》、《紅樓夢》六部著名的長篇小說。前四部被稱為明代「四大奇書」，後兩部則是清代長篇小說中的雙璧。

《三國演義》是明初羅貫中作的歷史演義小說。它取材於東漢末年和魏、蜀、吳三國鼎立的一段歷史，為那個群雄逐鹿的動盪時代提供了全景式的歷史圖卷，創造了數以百計的栩栩如生的人物畫廊，其中雄才大略又奸詐殘暴的曹操，足智多謀、忠貞鯁亮的諸葛亮，勇武剛強、忠義凜然的關羽，寬仁愛民、知人善任的劉備，勇猛粗獷、嫉惡如仇的張飛，以及氣量狹小的周瑜，不堪造就的劉禪等都已成為家喻戶曉的人物典型。《三國演義》描寫錯綜複雜的政治、軍事、外交鬥爭時特別崇尚智謀，它在客觀上把統治階級的各種鬥爭手段、謀略向民間普及，成為一部形象化的政治、軍事教科書，包涵著十分深厚的文化內蘊。

《水滸傳》是完成於明初的英雄傳奇小說，一般認為它的作者是施耐庵。北宋末年宋江等人起義反抗官府，這個故事在民間廣為流傳，在宋元話本和元雜劇中都有所反映。《水滸傳》就是在這些傳說的基礎上創作的。《水滸傳》深刻地揭示了「官逼民反」的道理，它描寫的一〇八位英雄出身各異，既有貧苦的漁民、獵戶、農民、小市民，也有小官吏、軍官和地主，他們都因不堪忍受統治者的剝削和壓迫而奮起反抗，聚義梁山。《水滸傳》嚴厲地批判了封建統治階級的腐朽和兇惡，熱情歌頌了起義的英雄，塑造了宋江、武松、林沖、魯智深、李逵等性格各異的典型人物。《水滸傳》所描寫的造反是以「忠義」為行動準則的有限度的反抗。「忠義」作為一種倫理道德觀念具有濃厚的封建色彩，但它也含有犧牲個體利益以維護正義的獻身精神。所以在《水滸傳》中，歌頌反抗與宣揚忠義是並行不悖的，這正是傳統文化精神兩面性的體現。

　　《西遊記》是明代出現的神話小說。唐代高僧玄奘遠赴天竺（印度）取經的故事在民間流傳的過程中逐漸增飾，《西遊記》在此基礎上進行了創造性的藝術加工。它的主要內容可分兩個部分：一是孫悟空出世、學藝及大鬧天宮，二是孫悟空與豬八戒、沙僧保護唐僧往西天取經。貫穿全書的中心人物是石猴孫悟空，他機智勇敢，尚俠行義，正直無私。《西遊記》的思想傾向很複雜，它一方面肯定孫悟空大鬧天宮，體現了蔑視統治者的權威，反對不合理社會秩序的叛逆精神；另一方面又肯定孫悟空等人護法取經，體現了維護既定秩序的觀念，這一點與《水滸傳》一樣，反映了傳統文化精神的兩面性。

　　《金瓶梅》是出現於明代後期的世情小說，作者署名「蘭陵笑笑生」。前述三部小說都是根據歷史上長期流傳的故事加工而成的，都塑造了一些正面的人物形象，而《金瓶梅》卻是由文人獨立創作的。全書旨在暴露世態人情，其主要人物中沒有一個是值得肯定的形象。《金瓶梅》取名於潘金蓮、李瓶兒、龐春梅三個女性的名字。全書以男主人公西門慶的罪惡生活史為主幹，以西門慶的妻妾潘、李、龐等人的生活為支架，描寫了一個官僚、惡霸、富商三位一體的暴發戶家庭的污穢生活，揭露了明代社會（書中背景假託為宋代）爾虞我詐、爭權奪利、道德淪喪、人欲橫流的黑暗現實。《金瓶梅》以現實社會及家庭日常生活為題材，在中國小說史上別開生面。但是《金瓶梅》雖然暴露了西門慶等人瘋狂地追逐財富和情慾的罪惡，卻缺乏嚴肅的批判精神，書中有許多露骨的淫穢描寫，格調低下。《金瓶梅》深刻地反映了封建社會末期道德規範徹底崩潰時人們的迷茫，是文化轉型前夕的失序社會的藝術體現。

　　清代乾隆年間（18世紀中葉），吳敬梓的《儒林外史》和曹雪芹的《紅樓夢》先後問世。《儒林外史》以批判科舉考試制度，諷刺受科舉制度毒害的儒林人物的醜態陋行為主要內容。在此以前，人們對

科舉制度的批評大多停留於它的不公正、不完善，《儒林外史》卻把批判的矛頭對準這種制度本身，深刻地揭露了它禁錮思想、毒害人心從而禍國殃民的罪惡本質。周進、范進、匡超人等本性良善的讀書人在科舉制度的引誘下一個個變成了不學無術的腐朽官僚或無恥小人，而大批本來心術不正的人更通過科舉成為貪官污吏（如王惠）或魚肉鄉民的劣紳（如嚴貢生）。《儒林外史》還揭露了官場的腐敗、社會的黑暗以及封建道德的虛偽和殘酷。《儒林外史》以嚴肅、公正的態度，高度概括的手法，生動冷雋的語言，一針見血地揭露了隱藏在人物言行和社會現象後面的醜惡本質，它的諷刺藝術達到了中國文學史上前所未有的高度。

　　《紅樓夢》是中國古代文學中最優秀的現實主義巨著，也是古代文學的光輝總結。它的作者曹雪芹是滿人（漢軍八旗）。《紅樓夢》以賈府這個累世公侯的封建官僚家庭由盛轉衰的過程為主幹，深刻地揭示了封建社會必然走向沒落的歷史命運，堪稱封建末世的百科全書。《紅樓夢》對封建的國家政治制度、家庭宗法制度、科舉制度、婚姻制度以及依附於這些制度的倫理道德、價值規範進行了大膽的否定和批判，成功地塑造了賈寶玉、林黛玉這一對封建官僚家庭的叛逆者的形象。賈府的統治者把重振家業的希望寄託在聰明靈慧的寶玉身上，可是寶玉卻頑強地逃避既定的封建貴族人生道路。他對封建家庭的反抗既是為了追求戀愛自由，也是出於對整個封建制度及其思想體系的厭惡。所以他把程朱理學斥為「杜撰」，把封建政治學說（「仕途經濟」）斥為「混帳話」，把科舉制度斥為「誆功名混飯吃」，把「文死諫，武死戰」的封建道德斥為「胡鬧」。他還徹底否定「男尊女卑」的封建觀念，把全部熱情傾注在不幸的女性身上。林黛玉作為一個寄人籬下的貴族小姐，不但以清高孤傲的舉動維護著自己的尊嚴，而且不守閨訓勇敢地追求愛情，在一切價值觀念上都持與寶玉相似的觀

點。站在寶、黛對立面的則是以賈母、賈政為首的封建家長。他們有的道貌岸然而實質虛偽、冷酷，有的兇狠陰險、荒淫無恥，是日益走向滅亡的腐朽勢力的藝術象徵。寶、黛最後以死殉情（寶玉的出家意味著塵世生命的結束），就是年輕的叛逆者對腐朽封建勢力的殊死反抗。《紅樓夢》一方面凝聚著傳統文化的精華，它發揚了崇尚理性、追求真、善、美的精神，並以審美觀點使家庭日常生活昇華進入詩的意境；另一方面又體現了對傳統文化、尤其是對重群體輕個體的價值取向的深刻反思。寶、黛以死相爭的正是個體的自由和尊嚴。

吳敬梓和曹雪芹都出身於封建官僚家庭，都深受傳統文化的影響，他們以藝術家特有的敏銳目光洞察了封建制度的弊病，揭露了它必然滅亡的歷史命運，但他們是懷著悲涼和惋惜的心情看待這個歷史趨勢的，《儒林外史》和《紅樓夢》就是他們為封建制度及其文化傳統唱的一曲輓歌。兩部小說的成功主要在於對封建制度及傳統文化的深刻反思，對於新的社會力量、新的文化類型則僅僅提出了朦朧的希望。然而，這種來自傳統文化內部的反省意識正是中國文化走向現代的最初步履，是宣告中國文化即將轉型的一線曙光。

第三節　中國古代文學的文化特徵

一　關注現實的理性精神

與西方文學相比，中國古代文學具有特別鮮明的人文色彩和理性精神。即使在上古神話中，中華民族的先民所崇拜的也不是希臘、羅馬諸神那樣的天上神靈，而是具有神奇力量並建立了豐功偉績的人間英雄。例如在「女媧補天」、「后羿射日」和「大禹治水」三則最著名的古代神話中，女媧、后羿和大禹等神話人物其實就是人間的英雄，

氏族的首領，他們的神格其實就是崇高、偉大人格的昇華。他們以巨大的力量克服了自然界的種種災難，使人民得以安居樂業。他們與希臘神話中那些高居天庭俯視人間、有時還任意懲罰人類的諸神是完全不同的。「夸父追日」、「精衛填海」等故事則反映了先民們征服時間、空間阻隔的願望，體現了中華民族剛健有為、自強不息的精神。

　　古代的英雄崇拜其實是先民們對自身力量的崇拜，因為神話傳說中的英雄都是箭垛式的人物，是先民們對自身集體力量的藝術加工。所以在古代神話中產生了有巢氏、燧人氏、神農氏等人物，他們分別發明了築室居住、鑽木取火及農業生產。而黃帝及其周圍的傳說人物更被看做中國古代各種生產技術及文化知識的發明者（如嫘祖發明蠶桑，倉頡造字等）。在經過後人加工的中國上古神話中，神話的因素與歷史的因素以傳說的方式奇妙地結合起來了。神話人物主要不是作為人類的異己力量出現，而是人類自身力量的凝聚和昇華。神話人物的主要活動場所是人間，他們的主要事蹟是除害安民、發明創造，實即人類早期生產活動的藝術誇張。因此，中國的上古神話或多或少具有信史化的傾向，許多神話人物一直被看做是真實的歷史人物在神話傳說中的投影。可見人文色彩和理性精神正是中國上古神話所體現的中國文化特徵。

　　在整個中國古代文學中，無論是抒情文學還是敘事文學，作家總是把目光對準人間而不是天國，他們關注的是現實世界中的悲歡離合而不是屬於彼岸的天堂地獄。宗教觀念在中國古代文學中的反映是極其淡薄的，即使在佛、道二教興盛之後，它們對文學的影響也主要體現為作家世界觀和思維方式的多元化，而沒有造成文學主題偏離現世的轉移。例如在唐詩中，幾乎所有的詩人都以滿腔熱情去擁抱人生，且不說謳歌邊塞題材的高適、岑參和關心民間疾苦的白居易、元稹，即使是喜愛刻畫鬼神世界的李賀，其實也以對黑暗現實的憎惡反襯著

對美好人間的嚮往。又如明清的著名小說都以社會現實生活為主要題材，即使是神話小說《西遊記》也不例外。孫悟空蔑視天庭的統治秩序，即使失敗後仍保持著傲骨，對佛祖菩薩也敢嘲弄揶揄。《西遊記》寄託了人民反抗社會邪惡勢力的理想，因為那些妖魔全都貪婪兇狠，殘害百姓，有的還與天上神佛沾親帶故，顯然是人間邪惡勢力的象徵。

二　「文以載道」的教化傳統

中國古代的文學家都是在以儒家思想為主的傳統思想哺育下成長起來的，「治國平天下」的入世思想是大多數作家共同的人生目標，而「兼濟天下」與「獨善其身」互補的人生價值取向則是他們的共同心態。在這種背景下，以詩文為教化手段的文學功用觀成為古代最重要的文學觀念。早在春秋戰國時期，儒家就積極提倡詩教，企圖以文學作為推行教化的有力工具。其它諸子的觀點雖然勢若水火，但他們著書立說的目的也都是為了宣揚自己的政治理想和社會設計，同樣體現了對現實政治的強烈關注。可以說，先秦諸子的「文」都是為其「道」服務的，「文」只是手段，「道」才是目的。這種傳統後來被唐宋古文家表述為「文以載道」或「文以貫道」，不但成為歷代散文的共同準則，而且成為整個古代文學的基本精神。

「文以載道」的思想對中國古代文學有正、負兩面的深刻影響。首先，這種思想強調了文學的教化功能，為古代文學注入了政治熱情、進取精神和社會使命感，使作家重視國家、人民的群體利益，即使在純屬個人抒情的作品中也時刻不忘積極有為的人生追求。例如在唐代詩人中，杜甫蒿目時艱，憂國憂民，對儒家仁政理想的不懈追求，對國家人民命運的深切關注成為杜詩的核心內容。即使是浪跡五

嶽、神遊九垓的李白，也在詩中強烈地表達了追求功名事業、要在外部事功的建樹中實現人生價值的理想，而且明確地以孔子作《春秋》為自己的文學事業的典範。至於唐宋古文運動的巨大成就，更是在「文以載道」思想的直接指導下取得的創作實績。其次，「文以載道」的思想也給中國古代文學帶來了負面的影響，它使文學在一定程度上淪為政治的附庸，從而削弱了其主體意識和個性自由。這種消極的影響不但體現在士大夫的詩文作品中，而且體現在小說戲曲等敘事文學中。例如元雜劇雖然高揚了針對黑暗勢力的反抗精神，歌頌了反抗壓迫、爭取自由的民主思想，但它往往以道德判斷作為審美判斷的核心價值參數，而且這種道德判斷中常混雜著封建倫理說教的糟粕，這就嚴重地損害了其思想意義。

三　寫意手法與中和之美

中國古代文學中發展得最為成熟的樣式是以抒情為主要功能的詩歌，這個事實說明中國古代文學最重要的性質是抒情。抒情性質使中國古代文學在總體上具有詩的光輝，即使是敘事文學也不例外。例如《史記》就因洋溢著司馬遷的悲憤情感而被魯迅譽為「無韻之《離騷》」。而雜劇《西廂記》、小說《紅樓夢》也因濃鬱的抒情色彩而使人百讀不厭。正是抒情性質使中國古代文學在寫物手法上不重寫實而重寫意，例如山水田園詩本來可以處理成敘事性或描述性的作品，但在唐代王維、孟浩然的詩中，卻往往以抒情手段虛化了即目所見的景象，他們詩中的山水田園其實是他們寧靜心境和淡泊志趣的外化。又如戲劇在西方歷來是以寫實為主的，但中國古代的戲曲作家及理論家卻強調戲曲首先要表現作者對現實生活的感受即「意」，而不是簡單地模仿生活。明代戲曲理論家王驥德指出：「劇戲之道，出之貴實，

而用之貴虛。」(〈曲律〉) 元雜劇作家在創作實踐中也確實是「但摹寫其胸中之感想，寫時代之情狀」(王國維〈宋元戲曲考〉)。

抒情性質和寫意手法使中國古代文學產生了以下文化特徵：首先，中國古代文學是古代中國社會的生動圖卷，但更是古代中國人的心靈記錄，這使它成為我們瞭解中華民族傳統文化心理的最好視窗。假如我們要想瞭解禪宗思想與理學思想對宋代士大夫的影響，最好的材料不是禪宗語錄或理學講章，而是宋詩。只要你仔細閱讀王安石、蘇軾、黃庭堅等人的詩歌，就能對宋人融儒道釋為一體的思想面貌有直觀而真切的把握。其次，中國古代文學追求的藝術境界不是真實而是空靈，不是形似而是神似，那種為歷代文學家所憧憬的變化莫測、知其妙而不知其所以妙的藝術化境界，正是在精鍊含蓄的藝術表現形態基礎上才有可能達到的目標。

儒家宣導的「中庸」精神對中國古代文學有深刻的影響，孔子稱讚《詩經》「樂而不淫，哀而不傷」(《論語·八佾》)，這種觀點後來發展成「溫柔敦厚」的「詩教」說 (見《禮記·經解》)，即主張在文學作品中有節制地宣洩情感，而不要把感情表達得過分強烈。在這種文學思想的指導下發展起來的中國古代文學，在整體上呈現出一種中和之美。一般說來，中國古代文學中很少有劍拔弩張地表達狂怒或狂喜的作品。多數古代詩人都自覺或不自覺地遵循著「詩教」的精神，以「怨而不怒」、「婉而多諷」的方式來批判現實。詩人在抒寫內心情感時總是委婉曲折，含蓄深沉。中國古代詩歌中決不缺少深摯的感情，但從未達到過西方詩歌那種「酒神」式的迷狂程度。情感宣洩的適度與表現方式的簡約使中國古代文學在總體上具有含蓄深沉、意味雋永的藝術特徵，這正是中華民族平和、寬容、偏重理性的文化性格特徵在古代文學中的積澱。

參考文獻

袁行霈主編　中國文學史　北京市　高等教育出版社　1998年

周揚、劉再復　中國文學（《中國大百科全書‧中國文學》卷前言）
　　　　　北京市　中國大百科全書出版社　1985年

張少康、劉三富　中國文學理論批評發展史　北京市　北京大學出版
　　　　　社　1995年

程千帆　唐詩的歷程　程千帆全集（第八卷）　河北　河北教育出版
　　　　　社　2000年

何其芳　論紅樓夢　北京市　人民文學出版社　1958年

思考題

1 為什麼說中國古代文學是中國傳統文化的重要組成部分？

2 中國古代文學的輝煌成就在哪幾個方面表現得最為突出？哪些作家
　和作品最具代表性？

3 中國古代文學在哪些方面體現了中國傳統文化的基本精神？

第十章
中國古代藝術

第一節　輝煌的遠古藝術

　　中國藝術源遠流長。一萬八千年前山頂洞人的裝飾品，說明審美觀念已經產生。八千年前出現的岩畫、彩陶、玉器，可以算作中國藝術的開始。到六千年前的仰紹文化，彩陶已經達到一定的藝術高度，並且分佈地域廣闊，數量眾多，成為一種最能體現中國藝術和文化性格的東西。因此，從彩陶開始介紹中國的古代藝術，有助於理解中國藝術的特性。

一　原始彩陶

　　中國原始彩陶的時間從六千多年前的仰紹文化到四千多年前的大汶口文化，其空間大體分為三個區域：中原地區、西北地方和東南沿海地區。在器皿造型上，有類比植物造型的，也有類比動物造型、類比人物造型、模擬器物造型的，但最常見的還是最符合陶器功能需要的碗、、罐、盆、壺、豆、瓶、鼎和等十餘種。在裝飾圖案類型上，有人物紋樣（人面紋、群舞紋、蛙人紋等），動物紋樣（魚、鳥、蛙、鹿、豬、蜥蜴、壁虎等），植物紋樣（花瓣紋、葉紋、樹紋、谷紋等），幾何紋（方格紋、網紋、波紋、三角紋、圓圖紋等）等，但最多的是幾何紋。中國彩陶有很多世界級的珍品，如西安半坡的人面

魚紋圖案，廟底溝的花朵圖案，馬家窯的波浪圖案，半山的圓圈圖案，等等。

中國彩陶有兩個特點，一是彩陶圖案從具象到抽象的過程與中國文化觀念的演進同步；二是彩陶圖案的結構特點與中國美學的基本法則相合。中國彩陶圖案由具體物象到抽象圖案的演化，有跡可尋的有魚的抽象化（半坡）、鳥的抽象化（廟底溝）、花的抽象化（廟底溝）、蛙的抽象化（馬家窯）、人獸合一形的抽象化（半山、馬廠）等等。中國文化從原始向理性的演化中，在社會層面是原始的神轉變為上古的帝王，神話歷史化了；在宇宙論層面是原始的帝和神轉化為氣的宇宙。由神到氣是一個由實到虛的過程。彩陶圖案由具象到抽象、由實到虛，正應合了這種思想演化的軌跡。

彩陶還暗含了兩個重大的藝術法則。陶器是圓形的，面向四方，具象圖案把人的注意集中在一面，傾向於形成焦點、定點。而具象圖案轉為抽象之後，整個圖案就是遊走的了，面向四面，使四面形成一個既沒有起點、也沒有終點的一氣呵成的整體。這樣彩陶的繪製自然而然成了移動的散點透視，它讓你圍繞著彩陶進行「步步移，面面看」的欣賞，又在這彩陶有限的圓面中體會到一種「無盡」的意味。而這種「遊目」正是後來中國繪畫和中國園林的一個基本審美原則。中國彩陶不同於其它文化彩陶的另一個特點是，無論是盆，是缽，還是瓶與罐，都注意到由上觀下的效果。例如瓶與罐，在繪製四面圖案之前就細心照顧到靠近瓶罐頸口處的圖案，使得在由上方下視時也形成一幅和諧的圖案。由此可見，彩陶的創造和觀賞是按照「仰觀俯察」這一中國觀照方式進行的。這也是後來在詩、詞、畫和建築中廣為應用的一個基本法則。

二　青銅紋飾

　　中國遠古藝術的另一個高峰是青銅紋飾。中國的青銅時代形成於約公元前二千年，經夏、商、西周和春秋，大約經歷了十五個世紀。其中商周青銅器由於處於文化意識形態的核心，具有更重要的意義。青銅器的類型有農具、工具、兵器、飲食器、酒器、水器、禮器、樂器、雜器、車馬器、符及璽印等。其中最重要的是與意識形態最相關的禮器。青銅器的紋飾有獸面紋類、龍紋類、鳳鳥紋類等各種動物紋、獸體變形紋、火紋、幾何紋、人面畫像等。中國青銅器也有許多世界級的珍品，如商代的司母戊鼎、西周前期的伯矩鬲、戰國的宴樂漁獵攻戰紋壺等。

　　青銅紋飾有兩個明顯的現象。一是饕餮紋，正如彩陶顯示出一個由實到虛的抽象化過程，饕餮紋代表的是重組變形法則。從大量的青銅紋飾可以看出，饕餮是由兩個或兩個以上動物組合而成的，最常見的是由兩夔龍組合而成，陝西省博物館藏的西周青銅器的饕餮，則是由四個部分組合而成，虎頭形成臉的上半部，兩條夔龍伸向兩邊，它們的傾面頭構成饕餮的面的兩邊，一牛頭構成饕餮的下頜。通過大量資料的比較，可以看出，正像通過無數的努力，具象在彩陶圖案中終於無痕跡地線條化了一樣，通過不斷的創造，多種動物拼組的饕餮終於變成具有獨立整體的威猛猙獰的饕餮了。彩陶代表了中國藝術虛靈飛動的一面，青銅則代表了中國藝術厚重質實的一面。中國文化一方面是一個氣的宇宙；另一方面又是一個禮的世界。青銅材料本身的凝重厚實正好對應於禮的莊嚴齊一。饕餮的重組變形，正是體現了自遠古以來一直在神話中進行的古人的構思方式。龍鳳的產生是一種重組變形，各種原始的面具服裝也是一種重組變形。然而饕餮不僅僅是反映了作為後來儒家之禮的胚胎的殷周之禮的秩序整一，而更多地是包

含著殷周就有、又一直延存於中國文化中的權威意識和世俗意識。中國帝王需要天命、天理的說明，因此需要造就一種具象的而又非現實存在的象徵。從這個意義上說，饕餮精神就是龍的精神（饕餮也被說成是龍形象演化的一個階段）[1]。重組變形使中國文化產生出了各種神仙和魔鬼世界。

青銅紋飾的另一大現象是人獸共生。在殷商和西周，有一種紋飾是一個類似虎的動物張開大口，口中有一人頭，有的則是兩個動物對稱地張開大口，口中各有一個人頭。聯繫到商代的人面方鼎，再往上聯繫到良渚文化的人獸合一圖案，往下聯繫到戰國帛畫上的人馭獸，似乎可以顯示出上古觀念演變的三個邏輯階段：一，人獸一體，均為神物；二，人獸分離，人（巫師）通過獸與上界溝通；[2]三，人對獸取得了主動地位。藝術圖案的邏輯正好與中國文化從原始到理性的演化過程相符合。

第二節　中國古代藝術各個門類的風采與成就

中國古代藝術並沒有被古代學者作為一個整體來把握，因為各門藝術不像在西方那樣具有相等的地位，而是等級高低不一。詩文最高，其次是繪畫與書法，再次是建築、雕塑等。中國沒有一部像黑格爾的《美學》那樣統一論述各門藝術的著作。然而在中國，各門藝術既發揮自身和特殊功能，又按照中國文化的總體要求，展示了各自的風采，達到了輝煌的高度。

1　參見王大有：《龍鳳文化源流》（北京市：北京工藝美術出版社，1988年），頁123-126。
2　參見張光直：《中國青銅文化》（北京市：三聯書店，1983年），頁321-331。

下面，我們就分別介紹中國藝術的主要門類：建築、雕塑、書法、繪畫、音樂和戲曲，敘述它們的歷史流變、基本類型和美學原則。

一　建築

中國古代建築，從有據可依的西安半坡圓形住房和大方形房屋始，就一直與自己的文化觀念和與之相應的審美趣味緊密相連（「天圓地方」正是中國古代的宇宙觀念），爾後又隨著文化的發展而逐漸豐富。從遠古至東漢，主要是以帝王為核心的宮室、苑囿、廟社、陵墓等等一整套宮廷建築體系的發展和完成。從東晉始，表現士大夫情趣的私家園林開始風行。從南北朝始，寺廟建築大量修建。此後一直到清代，古代的建築體系基本上都在這一框架內運作。因此，中國古代建築大體上可分為四大類型：宮殿、陵墓、寺廟和園林。

宮殿建築以皇宮為代表，其目的，如荀子所論，是要顯示帝王之威，因此有高、大、深、莊四大特點。故宮的天安門，是進入大清門後的第一個重點建築，大大高於一般房屋，這主要是顯示帝王而不是天的威嚴。「大」是佔有空間眾多。故宮的建築群恰如一大隊金盔紅袍莊嚴群立的戰陣。也只有空間的大，才能顯出「深」來。從大清門到天安門到午門到太和門最後到太和殿，正是在這個由建築的變化形成的節奏起伏的深長的時間進行中，不斷地加重著人們對帝王的敬畏情緒。「莊」是以建築完全沿中軸線對稱排列和牆柱門的深紅色顯示出來的。人在對稱建築中行進，內心會有一種肅穆之感。

皇宮顯示現世帝王的威嚴，陵墓則表現已逝帝王的威嚴。只是陵墓與另一個世界相連，不以房頂的金色表現現世的光輝，而以青土暗示永恆的寧靜。因此陵墓或者依山為陵，如唐代陵墓，或者壘土為陵，植樹以像山，如秦始皇陵。陵墓的地下形態因看不見而對活人的

心理並無影響，但其地面建築仍有另一種高、大、深、莊的特徵。唐代高宗與武后合葬的乾陵以梁山為陵，這是「高」。圍繞地宮和主峰有似方形的陵界牆，而進入乾陵的第一道門卻在禹陵牆的朱雀門很遠的山下，這是「大」。從第一道門到地宮墓門要經過四道門，路長約四公里，這是「深」。在這悠長的時間流動中，於梁山南傾的二峰之中始，是神道，神道兩旁有華表、飛馬、朱雀各一對，石馬五對、石人十對、碑一對。正是從神道始，陵墓建築開始對觀者內心進行莊嚴肅穆的心理強化。

中國寺廟建築最早見於記載的是東漢永平十年建立的洛陽白馬寺，從這時起，中國的佛教寺廟就不同於印度的寺廟，它以王府為模式，納入中國禮制建築的體制之中。後來的道觀也是這樣。因此，可以說佛寺與道觀除了塑像、壁畫、室內外裝飾不同之外，在建築形式上是基本一致的。與宮殿和陵墓一樣，寺廟也有肅穆的要求，因此整體對稱是其特色。肅穆心理要通過時間來強化，建築也要求在時間中展開。只要可能，寺廟進山門後一般都有四殿，而高潮一般在第三殿。名山中的寺廟則依地勢而隨地賦形，一般有兩殿甚至只有一殿，但進山後的漫長道路本身即為寺廟的延長，心理轉移早就在進行。

中國園林可追溯到西周初的苑囿合池。其發展和壯大是從春秋到秦漢。這時的園林，其功能和趣旨與宮殿一樣，都是顯示帝王的偉大巨麗。魏晉以後士人園林興起，中國園林才獲得了自己的獨特品格，並影響了皇家園林。園林的核心是情趣，在結構上絕沒有使人緊張起來的對稱。其情趣主要是自然情趣，亭臺樓閣均隨地賦形，巧奪天工。廊榭臺池，山石花木，一切布置都考慮到人與自然的情感交流，而且通過園林揭示和領悟自然之美。如頤和園的昆明湖，在進園路線的暗引下，你從院內的牆窗看，繼而在長廊中看，後又登上崇麗閣看，湖之美以不同的面貌一一展現，各處視點不同而展現出多方面的美。

　　中國建築無論宮殿、陵墓、寺廟，還是園林，都不注重單個建築的高大，而強調群體的宏偉；不追求純空間的凝固的畫面，而追求在時間中展開，在時間的流動中展現自己的旨趣。中國建築形成群體結構時，小至四合院，大至皇宮、圓明園、皇城，都有一道牆，形成一種封閉自足、不待外求、自成一統的意蘊。而群體之中都有核心部位，主次分明，照應周全，其理性秩序與邏輯或明（如宮殿）或暗（如園林），卻都氣韻生動、韻律和諧。雖然處一牆之中，中國建築又總是追求超一牆之外。且不論園林，就是四合院、宮殿，群體結構的屋與屋之間，總有很多「空」，有條件就一定要加之以亭池草木，顯出實中之虛，正如亭臺樓閣總要以其「空」面向外界，「惟因此亭無一物，坐觀萬景得天全」。中國建築的特點是使人不出戶，不出園，就可以與自然交流，悟宇宙盈虛，體四時變化。從這個意義上說，它又是外向開放的。中國文字「宇宙」二字都有寶蓋頭，中國人就是在日常所居的建築中體悟宇宙和天道，以及由這個天道所決定的儒家秩序和道家情趣的。

二　雕塑

　　雕塑在中國沒有像西方那樣獨立的地位，幾乎一直是建築的一部分。但雕塑又一直都在被創造出來，從河姆渡文化遺址出土的陶豬，到青銅器上的虎、鶴，春秋戰國的土俑陶俑，秦兵馬俑，漢霍去病墓的石獸，直到以後源源不斷的宗教造像、民間小品。中國雕塑主要由四個集群組成：一、陵墓集群，包括陵墓表飾（華表、石人、石獸等）、墓室雕飾（墓門、墓道、宮床等墓內建築雕飾及墓內肖像）、明器藝術（陪葬用的俑和動物造型、建築模型和器物模型）。二、宗教集群，包括佛道寺廟和佛教石窟裏的塑像、浮雕。三、建築裝飾，包

括宮殿、苑囿、會館、牌坊、民居、橋樑等建築物上的裝飾性雕塑。四、工藝雕塑，包括工藝性的泥塑、瓷塑、金屬塑鑄、木雕、乾漆雕塑、竹雕、根雕、石雕、玉雕、牙雕、骨雕、角雕、果核雕等。這裏第三類從功能和藝術類型的旨趣上可以併入第一類。第四類純為閒情清賞。第一、二類由於與中國文化的兩大重要事務（敬祖與宗教）有關而凝結著較厚重的文化內容。

陵墓雕塑。中國古人從來沒有敢徹底地不信鬼神。孔子說：「祭神如神在。」（《論語‧八佾》）王侯將相都希望把自己現世的享樂與威風帶到地下去，帝王們幾乎都是從登基伊始就開始修建自己的陵墓。遠古至殷商是活人殉葬，春秋戰國以後多以俑代活人，葬下的雕塑是擬真的，如秦兵馬俑，但擬真的程度和規模又依陵墓整體規模來決定，因此大多數雕塑是縮小版。由於這些雕塑的目的是模仿實物，其精品也就類似於民間泥塑和文人的案頭小品。陵墓雕塑的最高成就是在地上，特別是陵墓門前和神道上的雕塑。它們既要顯出墓主與冥界相連的威嚴和地位，還要對朝墓者產生心理影響。中國雕塑最優秀的作品都出現在這裏，如霍去病墓的馬踏匈奴、六朝陵前的辟邪、乾陵的飛馬、順陵的石獅等。

宗教雕塑，特別是佛教雕塑，與陵墓雕塑相比具有更多的變化和更豐富的內容。在雕塑材料上，石窟為石雕，寺廟多為泥塑。在藝術風格上，各代的佛、菩薩、羅漢雕塑與當時的人體審美觀念緊密相連。魏晉六朝，瘦骨清相；隋唐五代，圓滿豐腴；有宋以降，勻稱多媚。和陵墓雕塑一樣，佛教雕塑也是以群體為主的，每一廟或窟之中必有一個中心。這一雕塑既處於觀者視點的中心，又是最高大的，其餘雕塑則服從它，呼應它，從而構成整體效果。龍門、雲岡、敦煌石窟如此，著名寺廟也是如此。從六朝到宋明，寺廟中雕塑群體又有一

個逐漸由印度的寺廟安排到近似於中國朝廷的帝王、文臣、武將的儀式安排的過程，總之雕塑群體越來越等級秩序化。

宗教雕塑產生了許多優秀作品。雲岡石窟的大佛塑像那面部超脫一切苦難的微笑，敦煌彩塑中身體呈 S 形被譽為「東方維納斯」的菩薩，還有那肌肉一塊塊凸出，不是按西方的健美而是依東方的氣功而顯示出力量的金剛力士，都是世界一流的藝術珍品。

中國的雕塑從來沒有脫離建築而完全獨立出來，更強化了整個中國藝術本有的特徵：整體性。一個雕塑的大小是由雕塑群體和建築整體決定的。同是門前石獅，門的大小決定獅的大小。同是佛像，寺殿內部空間的大小決定其大小。同理，佛的二大弟子伽葉、阿難及菩薩、羅漢形象總是比佛小。整體性決定了中國雕塑是程序化的，陵墓雕塑的獅、馬、龍、鳳應怎樣造，佛、菩薩等應穿什麼衣服，手應是什麼「印相」（姿勢），或應持何種器物，立姿與坐法應如何等，都有一定程序。程序性往往壓倒了雕塑的自身特質。因此，中國雕塑明顯地具有兩個繪畫的特點。一是平面性。能夠四周觀賞本是雕塑的特點，而中國陵墓和宗教雕塑都是讓觀眾從一定的方向和視點去看的，這樣，雕塑注意的都是讓人看的那一面，而看不見的一面就少費功力。二是彩繪。西方雕塑是通過材質本身起伏凸凹來顯示對象的特質，不施彩繪使得雕塑必須顯出自己的特點。中國雕塑的程序化往往忽略細部，平面性減弱了雕塑的特質，而彩繪卻可以幫助中國雕塑起到雕塑以外的功能。因此中國彩塑中的很多細部不是雕出和塑出來的，而是繪出來的。這些雕塑的減省本身又是符合中國藝術的總體原則的，因為中國藝術講究的是氣韻生動，神似勝於形似，即所謂「筆不周而意已周」。只有把握中國雕塑與中國文化精神相通的意境追求，才能對它有更進一步的理解。

三　書法

　　書法在諸藝術門類中，最具中國獨特性。世界上，只有在中國文化和伊斯蘭文化中，書法才成為一門舉足輕重的藝術。只有在中國文化中，書法才象徵了人之美和宇宙之美。

　　在殷商銘文中，已有整段的文字。這些文字除了遠古時期特有的神聖意義之外，一個顯著的也是使中文成為書法藝術的特點，就是它是按美的方式來銘刻每一個字和安排整個章法佈局的。同是一橫一豎，一字之中，字字之中，字字之間，皆有差別；字字之流動，行行之排列，都是上下前後照應。但嚴格地說，書法作為一門藝術是在漢末魏晉出現的。這時出現了以書法為純藝術的書法家，如蔡邕、張芝、鍾繇等。在書寫工具筆墨紙張改進的基礎上，書法藝術的筆墨技巧也達到成熟。起筆之藏露，運筆之遲速，轉折之方圓，收筆之銳鈍各有講究，多姿多彩。蔡邕「骨氣洞達」，張芝「血脈不斷」，鍾繇「每點多異」，王羲之「萬字不同」。自此之後，中國書法隨時代的前進浪峰迭起，奇景不斷，蔚為大觀。

　　中國書法從字體類型上分為篆、隸、楷、草、行五類，每一類有自己獨特的風貌。篆屬古文字，與隸、楷、草、行在字形上不同。篆、隸、楷是一字自成一體，行、草則可兩字連寫，草書則往往數字甚至一行連成。不同的字體有不同的結構特徵、用筆特色、整體神貌。篆書古雅，隸書麗姿，楷書雅正，行書流麗，草書飄逸。書法作為藝術又反映書法家的個人風格，所謂「字如其人」。「鍾繇書如雲鵠遊天，群鴻戲海，行間茂密，實亦難過。王羲之書字勢雄逸，如龍跳天門，虎臥鳳，故歷代金之。蔡邕書骨氣洞達，爽爽如有神力；韋誕書龍威虎振，劍拔弩張。」（蕭衍〈古今書人優劣評〉）書法作為藝術還反映整個時代的審美風貌。晉人尚韻，唐人尚法，宋人尚意，明人

尚態，已成為古今談論歷代書法藝術特色的定論。宗白華說，西方藝術整體風格的變化可以從建築的變化上顯示出來，而中國建築各時代的變化不明顯，但中國有各時代美學特徵各異的書法，可以代替西方建築的功用[3]。晉人尚韻，以王羲之的行書為代表，從書法的風貌可以使人領會晉人的詩歌、散文、繪畫、園林的風貌。唐人尚法，以顏真卿、柳公權的楷書為代表，從中又可聯想到杜甫的詩、韓愈的文、吳道子的畫。宋人尚意，以蘇軾、黃庭堅、米芾、蔡襄為代表，從其字可以貫通於宋詩的平淡、宋畫的遠逸、宋詞的清空。明清尚態，無論是浪漫派徐渭，帖學派董其昌，還是碑學派鄭燮都有明顯表現，又與戲曲小說中的市民性、世俗風相暗通。

中國最偉大的書法藝術家是王羲之、顏真卿、張旭。王羲之行書天下第一，其代表作〈蘭亭集序〉等，中鋒起轉提按，以豪為之，線條如行雲流水，字體結構極盡變化，風流瀟灑之至。顏真卿楷書天下第一，其代表作〈顏勤禮碑〉等，筆勢開張，寬舒圓滿，深厚剛健，方正莊嚴，雍容大度。張旭是草書之聖，代表作〈古詩四帖〉等，其書簡直就是舞蹈、音樂、激情，「伏如虎臥，起如龍跳，頓如山峙，控如泉流」。[4]評者只有讚頌、沒有微詞的，書法史上，惟張一人。

中國書法之所以成為一門重要藝術，在於它與中國文化之道緊密相連。在中國，道是一切具體事物的根本，通過一切事物表現出來，但又非由具體事物所能窮盡。書法是反映自然的，「夫書，肇於自然」（蔡邕〈九勢〉），但不是反映自然之形，而是反映自然之象。在古文中，形是質實具體的，象則是在物之中不能質實以求的東西。「為書之體，須入其形，若坐若行，若飛若動，若往若來，若臥若起，若愁

3　參見宗白華：《美學散步》（上海市：上海文藝出版社，1981年），頁156。
4　朱仁書：《中國古代書法史》（北京市：北京大學出版社，1992年），頁294。

若喜，若蟲食木葉，若利劍長戈，若強弓硬矢，若水火，若雲霧，若日象，縱橫有可象者，方得謂之書矣。」（蔡邕〈筆記〉）或如張懷瓘〈書斷〉所說：「善學者乃學之於造化，異類而求之，固不取乎原本，而各逞其自然。」書法作為一種字的造形，它什麼都不模仿，從一點一橫到一個個字都既超然象外，又得其環中。「橫，如千里陣雲。……點，如高峰墜石。」（衛夫人〈筆陣圖〉）但橫與點又不是陣雲和墜石，雖不是但卻得陣雲與墜石之象，得陣雲與墜石之意。書法家作書的創造過程，也就是深刻領悟中國文化之道的過程。在中國，宇宙是一個氣的宇宙。與氣的宇宙最相合的是線的藝術。書法的線之流動猶如天地間氣之流行。氣之流行而成物，線之流動而成字。書法之線的世界與宇宙之氣的世界有了一個相似的同構。中國藝術，文學、繪畫、音樂、建築，都含有線的意味，但只有在繪畫之線與書法之線中，才能更好地體會出中國藝術中線之美的特色。紙為白，字為黑，一陰一陽。紙白為無，字黑為有，有無相成。紙白為虛，字黑為實，虛實相生。宇宙以氣之流動而成，書法以線之流動而成，宇宙一大書法，書法一小宇宙。總之，中國書法由中國文字、書寫工具和文化思想而形成了一個獨特的藝術世界。

四　繪畫

　　談到中國的繪畫，我們仍要回溯到彩陶和青銅紋飾，它們確定了中國繪畫整體著眼、以線為主、平面構圖的基本原則。秦瓦當和楚漆畫、帛畫，都注重人或物的整體形象在畫中的位置，具有與韓非的畫論和秦兵馬俑相通的「寫實」性。漢代「席卷天下，包舉宇內」的氣魄，使漢畫像石、畫像磚具有漢賦一樣的填滿畫面、線條飛動的滿、實、多、動的風神。魏晉六朝是中國繪畫的形成期。隨人物品藻興起

了「以形寫神」的人物畫，以顧愷之為代表；隨寄情山水產生了使人可「澄懷味象」的山水畫，以宗炳、王微為代表；隨佛寺佛窟的大量建立，產生了宗教壁畫，以敦煌壁畫為代表。自此以往，唐宋明清，不斷豐富又不斷變化。特別是明清，隨著市民思想的壯大，作為戲曲插圖的木刻版畫，反映了不同於以前的新審美趣味，但其總風格——散點透視，以線為主，以形寫神，又完全在中國古代繪畫的範疇之內。清代隨中西交流，朗士寧等人的畫雖然糅進了不少西洋因素，但其總風格也沒有突破中國古典繪畫的框架。

中國古代繪畫大體上可分為宮廷繪畫、文人繪畫、宗教繪畫、市民繪畫和民間繪畫五類。宮廷繪畫有兩類：有政教實用性的一類，即繪具有榜樣性的文臣武將和歷代帝王，如閻立本的歷代帝王圖；也有閒適性的一類，體現所謂「內聖外王」，身在朝廷之中，心存江湖之遠的旨趣。宋代宮廷畫院的山水花鳥畫很典型。這類畫與文人畫相交迭，但其審美理想是不同的，宋代畫論的神逸之爭典型地反映了這一點[5]。文人繪畫主要是表現士大夫的情趣，它不是緊跟朝廷的政治倫理要求，而是隨士大夫自己的境遇變化，有六朝玄學的心境，宗炳之畫體現閒情；有以佛教為歸旨，王維的畫充滿禪意。宋代文人「寄至味於淡泊」，它們創造的文人畫筆簡形具，離形得似，惟心所出。明清有市民氛圍，徐渭、石濤、朱耷、鄭燮之畫，盡抒其壓抑不平之氣。宗教繪畫在寺庫與石窟之壁，畫的是佛道人物和佛經道教故事。除一些著名畫家如吳道子參與外，多為匠人所繪製，藝術性不高。但隨宗教在不同時代人心中的變化，壁畫也反映出各自的審美風貌。南北朝的壁畫，如敦煌壁畫中的割肉貿鴿，捨身飼虎，反映的是佛教初

5　以「神品」為第一，「逸品」為第二反映的是宮廷審美觀，以「逸品」為第一，「神品」為第二是士大夫審美觀。

來時帶著的印度佛教色彩的心態：面對大苦大難的寧靜和崇高。唐代
壁畫那眾多的西方淨土世界，反映的是佛教漢化後所具有的中國式的
宗教心態：想把現實的歡樂在未來延續的願望。五代以後壁畫則多了
世俗性、民間性、戲劇性。市民繪畫主要是指小說戲曲讀本中的插
圖。在世情小說中有各種生活圖畫，特別是在豔情小說中，以前繪畫
中極少有的裸露乳房、全裸體、甚至性交場面也間有出現。民間繪畫
主要與民間習俗有關，如財神、門神、送子圖、福壽圖之類，反映一
般民眾趨福避害的心理。

　　宮廷繪畫的主要追求是精巧，其最佳載體是彩墨畫。文人繪畫的
要旨是抒情達意，其最高頂峰是水墨畫。宗教繪畫的目的是解釋宗教
內容，多為彩色壁畫。市民繪畫與表現市民性的小說故事內容相連，
在版面上達到妙境。民間繪畫負載下層民眾的願望，年畫為其重要表
現形式。

　　中國繪畫無論哪種類型都顯示出共同的美學原則。

　　一、散點透視的「遊目」。正像西畫的焦點透視與西方文化認為
從第一原理即可以推出整個體系一樣，中國文化否認有一個最後視
點，只有仰觀俯察、遠近往還才能味象觀道。因此，只有遊目才能使
繪畫按照中國文化認為最正確的方式「以一管之筆，擬太虛之體」
（王微〈敘畫〉），使畫家避免了在一個固定觀察點的局限，從而可以
用文化宇宙的法則和能夠體會這文化宇宙法則的心靈去組織對象，表
現自己想表現的任何東西。顧閎中《韓熙載夜宴圖》，張擇端《清明
上河圖》，夏圭《長江萬里圖》，皆因散點透視而產生。

　　二、以大觀小。中國文化相信宇宙有一個「道」，中國繪畫也相
信有一個最佳視點，只是這視點不是「焦點」，而是「天眼」，即畫家
要站在一個宏偉的高度，俯察遊觀自己所表現的對象。因此，中國畫
家很少去寫生，而是「飽遊飫看」，「收盡奇峰打草稿」，這樣作畫運

思時，就處於一個以大觀小、一切了然的境地。這樣雖然就細部而言，他是「身所盤桓，目所綢繆，以形寫形，以色貌色」（宗炳〈畫山水序〉），但一切細部都是從「天眼」去看的，完全同於中國詩人的「乾坤千里眼，時序百年心」（杜甫）。散點透視是從結構的具體性上講「遊目」，以大觀小則是從畫面的統一性上講「遊目」，進一步體現在構圖上。

　　三、遺貌取神。畫是一個小宇宙，所謂天眼，就是要注意畫的整體和諧，任何細部都必須符合整體性。陝西省博物館藏兩幅豎長方形石刻畫，一為《達摩東渡》，一為《達摩面壁》。《東渡》中畫的達摩全身行走像，《面壁》畫的達摩打坐。兩幅畫的頭一樣大，但《東渡》的身高僅比《面壁》上身略長一點。以《東渡》論，達摩身高僅一點五米；以《面壁》論，則為一點八米。這說明在中國畫裏，人體比例並不重要。重要的是人體長短與整個畫面的比例，圖畫多大決定頭部面積多大才恰到好處，身之長短可依其與整個畫面的比例來決定。雖然人之外形因此而離形、變形，但卻使整個畫面獲得了和諧的效果。這就是中國美學常講的「離形得似」。

　　四、遊目式的筆、色、墨。中國畫是用線去表現一個空間，這個空間不像其它非西方文化那樣是平面的，而是有深度，但又不是西畫的深度那種科學幾何式的三維。中國畫的深度在吳道子式的白描中就是靠線的濃淡枯濕來形成的。由於散點透視使色彩不可能像西畫那樣顯出色的豐富變化和色與色之間的相互影響，因而中國的彩畫是平面色彩，即一人衣服是紅色，就全塗成紅色。但中國的深度空間又使畫家意識到了光的作用，中國式的光效應主要用水墨畫中的墨來表現。各種墨的皴法都是用來表現物體背光的暗部。正因為墨對深度空間和立體事物的巨大表現力，因此中國畫中水墨畫高於彩色畫，也高於純線條的白描畫。

五　音樂

　　古代文獻中對堯舜古樂的記載，說明中國音樂起源甚早。河南舞陽縣發現的十八支七音孔和八音孔的骨笛，距今已有八千多年。原始社會的音樂與禮儀是相連的。到春秋戰國時期，中國音樂形成了和其它文化不同的獨特體系。中國既創立了七音階體系，也創立了五音階體系。因五音階體系與中國哲學的五行相合，故地位較高。中國音樂未能以自己為中心獨立發展，而是依附於文化的各領域以遊散的方式發揮了多種功能。按其功能中國音樂可分為：一、儀式音樂，用於祭祀、宗廟、大典，也包括宗教寺廟的儀式音樂。其特點是音域不寬，節奏緩慢，完全服從於儀式的過程，肅穆莊重。二、宮廷舞樂，主要用於帝王享樂。中國音樂的創作都在這個領域，如曾侯乙墓的編鍾，唐代的霓裳羽衣曲。這類音樂主要服務於舞蹈，當然也在舞蹈的推動下發展。三、聲樂。就創作數量、流傳空間、使用階層來說，音樂佔有更重要的地位。從《詩經》到明清戲曲，從宮廷演唱、文人低吟、青樓妙音，到民歌俚曲，都是它的表現形式。聲樂是用歌詞的內容來規範音樂表現的多樣性，它在中國文化中的重要地位很符合中國文化的理性精神。四、獨奏器樂。中國音樂擺脫舞蹈、儀式、文學的影響而具有獨立的文化意義，只有在表現文人意識的器樂中才達到了。琴、箏、笛、簫、二胡都可以獨奏，琴的地位最重要。從魏晉嵇康等一大批著名士大夫琴家到明代朱權、陳星源等重獨琴的琴家，使琴一直與棋、書、畫具有同等重要地位。獨奏因與士大夫獨立淡泊之心境相合而獲得了特別的文化意義，嵇康詩「目送歸鴻，手拂五弦，俯仰自得，游心太玄」即是其寫照。五、民樂。指民俗慶典中的音樂，以吹奏打擊樂為主，熱鬧喧嘩。

　　先秦以後，中國音樂沒有像西方音樂那樣在文化中佔據重要地

位，但也形成了自己的特色。一、旋律為主。西方音樂重合聲和配氣，給人一種幾何學的渾厚之美。中國音樂以旋律為主，給人的是氣韻生動的線條美。二、理性精神。古人認為音樂是表達內心情志的，情志屬人，用嘴吟唱應比非人體樂器更接近情的本性，所謂「絲不如竹，竹不如肉」。肉能唱的只能是聲樂，聲樂之妙在於詞對樂的規範，故音樂能「樂而不淫，哀而不傷」，「發於情，止乎禮」。一個重要因素在於，當情用樂唱出時，已用文字來予以提示和規範了。三、節奏宣洩。以旋律為主的器樂聲樂表現的是理性精神或哲學沉思的一極，節奏宣洩則表現的是中國文化的另一端，它主要在民間音樂中表現出來，如陝北腰鼓、山西鑼鼓即屬此類，在喧鬧節奏中展現出了一種粗獷的陽剛之氣。

中國音樂具有世界性的魅力。曾侯乙墓編鍾是一奇觀。它由能奏各種不同音高的六十五件樂器組成，分三層排列，總音域達五個八度之廣，十二個半音齊全，可以演奏五聲、六聲或七聲音階的樂曲。唐代的大型套曲和舞樂正像京劇獨特的唱腔唱段一樣至今仍享有盛譽。中國的著名琴曲《高山流水》、《瀟湘水雲》，琵琶曲《十面埋伏》等也極富民族特色。

六　戲曲

中國戲曲，其涓涓細流從原始儀式，漢代百戲，唐代參軍戲，宋金諸宮調，到元雜劇始蔚為大觀。雜劇成為一種主要的文藝形式，一批傑出人才成為劇作家，如關漢卿、王實甫、馬致遠、白樸等人，產生了一批優秀作品，如《竇娥冤》、《西廂記》等。明清戲曲不斷地高潮迭起。明代的各種聲腔（海鹽腔、弋陽腔、餘姚腔、崑山腔等）興起，清代形成五大聲腔系統：高腔、崑腔、絃索、梆子、皮簧。從乾

隆至道光，各大聲腔在「合班」演出中相互影響，又陸續形成了一些
新的大型劇種，如京劇等。清末，民間的地方戲也很興盛，如花鼓
戲、採茶戲、花燈戲、秧歌戲等。作為中國古代戲曲最優秀的代表還
是崑曲和京劇。廣義的中國古代藝術發展到明清，小說和戲曲佔據了
中心地位，小說更典型地代表了中國社會轉型期的市民趣味，而戲曲
則代表了對整個古代藝術的總結。

　　戲曲以其本身的綜合性質把各門藝術（音樂、舞蹈、文學、雕
塑、繪畫）結合在一起並使之精緻化了。音樂構成戲曲的一大因素。
器樂不但調控全劇節奏（場與場的轉換，唱、做、念、打的變換），
還為演唱伴奏，配合表演，渲染氣氛。聲樂在戲曲裏不但要唱字，講
究「字正腔圓」，還要唱情、唱韻。戲曲的故事性使其吸收了小說的
結構技巧和情節安排，但它刻畫人物、推動情節又主要是靠念唱來進
行的。念，取散文和白話之精華；唱，吸詩、詞、曲之丰採。戲曲之
得於繪畫，一是臉譜服飾的年畫般的裝飾風俗，一是演員和背景的空
白所形成的畫意。「大抵實處之妙，皆因虛處而生。」（蔣和〈學畫雜
記〉）「以虛運實，實則亦虛，通幅皆有靈氣。」（孔衍〈石村畫決〉）
這類境界都在戲曲中得到體現。戲曲的雕塑因素，一在於表演中不斷
地亮相和定型，再者在於主要人物大段大段演唱時，次要人物總是一
動不動地站在那裏。戲曲在訴諸觀眾視覺上，除了服飾的裝飾性之外
主要就是靠「舞」了。舞在戲曲裏有優美而程序化了的文舞，也有包
含著雜技和特技的武打。戲曲裏的武打完全藝術化為一種非常有節奏
和韻律的表演性的舞型。

　　戲曲是古代各類藝術的綜合，這種綜合的一個最主要的特點就
是，整個中國藝術的原則在這裏得到了一種形式美的定型。這種形式
美的定型用理論術語來表達，就是程序化和虛擬化。

　　戲曲之美首先表現在程序化上。其角色分行是程序化的，生、

旦、淨、丑為四大基本分行。每基本行又可再分，生可再分為老生、小生、武生，小生又可分為中生、冠生、窮生。每一行都有角色特有的性格、道德品格及唱腔、念白的規定。如老生為中年以上剛毅正直人物，重唱功，用真聲，念韻白，動作造型莊重。與角色分行相對應的一是臉譜劃分，如昆、弋諸腔的淨、丑角色明確分為大正（正淨）、二面（二淨）、三面（丑），其中又有各種正反面人物。如大面的紅面、黑面、白面。不少劇種的臉譜式樣多達百種以上。各劇又有不同的譜式句法，如京劇基本譜式有整臉、水白臉、三塊窩臉、十字門臉、六分臉、元寶臉、碎花臉、歪臉等。二是穿戴類型，僅說紗帽，正直官員戴方翅紗帽，貪官污吏為圓翅紗帽；帽翅向上為皇帝或高官，帽翅平伸為一般官員，平時私下時為向下的帽翅。三是唱法分類，如老生用本嗓，響亮的「膛音」或「雲遮月」；小生大小嗓並用，文小生須剛柔相濟，武小生則剛健有力。人物的心理活動除了通過唱念表現外，還通過身體和穿戴的一系列程序化動作表現出來，有翎子功、扇子功、手絹功、髯口功等等。如耍髯口就有擦（思忖）、挑（觀看）、推（沉思）、托（感歎）、捋（安閒自得）、撕（氣憤）、撚（思考）、甩（激惱）、抖（生氣）、繞（喜悅）等等。戲曲除了唱、念、做、打表現人物故事外，在推動情節上也形成了一系列動作程序。如起霸，是表現古代戰士出征上陣前整盔束甲的一種程序，男霸要剛健有力，女霸重英姿颯爽。走邊，表現偵察、巡查、夜行、暗襲、趕程等。跑龍套，四個龍套代表千軍萬馬，一個圓場象徵百里行程，如此等等。戲曲的程序性源於要在一個小小戲臺上表現大千世界。西方戲有布景，給了每場戲一個焦點，使得美學設計向現實化發展，中國戲曲無布景的空白，給表演以一種流轉行動的自由，其美學意趣是向程序化發展。程序化一方面是類型化；另一方面又是虛擬化。通過演員在臺上的一些程序化動作，就可以實現戲臺時空的轉

換。由屋內到屋外，由一地到另一地，可以使觀眾想像出戲臺上沒有
的東西。用揮鞭程序表現騎馬，用划槳程序表現行船，彷彿真有重物
的搬東西，彷彿真有花的嗅的動作。戲臺表現愈需虛擬化，表演動作
就愈顯程序化。正是在虛擬與程序的相互推進中，中國戲曲創造出了
最具文化意味的形式美。

第三節　中國古代藝術的整體風貌

中國藝術各種門類，由於物質媒介不同，創作方式不同，對人審
美感官的作用範圍不同，社會功能不同，而形成了各自獨具的特色。
但各門藝術又有其為中國文化的特質所規定或制約的共同風貌。把握
了中國藝術的共同風貌，就可以更深刻地理解各門藝術的特色。

一　中國藝術的內在精神

中國藝術的根本特色是由中國文化的特色所決定的。中國文化的
宇宙觀與其它文化根本不同，在於它是一個氣的宇宙。氣化流行，衍
生萬物。氣凝結而成具體的事物、氣散而物亡，復歸於太虛之氣。天
上的日月星辰，地上的山河草木，飛禽蟲獸，人類，悠悠萬物，皆由
氣生。氣是宇宙的根本，也是具體事物之能成為具體事物的根本，因
而就理所當然地也是藝術作品的根本。中國藝術理論從先秦到魏晉的
形成過程，也就是從哲學的氣論轉為藝術的氣論的過程。自此以後，
各門藝術都用氣來論述。「文以氣為主」（曹丕），「氣盛則句之長短與
聲之高下皆宜」（韓愈），這是文學。「梭梭凜凜，常有生氣」（蕭
衍），這是書法。「冷冷然滿弦皆生氣氳氳」（徐上瀛），這是音樂。說
得最透徹的是謝赫繪畫六法以「氣韻生動」為第一，氣韻生動又可以

作為整個中國藝術的根本概括。氣既是宇宙的根本，又是宇宙的運動。韻是宇宙運動的節奏，是宇宙呈現為分門別類而又有條不紊的整體結構，及其有秩序地盛衰窮通、周流運行的整體風貌，因而韻是藝術作品與宇宙生氣相一致的蘊藉風態。氣是無形的，當它在作品中顯出時，就從無到有，化虛為實。但這無，這虛，這氣，又是最根本的，因此中國藝術的最大特點就是對虛無的重視。文學講究含蓄而有餘味，「無字處皆其意」（王夫之）。繪畫注重空白處理，「虛實相生，無畫處皆成妙境」（笪重光）。書法追求「潛虛半腹」（智果），「計白當黑」，「實處之妙，皆因虛處而生」（蔣和）。建築提倡「透風漏目」，從房屋的門窗和亭臺廊榭之空格去得自然之動景，感宇宙之情韻。我們只有理解了中國文化「氣」的宇宙，才能深刻地理解何以氣韻生動是中國藝術的根本精神，虛實相生為中國藝術的基本準則。

二　中國藝術的基本類型

中國藝術有兩大基本類型，即是陽剛與陰柔。青銅器、漢畫像磚、杜甫詩、范寬的全景山水、顏柳楷字、宮殿建築、民間打擊樂，屬陽剛之美；彩陶、宮廷舞蹈、婉約詞、行書、園林，屬陰柔之美。

可以說，儒家重陽剛之美，道家主陰柔之美。若不從文化結構分類，而從儒道本身的差別談它們對藝術分類的影響，則顯現為藝術類型的濃淡神逸。濃與淡分別代表儒道的審美情趣，表現為孔子之重文與莊子之尚質，朝廷之富與山林之樸，都市之繁與田園之淡。從美學上講，濃表現為一種「錯彩鏤金」的美，淡表現為一種「出水芙蓉」的美。中國藝術以氣韻生動為第一，但這是從文化講，具體下來，又有儒家之氣和道釋之氣的區別，在美學境界上就表現為「神」還是「逸」。神是儒家的最高境界。所謂神，就是以形寫神，由法度而超

法度，猶如杜詩「讀書破萬卷，下筆如有神」，「揮翰綺繡物，詩成覺有神」，表現為法度整嚴，由形顯神，形神兼備。所謂逸，即超朝廷，越世俗，拙規矩，輕法度，以神寫形。只要得神得意，不管形似與否，「筆不周而意已周」，這就是草書和文人畫的境界。但是神與逸、陽剛之美與陰柔之美又不是截然劃分的。同一位藝術家在不同的時空條件下審美情趣可能發生很大的變化，一件藝術品也可能同時包融有陽剛與陰柔之美。

儒道的濃淡神逸都屬雅，儘管其雅的內容不同。儒家之雅是「熔式經浩，方軌儒門」；道家之雅是「玉壺買春，賞雨茅屋，坐中佳士，左右修竹……落花無言，人淡如菊」。但儒道都推崇雅而反對俗。特別是宋以後，市民興起，市民的基本趣味就是俗，宋代的美學家特別強調反對俗和保持雅的意義。但由於有歷史轉型的湧動為背景，俗在明中後期形成了自己強大的聲勢。儒道之雅的理論基礎是禮法和天理道德之心。俗的理論基礎則是與儒道之理相反的童心、性靈、情感。童心就是真心。性靈就是自己去感受，寫自己的感受。「獨抒性靈，不拘格套。非從自己胸臆中流出，不肯下筆」（袁宏道〈序小修詩〉）。情感是與理相對的情感。「情有者，理必無；理有者，情必無」（湯顯祖〈寄達觀〉）。在風格上，俗表現為狂、奇、趣。李贄狂人寫狂文，「發狂大叫，流涕痛哭，不能自止」（李贄〈雜說〉）。徐渭是狂畫狂字狂文，自謂「一個南腔北調人」。湯顯祖是奇士寫奇戲，「士奇則心靈，心靈則能飛動」（〈序衞毛伯稿〉）。公安三袁則為俗之趣，「愚之不肖者之近趣也，以無品也。品愈卑故所求愈下，或為酒肉，或為聲伎。率心而行，無所忌憚，自以為絕望於世，故舉世非笑之不顧也，此又一趣也」（袁宏道〈敍陳正甫會心集〉）。在藝術手段上，俗表現為宜、露、俚、新。如果說儒道之雅追求的是韻，那麼俗的思潮追求的是態。書法上說「明人尚態」，其實又何止

書法，它是彌漫在當時整個藝術（小說、戲曲、版畫、雕塑、歌舞）
中的一種不同於古典之雅的風格類型。

三　中國藝術的最高境界

　　中國文化的最高境界是「和」，包括人與人之和、人與社會之
和、人與宇宙之和。中國藝術自覺地追求表現天地之心，擬太虛之
體，因而也把「和」作為最高境界。「和」的追求是藝術家通過對中
國文化「和」的基本精神的體會並用藝術的形式表現出來的。

　　中國古人早就懂得「和實生物，同則不繼」（《國語·鄭語》）的
道理，就藝術來說，音樂須五音配合，繪畫要「錯畫為文」，「墨分五
彩」，書法要八種筆劃。中國各門藝術都是通過自己所依媒介的多樣
性組合，按「和實生物」的原則產生出來的。和不是無矛盾、無差別
的同一，而是包涵著矛盾諸方面的「相反相成」、對立統一。「有無相
生，難易相成，長短相形，高下相傾，音聲相和，前後相隨。」（《老
子》第二章）藝術作品的組織也像陰陽五行一樣，是按照「相反相
成」的「和」的原則組織起來的，如繪畫中墨的濃淡枯濕，書法中筆
的長短曲直，建築中的牆與頂，音樂中的八音克諧。中國的「和」與
「中」是聯繫在一起的，和即中和。所謂「中」，就是按照一定的文
化法則來組織多樣的或相反的東西，並把這些多樣或相反的東西構成
一個和諧的整體。「中」在藝術上表現為對中心的追求。音樂須有主
音，最好是宮調，因為在五行體系裏，宮是中。繪畫講整體性，首先
是突出主要人物或主峰，人物畫中主要人物總是畫得大於他人，山水
畫「畫山者必有主峰，為諸峰所拱向」（劉熙載《藝概·書概》）。書法
要「每字中立定主筆，凡佈局、勢展、結構、操縱、側瀉、力悖，皆
主筆左右之也。有此主筆，四面呼吸相通」（朱和羹〈臨池心解〉）。

在戲曲樂器中，鼓板是中心，它指導著整個樂隊的演奏。建築群要有主體建築，於故宮是太和殿，於寺廟是大雄寶殿。中國藝術的和諧感與理性精神，都是靠其整體性中有一個中心，才顯得氣韻生動。

中國文化的宇宙觀是時空合一的。「和」在時間方面顯現為四季迴圈，歷史盛衰，國家分合，王朝興亡。正像四季中有秋冬，等級和諧中須有臣、子、婦、民一樣，歷史的運轉中必有分、衰、亡，心理情感中必有悲。因此，中國的和諧中包含有悲、怨、憤、憾之一面，但中國藝術在表現悲、怨、憤、憾時，也是建立在根本的和諧精神之中的。徐渭、鄭燮的書法，八大山人、石濤的繪畫，不論用筆造型多怪多奇，仍保存和諧的構圖。明清悲劇無論怎樣使忠臣、義士、良民走向死亡，總是以平反昭雪的大團圓來結尾。這類藝術表現上是不和的，根子上是求和的。它的不和是文化之和的一個必不可少的部分，是不和之和。總之，「和」是中國藝術的最高境界。

參考文獻

彭吉象主編　中國藝術學（上編）　北京市　高等教育出版社　1997年

王慶生　繪畫：東西方文化的衝撞　北京市　北京大學出版社　1991
　　　　年

韋濱、鄒躍進　圖說中國雕塑史　浙江　浙江教育出版社　2001年

思考題

1 為什麼說「氣韻生動」可以作為中國藝術精神的總概括？
2 怎樣理解中國藝術中的「遊目」？
3 怎樣理解中國藝術中的「虛實相生」？

中華文化思想叢書 A0100001

中國文化概論（修訂版） 上冊

主　　編	張岱年、方克立
責任編輯	蔡雅如
發 行 人	陳滿銘
總 經 理	梁錦興
總 編 輯	陳滿銘
副總編輯	張晏瑞
編 輯 所	萬卷樓圖書股份有限公司
排　　版	林曉敏
印　　刷	百通科技股份有限公司
封面設計	斐類設計工作室

出　　版 昌明文化有限公司

桃園市龜山區中原街 32 號

電話 (02)23216565

發　　行 萬卷樓圖書股份有限公司

臺北市羅斯福路二段 41 號 6 樓之 3

電話 (02)23216565

傳真 (02)23218698

電郵 SERVICE@WANJUAN.COM.TW

大陸經銷

廈門外圖臺灣書店有限公司

　　電郵 JKB188@188.COM

ISBN 978-986-92492-8-7

2016 年 4 月初版

定價：新臺幣 400 元

如何購買本書：

1. 劃撥購書，請透過以下郵政劃撥帳號：

　　帳號：15624015

　　戶名：萬卷樓圖書股份有限公司

2. 轉帳購書，請透過以下帳戶

　　合作金庫銀行 古亭分行

　　戶名：萬卷樓圖書股份有限公司

　　帳號：0877717092596

3. 網路購書，請透過萬卷樓網站

　　網址 WWW.WANJUAN.COM.TW

大量購書，請直接聯繫我們，將有專人為您

服務。客服：(02)23216565 分機 10

如有缺頁、破損或裝訂錯誤，請寄回更換

國家圖書館出版品預行編目資料

中國文化概論(修訂版) 上冊 / 張岱年, 方克
立主編. -- 初版. -- 桃園市：昌明文化出版；
臺北市：萬卷樓發行, 2016.04
　冊；　公分. -- (中華文化思想叢書)
ISBN 978-986-92492-8-7(上冊 ： 平裝)
630　　　　　　　　　　　　105002827

本著作物經廈門墨客知識產權代理有限公司代理，由北京師範大學出版社（集團）有限公司授權萬卷樓圖書股份有限公司出版、發行中文繁體字版版權。